KB268743

앱경영 시대가온다

앱경영 시대가 온다
APPCONOMICS

KT경제경영연구소 외 지음

한국경제신문

앱경영, 선택이 아닌 필수

우리는 아침에 일어나 침대에서 이메일을 확인하고, 거실에서 신문이나 RSS 피드를 읽고 점심 시간에 페이스북이나 트위터로 대화를 나누는 모든 것들은 이제 PC를 통한 것이 아니다. 대부분 스마트폰의 애플리케이션을 활용하는 것이다. 하루 일과 중 많은 시간을 인터넷에 접속해 보내지만 이들 대부분은 스마트폰의 앱을 통한 생활이 되어 버렸다. 앱은 웹보다 더 많은 편리함을 제공해 주고 있고 이미 우리 눈 앞에 당도해 있다.

이런 의미에서 2010년은 기념비적인 한해이다. 2009년 말 아이폰 출시 이후 애플을 필두로 다양한 제조사의 스마트폰이 급속도로 시장에 보급됨에 따라 전에 없던 거대한 변화가 몰려오고 있기 때문이다. 음성통화만 하던 휴대폰이 '내 손안의 PC' 라고 불리는 스마트폰으로 진화하고, 무선인터넷과 다양한 애플리케이션을 편리하게 사용할 수 있는 태블릿 PC가 등장하면서 데이터 트래픽은 기하급수적으로 늘고 있다.

　도심의 어느 까페에 가도 스마트폰을 사용하는 사람들을 손쉽게 찾을 수 있고, T.G.I.F (트위터, 구글, 아이폰, 페이스북)라는 신조어까지 생겨났으며, 트위터와 페이스북과 같은 소셜 네트워킹 사이트의 붐은 이미 전세계적인 현상이 되었다. 수억 명에 달하는 사람들이 트위터와 페이스북을 사용하고 소통의 방식 자체가 획기적으로 변화하고 있는 시점에, 기업들은 모바일 환경과 소셜 미디어 흐름에 눈을 돌리지 않을 수 없게 되었다.

　소비자의 행동 패턴과 기업의 업무방식, 비즈니스 모델이 근본적으로 변화하는 시점에서 기업들은 전사적 차원에서 변화의 방향성을 설정하고 대응방안을 모색해야 할 때가 된 것이다. 이른바 '스마트 빅뱅'은 기업의 경영방식에 수많은 변화를 가져올 것으로 생각된다. 내부 프로세스 혁신은 물론이고, 고객에 대한 마케팅과 서비스의 형태 뿐만 아니라, 비즈니스 모델에까지 다양한 변화를 가져올 것으로 예상된다.

　지금은 기업의 경영자들이 트위터에서 고객과 직접 소통하지 않을 수 없는 시대가 되었고, 기업의 일방적인 메시지 전달이 아니라 고객의 소중한 목소리를 듣고 대화해야 하는 소통 혁신의 시대가 되었다.

　나아가 기업은 모바일을 활용한 '일하는 방식의 변화'를 위한 노력들도 확대하고 있으며 고객에게 더 많은 가치를 제공하기 위한 창의적인 아이디어가 절실한 상황이다. 심지어 IT 분야와 거리가 멀었던 기존의 전통적인 제조업에 속한 기업들도 모바일과의 창의적 융합을 통해 새로운 사업기회를 찾아야 하는 시대가 되었다. 그리고 이러한 변화는 일시적인 유행이 아니라 기업 경영 환경의 완벽한 변화이다. 기업 경영기법에 근본적인 혁신을 촉발하는 스마트 빅뱅은 이제 누구도 거스를 수 없는 대세라고 말할 수 있다.

이런 흐름을 반영하듯 지금 서점에는 모바일 환경에 대해 수많은 책들이 쏟아져 나오고 있다. 하지만, 대부분은 스마트폰과 트위터, 페이스북의 사용법에 초점을 두거나 저널리스트 관점에서 소셜미디어의 특성을 다룬다. 경영진의 시각에서 변화하는 현상에 대한 원인을 찾아 기업 변화의 방향을 구체적인 사례로 제시하는 친절한 책은 드물다. 그런 점에서 이 책은 시의적절한 입문서이다. 저자들에 따르면, 기술 자체나 드러난 현상에만 집중하다가 숲은 보지 못하고 나무만 보는 실수를 저질러서는 안되듯이, 앱경영은 스마트폰과 모바일 오피스를 도입하는 것으로 끝나지 않는다. 트위터나 페이스북 계정의 친구 숫자를 늘리는 것만으로 소통이 늘어났다고 말할 수 있는 것이 아니다.

이 책은 스마트폰과 소셜미디어에서 시작된 혁명적인 변화가 어떻게 기업의 생존환경을 바꾸고 있으며 기업들이 지속적인 성장과 혁신을 위해서 어떻게 변화해야 하는지에 대해 생생하게 보여준다. 이렇듯 이 책은 입문서이긴 하지만 평이하고 쉬운 이야기로 끝나지는 않는다. 한 권의 책에서 모두 다루기가 어려운 폭넓은 이슈를 담으면서도 앱경영의 화두를 깊이 있게 설명하고 있다. 모바일로 인해 생겨난 새로운 가능성과 위험 요소를 점검하고, 전사적인 변화를 이끌어내기 위한 가이드를 구체적으로 제시하고 있다.

독자들은 이 책을 편하게 즐길 수 있을 것이다. 이 책이 담고 있

는 풍부한 사례들은 매우 실용적인 방법들을 제시해 줄 수 있을 것
이라 믿는다. 이제 우리 생활의 일부가 되어버린 스마트 시대, 독자
들은 이 책과 함께 모든 변화를 함께 하기를 기대한다.

KT 사장
표 현 명 (@hmpyo)

우리 사회는 스마트 혁명 중

기업경영의 패러다임이 급격하게 전환되고 있다. 이는 스마트폰이 본격적으로 도입되고 확산되면서 우리 사회에 스마트혁명이 진행되고 있기 때문이다.

스마트혁명으로 인해 기업경영은 크게 두 가지 면에서 영향을 받고 있는 것으로 보인다. 한편으로는 스마트폰을 활용해서 직접적으로 업무수행방식을 효율화하는 작업이 이루어지고 있다. 모바일 오피스, 스마트워킹 등이 도입되면서 기존의 'Work Hard' 방식에서 'Work Smart' 방식으로의 전환이 진행되고 있는 것이다. 다른 한편으로는 스마트폰을 사용함에 따라 변화되고 있는 고객의 소비행태에 대응하기 위해 마케팅 등 기업의 대 고객 활동부터 기업 내부활동에 이르기까지 순차적으로 변화가 일어나고 있다.

스마트혁명으로 인해 야기되고 있는 이러한 변화는 핸드폰 사용자 세 명 중 한 명은 스마트폰을 사용할 것으로 예상되는 2011년과 그 이후에는 더욱 확대되고 깊어질 전망이다. 그에 따라 당연히 기업경영방식에도 더 많은 가시적인 변화가 일어날 것이다.

스마트혁명이 일으키고 있는 변화를 키워드로 이야기 하면 이 책의 목차를 채우고 있는 소통, 개방, 참여, 열린 생태계, 감성, 스토리, 모바일 등이 될 것이다. 이러한 키워드들은 대부분 웹 2.0, 엔터프라이즈 2.0 등 2.0이라는 타이틀 하에 이미 오래 전부터 언급되고 논의되어 오던 것들이라 그리 새롭지는 않다. 문제는 그 방향으로의 전환 속도가 급속도로 빨라지고 있다는 것이다. 그런 만큼 이제는 보다 구체적인 변화 방향과 내용을 살펴보고 대처방안을 모색해야 할 것이다.

변화의 속도가 빨라지는 변곡점의 시기는 위기의 시기이자 기회의 시기이다. 마치 산꼭대기에 떨어진 빗방울이 어느 방향으로 흘러내려가느냐에 따라 도착 지점이 엄청나게 차이가 나는 것처럼, 이 시점에서 어떤 의사결정을 내리느냐에 따라 훗날 엄청난 차이를 가져오는 경우가 왕왕 있기 때문이다. 실제로 많은 기업들이 변곡점에서 사라지기도 하고 반대로 급격하게 성장하기도 했다. 그 예로 이 책이 유통될 서적유통산업의 경우, 인터넷 시대로 접어들면서 Yes24, 인터파크 등 새롭게 등장한 인터넷 서점은 무서운 기세로 성장한 반면 종로서적을 비롯한 많은 기존 서점들은 순식간에 사라졌다. 이처럼 변곡점은 위기와 기회가 공존하는 시기인 것이다.

변곡점의 시기에 살아남기 위해 그리고 오히려 이를 급성장의 기회로 만들기 위해서는 다음과 같은 세 가지가 반드시 필요하다. 먼저 선견(先見)이다. 남들보다 먼저 볼 수 있는 날카로운 눈으로 제대로 보고 멀리 볼 수 있어야 한다. 다음으로 필요한 것은 선결(先

決)이다. 선견한 내용을 근거로 타이밍을 놓치지 않고 제때에 판단하고 결정할 수 있는 강한 심장이 있어야 한다. 마지막으로 선행(先行)이다. 선결한 내용을 남들보다 빨리 실행할 수 있는 발도 필요한 것이다.

선견, 선결, 선행 중 우선은 물론 선견이다. 선견해야 선결, 선행할 수 있다. 선견하기 위해서는 무엇보다 변화를 직접 접하고 이해하는 게 중요하다. 최근 스마트폰과 같은 새로운 기기의 경우 실제 사용도 그리고 그로 인해 야기되고 있는 여러 가지 변화양상들도 이해하기가 그리 어려운 것이 아니다. 다만 기술적인 용어, 새로운 현상을 설명하기 위해 만들어진 조어 등이 조금 생소할 뿐이다. 그런데도 기성세대 중 상당수가 막연히 스마트폰은 어렵고 그로 인해 야기되고 있는 각종 변화도 이해하기 힘들다고 생각하는 것 같아 안타깝다. 더욱 안타까운 것은 그들이 참고할 마땅한 자료를 찾기가 어렵다는 것이다.

이 책은 스마트폰을 매개로 해서 발생되고 있는 다양한 변화와 기업의 시각에서 본 대처방안 등을 총체적으로 그리고 이해하기 쉽게 풀어서 설명하고 있다는 점에서 내용 면이나 발간시기 면에서 매우 적절하다고 판단된다.

알기 쉽게 풀어 썼다고 해서 깊이가 부족한 것은 아니다. 다양한 사례와 연구결과 특히 2010년 한 해 동안 KT 경제경영연구소가 쏟아 낸 많은 연구결과들을 적재적소에 잘 배치해서 내용의 신뢰도를 높이고 있다.

결론적으로 말해 이 책은 경영 패러다임의 전환을 요구하는 시대

적인 변화 그리고 그러한 변화에 대한 실질적인 대처방안을 살펴보
는 데 적지 않은 도움을 줄 수 있을 것으로 본다.

KT 경제경영연구소 소장
유 태 열

앱경영 시대, 어떻게 살아남을 것인가

20여 년 전 세상에 처음 등장한 인터넷은 최근까지 폭발적인 성장과 질적인 변화를 거쳐오면서 기업의 경영 환경을 바꾸는 지속적인 계기가 되었다. 최근 몇 년 사이 스마트폰의 등장에 따라 무선인터넷 이용 환경에 급격한 변화를 불러일으키게 되면서, 기업들은 달라진 시장 상황에 적극적으로 대응하기 위해 경영 전반에 근본적인 혁신을 고민하고 있는 시점이다.

고객들은 더 이상 스마트폰을 휴대형 전화기로만 보지 않고 생활 속에 깊숙한 침투한 하나의 서비스로 여기기 시작했고, 기업은 스마트폰을 통해 고객과 소통할 수 있는 마케팅 및 서비스 채널뿐만 아니라 임직원들이 협업해서 업무를 처리하는 이동형 사무실로까지 확대하고 있다는 것이다.

스마트폰은 휴대폰의 점진적 진화가 아닌 비약처럼 솟아오른 혁명적 계기가 되어 일상적인 삶과 비즈니스 세계의 곳곳에서 거대한 파도처럼 다가오고 있다. 우리는 원하든, 원하지 않든 변화의 중심에 서있고 그 변화의 진앙지는 바로 스마트폰의 활용성을 무한대로 끌어올린 '앱(애플리케이션)'에 있다.

이 책에서 우리는 바로 이 '앱'의 등장에 따른 기업 경영의 큰 변화 흐름을 다루고 있다. 모바일 빅뱅을 촉발한 '애플 이펙트'는 아이폰과 아이패드에서 시작했지만 그 중심에는 바로 '앱스토어'가 있다. 개인용이든 업무용이든 누구나 스마트폰의 애플리케이션을 개발해 앱스토어에 올리고 이를 자유롭게 사고팔 수 있게 됨으로써 모바일의 가치사슬뿐만 아니라 기업의 생태계에도 근본적인 변화가 시작되고 있다.

스마트폰과 앱의 확산은 나아가 온라인상에서 자유롭고 다양한 관계 형성을 촉진하는 트위터와 페이스북으로 대변되는 소셜 네트워크 서비스의 성장을 자극하게 되었다. 시간과 장소를 가리지 않는 스마트폰은 개인화와 이동성이라는 강력한 무기를 제공했고 사람들은 이제 스마트폰에 힘입어 온라인에서의 사회적 교류의 방식마저 바꾸기 시작한 것이다. 사람들은 소셜 네트워크 서비스를 통해 사적 공간에만 머물지 않고 사회적으로 소통하는 새로운 대화의 장을 열게 되었다. 소비자는 이제 청중의 자리를 벗어나 무대에 직접 오르고 있다. 이러한 변화에 따라 기업의 활동 역시 이제 상품과 서비스의 생산과 공급에만 머물지 않는다. 모바일과 소셜 미디어가 변화시키고 있는 세상에서 기업이 파는 것은 바로 '고객과의 소통이자 대화의 산물'이다.

우리가 이 책에서 다루는 '앱경영'은 이와 같은 환경 변화에 직면한 기업들의 생존과 직결된 경영 혁신의 방법론이다. 앱경영은 무엇보다도 모바일과 소셜 서비스의 강력한 결합이 촉발하는 고객의 변화, 시장의 변화에 주목한다. 앱경영은 앱을 활용해 기업의 가치사슬의 대전환을 기획하고 실행하는 데에 그 목적이 있다. 모바일과 소셜 서비스가 결탁하여 만들어낸 '실시간 연결성'은 우리 시대 새로운 변화의 출발점이다. 앱경영이란 앱을 통해 기업의 업무 환경부터 상품과 서비스, 나아가 고객과의 소통까지 폭넓게 바꾸는 이른바 가치사슬의 혁명이다. 변화하는 세상에 대해 혁신과 기회의 관점에서 접근한다면 앱경영은 다양한 가치를 가져다줄 것이다.

이 책에서 다루는 스마트폰의 등장과 소셜 비즈니스 확산에 따른 변화의 모습들은 이미 많은 전문가들이 여러 블로그와 저서에서 분석하고 설명해온 내용이다. 그러나 이 책은 기존 서적과는 달리 실제 경영 환경에 적용된 다양한 사례를 바탕으로 포괄적이고 근본적으로 기업 혁신의 방향을 설명했다는 점에서 차이가 있다. 모바일과 소셜 서비스의 정의와 변화 방향이 무엇인가 하는 질문에서 한걸음 나아가 이러한 변화가 기업의 경영 환경에 어떠한 영향을 미치고 기업들이 변화의 흐름에 어떻게 대응해야 할지를 다룬다.

이 책은 스마트폰과 앱의 세계가 궁금한 독자에게는 최근 모바일과 소셜 서비스의 트렌드를 짚어내는 데에 유용한 개론서가 될 수 있으며, 기업 경영진과 실무자에게는 기업의 경영 혁신을 촉진하는 도전적인 가이드북이 될 수 있을 것이다.

덧붙이자면, 우리가 이 책에서 소개하는 앱경영의 출발은 바로 참여, 공유, 개방의 정신으로 대변되는 웹 2.0 사상과 이를 기업 경영에 접목한 엔터프라이즈 2.0의 연장선상에 놓여있다.

'웹 2.0' 이라는 용어는 오라일리 미디어(O' Reilly Media)의 대표 Tim O' Reilly가 2004년 뉴미디어 컨퍼런스 'O' Reilly Media Web 2.0 conference' 에서 처음 사용했는데, 2000년대 IT 버블 이후 오늘날까지 웹상에서 일어나고 있는 제반 현상들, 즉 사람들의 참여와 상호작용의 확대, 협업의 심화, 정보의 폭넓은 공유, 열린 생태계 등을 포괄하는 의미로 사용되는 용어다.

나아가 '엔터프라이즈 2.0' 은 일반적으로 수평적 협업을 장려하고 집단지성의 힘을 활용해 생산성을 높이고 혁신을 촉진하며, 더 높은 가치를 창출해내는 기업으로 정의된다. 즉, 기업의 가치 창출을 위해 웹 2.0 도구들을 기업 경영에 적용하는 것이다. 엔터프라이즈 2.0은 앤드루 맥아피 미국 하버드대 교수가 처음 제시한 용어로 웹 2.0의 기업적 활용 측면을 강조한다. 블로그, 위키 등 인터넷 기술을 개인적 차원을 뛰어넘어 기업 및 비즈니스 영역에 적용해 기업의 직원과 외부 파트너, 고객이 함께 이용해 기업 경영과 가치 창출에 기여할 수 있게 된다. 웹 2.0과 엔터프라이즈 2.0은 모두 참여와 공유를 기반으로 한다. 엔터프라이즈 2.0은 웹 2.0에서 나아가 기업의 가치 창출을 목표로 기업 경영의 변화를 시도한다.

앱경영은 이러한 엔터프라이즈 2.0의 정신을 살려 실무 부서 차원이 아닌 CEO의 의지로부터 변화를 시작한다. 모바일과 소셜 미디어의 도입으로 촉발된 앱경영은 사상적 기반은 엔터프라이즈

2.0과 유사하나 혁신의 출발 지점은 실질적으로 다르다고 말할 수 있다.

　요즘 기업의 소셜 경영, 트위터 경영에 대한 기사를 살펴보면, 대부분 CEO에 의해 주도되는 경우가 많다. 트위터에 팔로워 수 명을 거느린 기업 오너나 CEO가 등장하고 이들이 던진 한두 마디가 화제를 낳는 사례가 이어지는 등 '트위터 경영'이 확산되고 있다. CEO들은 소비자와의 소통에 방점을 찍으면서 고객의 생생한 목소리를 듣고 기업의 혁신에 반영하거나 기업의 잘못에 대해 사과하는 '도구'로 트위터를 이용하고 있다는 것이다. 물론 소셜 미디어, 앱이라는 툴을 커뮤니케이션, 마케팅, HR 목적으로만 사용하고 있다면 기업 경영에 일시적으로 유용하지만 급진적 조직 변화를 이끌어내지는 못한다. CEO가 트위터와 블로그를 고객 소통에 활용하는 게 겉보기에는 멋있어 보이겠지만, 실상 그 어떤 실질적인 변화를 이끌어내지 못한다면 이것은 일시적인 차원이지 근본적인 혁명이 아니다.

　과거의 관습과 관행이 무너질 때도 되었다. 더 이상 관료적인 통제가 명예로운 미덕이 될 수는 없다. 기업 임직원들이 기업의 구조와 조직, 운영 및 경영 방식에 대해 심각하고 근본적으로 재고해볼 필요가 있다는 의미이다. 이는 새로운 도전이며 위협적이고 두려운 것일 수 있으나, 혁신은 애초부터 늘 두려움과 더불어 시작된다. 우리는 앱경영은 이제 하나의 깜짝 이벤트가 아닌 경영의 패러다임 전환을 예고하는 대대적인 소통의 혁신에서 시작한다고 감히 말하고자 한다.

우리가 어떤 질문을 던지고 답한다는 것은 늘 새로운 질문으로 이어진다. 이 책이 '앱시대' 라고 하는 변화의 기로에서 경영 혁신에 하나의 중요한 단서가 되어 새로운 질문을 이어 던질 수 있는 밑바탕이 되기를 바란다.

끝으로 이 책이 나오기까지 물심양면으로 많은 후원과 조언을 아끼지 않은 KT디지에코 담당자 분들께 깊은 감사를 전한다.

차례

제1장 · 세상을 바꾸는 힘, 앱경영

제2장 · 소통, 신뢰를 구축하라

제3장 · 개방, 미래의 기회를 선점하라

App is Life!

#Scene 1

⏰ **아침 7시** | 잠자리에서 일어선 6년차 큐레이터 조성선 씨의 하루가 시작되었다. 스마트폰을 켠 그녀는 음악 앱을 열고 경쾌한 가요 한 곡을 틀었다. 그리고 트위터와 미투데이, 페이스북을 순서대로 방문한다. 향긋한 핸드드립 커피를 마시며 타임라인의 글들을 읽고 친구들이 남긴 글에 답장을 남긴다. 성선 씨가 요즘 즐겨 이용하는 여성 커뮤니티 앱은 '이지데이(ezday)'. 연예계 가십이나 문화가 뉴스 등 가벼운 읽을거리들이 빠르게 올라오는 게 특징이다. 오늘 아침 그녀는 여성 소비자 코너의 화장품 체험단 모집에 응모했다.

⏰ **7시 30분** | 얼마 전까지만 해도 요가 학원에 갈 시간이었지만, 이제는 집에서 요가에 즐길 수 있게 되었다. 얼마 전 요가 앱을 다운받은 뒤로는 따로 학원에 갈 필요가 없어진 것이다. 스마트폰의 요가 앱이 안내하는 대로 정해진 시간에 맞춰 요가 동작을 따라하는 성선 씨. 아침마다 30분씩 요가를 하고 나면 온몸이 개운해지는 느낌이 참 좋다.

⏰ **오전 9시 |** 독일에 있는 CEO에게 이번 주 스케줄표를 작성해 메일로 보낸 후 고객 미팅 일정을 체크했다. 오늘은 중요한 미팅이 있는 날이다. 지인의 소개로 연결된 고객인데, 오전 내로 약속 장소를 정해 알려주기로 했다. 고객과의 약속 장소를 잡기 위해 트위터 친구들에게 "삼청동 근처의 괜찮은 카페를 추천해 달라"고 부탁했다. 더불어 윙버스와 맛집 검색 앱의 도움으로 장소가 정해졌다. 성선 씨는 카페 이름과 약도, 연락처를 고객에게 문자와 메일로 보내며 출근을 준비한다.

자동차에 스마트폰을 연결해 저장되어 있는 음악을 듣는다. 전화는 블루투스로 연결해놓고, 전화가 올 때면 핸즈프리로 연결되게끔 해놓았다. 그런데 길이 평소보다 무척 막힌다. 알고 보니 앞에 있는 차량이 접촉 사고를 낸 모양이다. 사고 현장을 사진으로 찍은 그녀는 위치와 상황까지 함께 입력해 트위터에 올렸다. 이윽고 유용한 정보 고맙다는 리트윗 글들이 쏟아졌다.

갤러리에 도착한 성선 씨는 느긋하게 차 한 잔을 마시며 스마트폰에 있는 세계 명화와 화가들에 대한 정보를 검색한다. 고흐, 고갱, 고야, 모네, 마네, 마티스 등 전 세계 유명 화가들과 작품들에 대한 정보를 여느 미술 잡지나 전문 서적 이상으로 자세하게 접할 수 있는 곳이 바로 스마트폰이다. 트위터에 연결되어 있는 국내외 젊은 화가들과 이야기를 주고받는 것 또한 스마트폰이 주는 즐거움의 하나다.

점심 식사를 마친 그녀는 오늘 먹은 봉골레오일파스타와 빵 두 조각, 하우스샐러드 등 메뉴를 기록하고 칼로리를 분석했다. 음식별 칼로리와 맞춤형 식이요법 정보를 얻기 위해 그녀가 주로 이용하는 것은 '다이어트 헬퍼(DietHelper)' 애플리케이션이다. 이런, 오늘은 유산소 운동을 적어도 50분은 넘게 해야 할 것 같구나.

오늘 저녁에는 친구를 만나 영화를 보기로 했다. 먼저 스마트폰으로 영화 예매 사이트에 접속한다. 약속 장소에서 가장 가까운 영화관과 보려는 영화의 상영 시간, 예매 가능한 좌석을 확인한 성선 씨는 10% 할인쿠폰을 활용해 영화표 두 매를 예매했다. 아무래도 저녁 식사는 영화를 보기 전에 해야 할 것 같다. '스캔서치(Scansearch)'로 영화관 근처 맛집을 찾아본다. 근방의 음식점 정보가 증강현실로 나타난다. 새로 생긴 퓨전차이니즈 레스토랑에서 저녁을 먹기로 하고는 스마트폰으로 15% 할인쿠폰을 다운받는다.

⏰ **오후 9시 30분** | 극장에서 나온 성선 씨는 영화에 대한 소감을 트위터와 페이스북에 바로 올렸다. 영화도 좋았지만 성선 씨의 마음을 사로잡은 건 내내 흐르던 배경음악이었다. "이 영화 OST 아시는 분 있나요?" 트위터에 궁금증을 올리자 친구들의 리트윗이 쏟아졌다. 그중에는 그 영화의 홍보를 담당하는 사람도 있었는데, 고맙게도 OST 가운데 한 곡을 다운받을 수 있는 선물까지 함께 보내왔다. 영화와 OST뿐 아니라 홍보대행사의 마케팅까지. 두루 감동을 받지 않을 수 없는 노릇이었다.

⏰ **밤 11시 50분** | 침대에 누운 그녀가 페이스북을 열고 간단하게 일기를 쓴다. 오늘 찍은 사진과 동영상을 곁들여 짧지만 생생한 하루의 기록을 웹에 남긴 뒤, 편한 마음으로 잠자리에 든다.

#Scene 2

⏰ **새벽 6시 5분 |** 알람 소리에 잠이 깬 직장인 5년차 김재한 씨. 늘 부족하고 아쉽기만 한 아침잠. 그런데 어제보다 5분이나 먼저 울린 알람 소리에도 개운하게 눈을 떴다. 수면 사이클(Sleep cycle)을 분석해주는 앱 덕분이다. 요즘 잠자리에 들기 전, 재한 씨는 취침 시간과 기상 시간을 설정한 스마트폰을 침대에 올려놓는다. 스마트폰은 그가 잠들어 있는 사이 뒤척거리는 움직임과 침대의 진동 상태 등을 통해 수면 상태를 분석한다. 깊은 잠을 잔 시간, 꿈을 꾼 시간, 뒤척이며 선잠을 잔 시간 등 전체 수면 시간과 수면 사이클 등을 그래프로 분석해주는 것이다.

수면 상태의 분석을 마친 스마트폰은 알람을 맞춰놓은 시간이 되었을 때, 가장 얕은 잠을 자고 있는 순간에 편한 알람 소리를 내며 잠을 깨워준다. 아침잠이 많아서 늘 조금만 더, 를 외치던 재한 씨에게 '슬립 사이클(Sleep Cycle)'은 더없이 유용한 앱이다. 잠을 잘 자는 것이야말로 첫 번째 건강 관리! 재한 씨는 슬립 사이클이 제공하는 자신의 수면 상태를 이메일과 페이스북으로 전송해놓고 매일같이 관리하고 있다.

⏰ **오전 6시 10분 |** 화장실에서 '아이푸(iPoo)'를 실행한다. 같은 시간에 같은 '볼일'을 보고 있는 세상 사람들과 함께 또 다른 공감대를 형성하는 것도 예전엔 느끼지 못했던 재미다.

⏰ **오전 7시** | 오늘은 중요한 미팅이 있는 날이다. 오랜만에 정장을 꺼내들었는데 넥타이를 매는 일이 오늘따라 서툴게만 느껴진다. 재한 씨는 맵시 있게 넥타이 매는 방법을 알려주는 앱 '브이타이(Vtie)'의 도움을 받는다. 비슷비슷하면서도 참 다양한 넥타이 매기. 오늘은 'Oriental Knot'로 시도해보자.

⏰ **오전 7시 30분** | 차를 가지고 출근할까 대중교통을 이용할까 잠깐 망설이다가 실시간 교통정보 앱을 열어보았다. 오늘따라 직장 가는 길이 모두 정체구간이다. 지하철을 이용하기로 한다. 날씨 예보 앱을 통해 오후부터 비가 올 것이라는 정보를 확인하고는 우산도 미리 챙겼다. 지하철역까지 걸어가면서 재한 씨는 '런키퍼(runkeeper)' 실행을 잊지 않는다. 걷는 거리가 얼마나 되는지 열량 소모가 어느 정도인지 확인해주는 유용한 앱이다.

지하철에 도착해 '포스퀘어(foursquare)'로 정자역을 클릭한다. 여전히 정자역의 mayor는 본인임을 확인하고 지하철에 올랐다. 새로운 뉴스가 업데이트됐다는 메시지를 받은 재한 씨, 뉴스 앱을 통해 아침 뉴스를 확인한다. 신제품에 관한 뉴스들을 접하고는 그 내용을 트위터로 전송하고, 이에 대한 의견을 트위터 친구들과 주고받기도 한다. 빈자리에 앉은 그는 '카카오톡(Kakao Talk)'으로 아내와 무료 문자를 주고받은 뒤 MBC 라디오 앱을 열었다. 생방송 라디오를 들으며 '갓핑거(God Finger)' 게임에 빠져들 시간이었다.

⏰ **오전 11시 30분** | 회의를 마치고는 협력사 미팅을 위해 자료를 준

비했다. 명함을 챙기는 것도 잊지 말아야 할 것 중 하나. 재한 씨의 명함에는 QR코드가 삽입되어 있다. 상대방이 그의 명함을 스마트폰으로 스캔하면 QR코드에 담긴 사진, 회사 약도, 개인 블로그와 트위터, 페이스북 주소, 취미, 회사 소개서 등을 확인할 수 있다. 명함을 깜빡 잊고 나왔다 해도, 상대방이 스마트폰을 사용한다면 걱정할 필요가 없다. '범프(bump)'를 실행한 뒤 스마트폰에 넣어둔 내 개인 정보를 Wi-Fi로 상대방에게 전달해줄 수 있기 때문이다.

⏰ **오후 2시 |** 잠시 비는 시간을 이용해 웹상의 친구들과 시간을 갖기로 한다. 스마트폰을 꺼내 트위터와 페이스북의 타임라인을 훑어본 뒤 관심 가는 멘션에 댓글을 달고 자신에게 온 DM(Direct Message) 문자와 리트윗 글을 확인한다. 이야말로 소셜 미디어에서만 가능한 소통이다. 오늘 그는 기업들이 프로모션으로 진행하고 있는 이벤트에 응모를 했고, 실시간으로 올라오는 새로운 뉴스 다섯 가지를 자신의 팔로워들에게 리트윗하며 정보를 공유했다.

⏰ **오후 5시 |** 웹서핑을 하다가 흥미로운 사이트를 하나 발견했다. 동영상으로 신제품 개봉기만을 포스팅하는 '언박싱(www.unboxing. com)'이라는 사이트다. 첫 화면에는 제품을 처음 구입하거나 배달을 받았을 때 접하게 되는 커다란 박스가 어김없이 등장한다. 큰 종이상자를 열고, 그 속에 있는 내용물을 하나씩 꺼내가면서, 마지막에 새로 구입한 제품을 손에 들 때까지의 과정을 동영상으로 생생하게 보여주는 것이다. 사이트 인기가 이만저만이 아니었다.

이 단순한 사이트가 주목받는 이유는 무엇일까? 꿈에 그리던 이상형을 처음 만날 때의 설렘처럼, 원하던 제품을 처음 손에 넣을 때의 기쁨을 다른 이들과 공유한다는 기발한 발상 때문 아닐까. 스스로를 얼리어답터라고 자부하는 재한 씨, 언박싱에 공개되어 있는 여러 가지 박스 개봉기를 접하면서 고개를 여러 차례 끄덕였다. 처음 동영상을 올렸을 이의 기분을 십분 공감할 수 있었던 것이다.

⏰ **오후 7시 |** 퇴근 후 곧장 집에 가려니 뭔가 좀 섭섭한 기분이다. 마음 맞는 이들과 술 한잔 하고 싶은 마음에 휴대폰을 뒤져보지만 오늘따라 마땅한 친구들이 없다. 다시 트위터로 들어갈밖에. 재한 씨는 지역 모임에 가입되어 있는 트위터 친구들에게 디엠을 보내고 번개를 소집했다. 이내 돌아오는 반응들이 적극적이었다. 지난달 트위터로 알고 지내던 사람들을 직접 만나는 첫 오프라인에서, 재한 씨는 우연히도 전 직장 동료를 만날 수 있었다. 경쟁 회사 직원을 만난 것도 바로 그 자리였다.

APPCONOMICS

제1장

세상을 바꾸는 힘,
앱경영

APPCONOMICS

최근 '트위터'라는 단어가 뉴스 기사에 언급되지 않는 날이 없을 정도로 이에 대한 관심이 여전히 뜨겁기만 하다. 지상파 프로그램에서 트위터에 대한 특집방송을 편성할 정도이니, 과연 트위터는 우리 시대의 새로운 트렌드로 굳게 자리 잡은 모양이다.

기업들은 마케팅 도구로, 유명 연예인들은 팬들과의 교감 도구로, 정치인들은 유권자와의 소통의 도구로, 그리고 일반 사람들은 뉴스와 정보를 습득하고 친구를 찾아 대화를 나누는 도구로 트위터를 활용하고 있다. 이제는 트위터를 하지 않으면 시대에 뒤떨어지는 사람 취급을 받으며 소외감을 느낄 정도다.

2006년 3월 세상에 첫 선을 보인 트위터는 휴대폰 문자 메시지처럼 140자 이내의 짧은 문장으로 지금 자신이 어디서 무엇을 하고 있는지, 무엇을 보고 느끼는지, 방금 어떤 일이 있었으며 이에 대해 어떻게 생각하고 있는지를 써서 올리는 일종의 마이크로블로그(Micro-Blog)다. 트위터에 게시하는 각 메시지를 '트윗(tweet)'이라고 하며 트윗을 써서 올리면 사용자의 '팔로워(follower)'들이 읽게 된다. 누

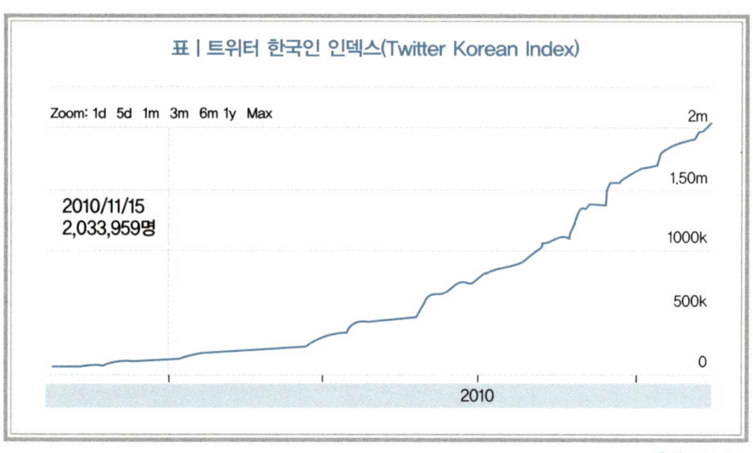

출처 : Oikolab

구든 자신이 원하는 사람을 '팔로잉(following)' 해서 그 사람이 게시한 메시지를 읽을 수 있고 답변(Reply)도 할 수 있다.

2010년 10월 현재 트위터의 회원 수는 1억 6,500만 명에 이르며, 트위터 사이트(twitter.com) 방문자 수는 1억 9,000만 명에 달한다. 현재 매일 35만 명이 새로 가입하고 있으며 이 추세는 당분간 계속될 것으로 예상된다.

국내의 트위터 사용자 수 역시 급증하고 있다. 국내에서 올라오는 트윗의 수는 2010년 들어 예년의 수십 배로 증가했으며, OikoLab에서 추정하는 국내 트위터 사용자는 2010년 11월 현재 200만 명을 훌쩍 넘었다. 이런 속도라면 2011년에는 500만 명 이상이 이용하는 중요한 서비스가 될 것으로 보인다.

트위터가 실시간 소통의 매체로 급속히 확산되면서 국내에서도 상당한 파급효과를 낳고 있다. 사용자들은 단순 일상사 외에도 정치, 사회, 문화적 이슈에 대한 의견들을 공유함으로써 정보의 수동적인 수신자에서 콘텐츠의 생성과 공유를 유도하는 능동적 역할을 맡게 되었다. 이야말로 소셜 미디어 시대가 본격적으로 찾아왔음을 알려주는 신호탄이라고 할 수 있다.

'앱경영'이 떠오르고 있다.

스마트폰과 태블릿 PC의 등장으로 촉발된 스마트 빅뱅은 개인의 삶뿐 아니라 기업 경영, 나아가 사회 전반에까지 엄청난 영향력을 행사하고 있다. 앱경영은 이 같은 환경 변화에 직면한 기업들의 생존과 직결된 경영 혁신 방법론이다.

새로운 경영 환경 변화의 기반은 무엇보다도 모바일과 소셜 미디어의 강력한 결합으로 태어난 '실시간성'이다. 모바일 환경을 구축해 실시간 기업(Real-Time Enterpirse)을 만들고, 고객 가치를 극대화할 수 있도록 업무 프로세스를 개선하고, 새로운 상품과 비즈니스 모델을 창출하며, 나아가 시장과 산업의 재편을 선도하는 변화. 이것이 앱경영이다.

세상이 바뀌고 있다. 이제 앱경영이라는 거스를 수 없는 변화가 시작된 것이다.

◉ 소셜 미디어의 탄생

스마트 빅뱅의 시대가 열리다

2009년 11월 28일, 한국에 모바일 대변동이 시작되었다. 연초부터 소문만 무성한 채 출시가 몇 번이나 미뤄져 '다음 달 폰'이라는 별

칭을 얻기도 했던 아이폰이 KT를 통해 전격 출시된 것이다. 이로써 국내 스마트폰 시장의 도화선에 불이 붙게 되었다.

스마트폰이란 일반 PC와 같은 범용 OS(운영체제)를 탑재하여 다양한 모바일 애플리케이션을 자유롭게 설치, 실행시킬 수 있는 고기능의 휴대폰이며 동시에 '손안의 PC'이다. PC와 휴대폰의 장점을 모아 새로운 가치를 창조하는 폰인 셈이다.

국내 스마트폰 시장을 촉발시킨 아이폰은 애초에 협소한 국내 시장에서 소박한 인기를 얻는 데 그칠 것으로 예상되었다. 그러나 출시 이후 채 7개월도 지나지 않아 80만 대를 훌쩍 뛰어넘는 인기 몰이를 했다. 지난 2010년 9월 출시한 아이폰4는 예약 가입을 하지 않으면 아예 구입조차 할 수 없을 정도였다.

국산 스마트폰 시장도 새롭게 열렸다. 2010년 6월 8일 애플이 미국 샌프란시스코에서 아이폰4 출시를 발표한 직후, 삼성 서초동 사옥에서는 구글의 안드로이드 운영체제를 채택한 삼성전자 '갤럭시 S'의 국내 론칭 행사가 열렸다. 이 자리에는 구글 앤디 루빈 부사장, 삼성전자 신종균 사장, SKT 하성민 사장이 참석하여 아이폰의 대항마로 애플에 일합을 겨룰 것을 다짐했다. 이제 국내 스마트폰 시장은 명실상부하게 국내 제조사와 통신사들끼리의 경쟁이 아닌, 아이폰과 안드로이드폰의 글로벌 격전지가 된 것이다. 이처럼 스마트폰은 글로벌 시장뿐만 아니라 국내 시장에서도 캐즘을 넘어 메인 스트림 단계에 진입하고 있다고 말할 수 있다.

아이폰의 약진과 이에 대항하는 안드로이드폰의 대반격 등 시장 변화를 고려할 때, 2010년 국내 스마트폰 규모는 600만 대를 넘어설 것으로 보인다. 또한 2011년 스마트폰 신규 판매는 전체 휴대폰 판매량 대비 60%까지 증가할 것이고, 2011년 휴대폰 신규 판매 목표가 약 2,500만 대임을 감안해 추산하면, 2011년 말 국내 스마트폰 누적 가입자는 2천만 명이 넘을 것으로 예상된다. 1년 안에 단말기를 교체할 의향이 있는 사람의 절반 정도가 "스마트

스마트폰의 대명사, 아이폰

폰으로 구매할 의향이 있다"고 답한 설문조사 결과를 본다면 스마트폰은 더더욱 확실한 대세로 자리 잡았다고 할 것이다.

스마트폰의 열풍은 과연 어디에서 나오는 것일까?

단말 하나를 통해 뉴스와 정보 습득, 이메일을 통한 업무 수행, 편의 서비스를 활용한 여가 생활 등을 가능케 하는 방대한 '애플리케이션(Application)'에서 그 원인을 찾을 수 있을 것이다. 애플리케이션은 줄여서 '앱(App.)'으로 불리기도 하는데, 스마트폰에 설치해서 구동되는 다양한 응용 프로그램을 말한다. 무엇보다도 트위터, 페이스북과 같은 소셜 네트워크 서비스(SNS; Social Network Service)의 폭발적인 인기와 이를 통한 사회적 관계 형성이 스마트폰의 판매를 더욱 가속화시킨 것으로 보인다.

스마트폰의 인기는 오픈 마켓 '앱스토어(App Store)'라는 새로운 비즈니스 환경을 조성했다. 앱스토어는 개발자들이 직접 만든 애플리케이션을 판매하고 소비자들이 자유롭게 살 수 있는 온라인 장터

(Online Marketplace)이다. 이곳 앱스토어에 개발자 누구나 앱을 개발해 올릴 수 있고 사용자 누구나 편리하게 다운받을 수 있다. 소비자에게는 새로운 체험을, 개발자에게는 새로운 비즈니스 창출 기회를 제공하는 장인 것이다. 좋은 애플리케이션이 많을수록 이를 이용하려는 사람들이 많아지고, 덩달아 단말의 판매량도 기하급수적으로 늘어나는 선순환 구조가 이어지는 것이다.

스마트폰 시대는 온·오프라인의 경계뿐 아니라 인터넷과 모바일의 경계가 허물어지고 진정한 개인화 서비스의 구현이 가능해진 시대다. 언제 어디서나 스마트폰을 통해 인터넷 정보를 활용하는 것이 가능해졌으며, 단말에 내장된 GPS를 활용하여 현재 장소와 상황에 맞춘 서비스를 제공받을 수 있게 되었다. 과거에는 내가 정보를 찾아 이동했지만, 이제는 정보가 나를 찾아 이동하는 시대인 것이다.

누구나 스마트폰 하나로 여러 가지 애플리케이션을 활용할 수 있고, 언제 어디서나 인터넷에 접속해 필요한 정보를 얻을 수 있다. 직장인은 모바일 오피스를 통해 사무실 밖에서도 업무를 처리할 수 있고, 트위터를 통해 친구들과 대화할 수 있다. 런키퍼(Run Keeper; 운동 관리 앱) 등의 프로그램으로 어렵지 않게 건강을 관리하고, 지도·교통정보 앱을 통해 취미와 여가 생활을 즐길 수도 있다. 나아가 통신기업과 카드사의 제휴와 M&A를 통한 스마트폰 기반의 모바일 신용카드도 서비스되고 있다. 더팟이라는 벤처에서 무료로 제공하고 있는 '미싱 차일드(Missing Child)'는 실종 아동 찾기 애플리케이션인데, 이처럼 사회 공헌 차원의 앱까지 등장하고 있다.

스마트폰의 확산은 기업 경영 측면에서도 큰 변화를 가져왔다.

운영비용 절감과 생산성 향상을 위해 스마트폰을 활용한 모바일 오피스를 구축하려는 기업/공공부문이 속속들이 확산되고 있는 것이다. 과거 인터넷 중심의 변화에서, 최근에는 모바일 비즈니스로 기업 업무 환경이 재편되고 있다. 이른바 '이동하는 사무실 시대'가 도래하고 있다.

모바일 오피스가 실현되면, 이로 인해 일상의 커다란 변화가 찾아올 것이다. 직원 간 실시간 의사소통이 가능해지면서 업무 처리 속도가 놀랍도록 빨라지게 된다. 출장이나 외근 중인 직원과도 신속한 연락 및 협업이 이루어지며 외부에서도 의사결정에 필요한 정보를 즉석에서 활용할 수 있다. 답변이나 결재를 기다리느라 업무가 지연되는 경우는 구시대의 안타까운 사례일 뿐이다.

나아가 업무 공간 자체도 회사나 사무실이란 구역으로 제한되지 않는다. 물리적 사무실의 중요성이 줄어듦에 따라 재택근무, 원격근무 등 비상주형 근무 형태가 늘어날 것이다. 이른바 '스마트워크(Smart Work)'는 근로자가 도심의 직장으로 출근하지 않고 모바일, 초고속 인터넷 등 첨단 정보통신시설이 갖춰진 집 근처의 사무실로 출근하거나 이동 공간에서 일하는 근무 형태다. 2011년이 되면 본격적으로 스마트워크가 늘어날 것으로 예상된다.

기업 경영에 근본적인 변화를 만들어내는 모바일 빅뱅은 이제 거스를 수 없는 대세이다. 모바일 시대의 기회 선점을 위한 CEO의 전략적 판단이 더없이 중요해진 시점이다. 무엇보다도 모바일 시대의 핵심 가치를 이해하고 비즈니스 모델을 전면적으로 재정비하는 노력이 앞서야 한다.

모바일과 소셜 서비스가 만나다

소셜 미디어는 인터넷을 통해 전 세계로 확산되고 있는, 이른바 '소셜 대화의 새로운 장'이다. 사람들은 블로그나 미니홈피, 페이스북, 트위터와 같은 소셜 미디어를 이용하여 웹상에 새로운 콘텐츠들을 계속 올린다. 새로 탄생한 콘텐츠들은 또한 눈 깜짝할 사이에 광범위하게 공유되고 전파된다. 일상생활에서 나눈 대화가 순식간에 소셜 미디어를 통해 전 세계에 퍼지는 것이다. 시간이 지체되는 일이 거의 없다.

소셜 미디어는 사용자들이 서로의 개인적 정보와 의견을 주고받는 사적 공간에만 머물지 않는다. 정치적·사회적 관심에 대한 의견을 올리고 알려 동의를 구하고자 하는 이른바 '퍼블리즌(Publicity+Citizen)'과 이들이 지속적으로 생산·공급하는 콘텐츠들은 또한 소셜 미디어를 더욱 뜨겁게 달구고 있는 요소의 하나다. 누구라도 쉽게 콘텐츠를 생산할 수 있고, 전문 지식이 부족하더라도 자신의 생각과 링크만으로 얼마든지 타인이 주목할 만한 정보와 의견을 배포할 수 있는 환경. 콘텐츠의 파급력 측면에서도 소셜 미디어는 어떤 매스 미디어보다도 뛰어난 힘을 키워가고 있다.

기존 매스 미디어의 최대 경쟁자는 새로운 미디어의 주역인 바로 '우리 자신'인 것이다. 미디어가 '인간의 확장'이라는 마셜 맥루한의 주장(그가 1964년 출간한 《미디어의 이해》에 나온 내용)처럼, 사람들은 소셜 미디어에 원하는 글과 동영상을 올리고, 나만의 음악을 만들어서 공유하고, 사람들에게 소식을 전하고, 사회적 이슈에 대한 견해를 알리고 있다. 이 모든 행위들이 바로 '우리 자신'을 미디어로 만들고 있다.

소셜 미디어에서 이루어지는 '소셜 대화(Social Dialog)'는 지금 세계 도처에서 무슨 일이 일어나고 있는지를 내게 알려주는, 둘도 없는 정보원이다. 과거에는 웹사이트라는 공간에 머물러 있던 콘텐츠가 이제 사람과 사람 사이를 넘나들며 실시간으로 전달된다. 정적인 상태의 콘텐츠가 동적인 상태로 변화하기 시작한 것이다. 이것이 이른바 '소셜 스트림(Social Stream)'이다. 트위터와 같은 소셜 미디어는 인터넷을 홈페이지라는 정적인 저장 장소 또는 목록의 개념에서 '스트림(Stream)'이라는 동적인 흐름, 시간적인 개념으로 바꾸고 있다. 소셜 미디어는 24시간 인터랙티브한 생방송 자체이다.

소셜 미디어의 폭발적인 증가는 물론 전 세계적으로 급속히 보급된 스마트폰 덕분이라고 할 것이다. 휴대폰이면서 PC이기도 한, 통화와 인터넷 사용이 가능한 강력한 개인 정보기기의 출현. 이는 개개인의 삶에 질적인 변화를 가져오기에 충분했다.

스마트폰은 시간과 장소를 가리지 않는다. 소셜 네트워크 서비스는 지연과 학연 같은 인맥을 뛰어넘는다. 무엇보다도 모바일은 개인화의 집약, 그리고 연결성의 압축이라는 강점을 지니고 있다. 소셜 미디어는 모바일과 결합하여 개인화와 이동성이라는 거대한 컨텍스트 안에서 최적화된 도구이자 미디어로 성장하고 있다. 언제 어디서나 사람과 사람이 네트워크 안에서 만나는 것이 가능한 세상이 된 것이다.

작고 강해진 PC, 태블릿 2.0

2010년 4월 3일은 애플의 기념비적인 날로 기록될 것이다. 스티브 잡스 스스로 '일생일대 최대의 역작'으로 칭한 아이패드가 마침내 정식으로 발매된 것이다. 아이패드는 스마트폰과 PC의 중간 역할을 하는 태블릿 단말(키보드 없이 터치스크린을 활용하여 조작하는 개인용 컴퓨팅 기기)이다. 아이패드는 게다가 무선통신 기능까지 내장함으로써 이동 중에도 e-Book, 신문 및 잡지, 뉴스 동영상, 방송/영화, 게임 등 다양한 콘텐츠를 활용할 수 있게 했다.

기존에도 태블릿이 없는 건 아니었다. 지난 2001년, 이미 MS가 태블릿용 플랫폼을 최초로 발표한 이후 지금까지 HP 제품을 포함한 여러 태블릿 PC가 출시되었던 것이다. 그러나 무거운 OS 환경, 두껍고 무거운 본체, 전문가적 용도, 소프트웨어의 부족, 그리고 높은 가격 등의 문제로 니치 마켓에 머물러 있었다. 그러나 아이패드는 기존 태블릿 PC와는 달랐다. 문서 '생산' 중심이 아니라 사진, 동영상, 게임 그리고 e-Book 등의 콘텐츠를 쉽게 '소비'하는 데에 주안점을 두었다. 태블릿 단말이 지닌 거추장스러운 요소들을 배제하고 모바일 환경에서 자연스럽고 편안하게 콘텐츠를 소비하는 아이패드를 포지셔닝한 것이다.

기존 태블릿 시장이 틈새시장을 발굴하는 데 그쳤다면, 아이패드는 기존 태블릿 PC의 이미지를 파괴하고 태블릿이라는 콘셉트 자체를 새로 창조했다. 여태까지 태블릿 PC가 주류 시장으로 확산되지 못한 것은 기존 노트북과 크게 차별화된 태블릿 단말만의 장점을 부각시킬 소프트웨어와 서비스가 없었기 때문이다. 키보드와 마우스

스티브 잡스의 최대 역작인 아이패드

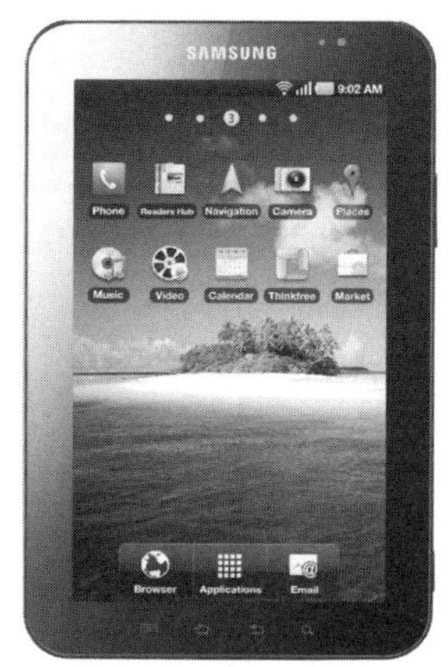
아이패드의 대항마인 삼성의 갤럭시 탭

라는 입력 수단에 터치 기능만 추가한 하드웨어일 뿐인 기존 태블릿들은 일반 노트북보다 비싼 가격을 감당할 수 있는 고객 가치를 제공하지 못했다.

그러나 아이패드는 모바일 단말로 콘텐츠 소비를 강조했다. 아이패드만 소지하면 MP3 플레이어, 휴대형 게임기, e-Book 리더, 넷북 등 단말을 따로 들고 다니지 않아도 각 단말의 콘텐츠 대부분을 이용할 수 있는 미래형 융합형 단말로 거듭난 것이다.

아이패드가 주목받는 또 다른 이유는 단말-콘텐츠의 수직결합을 통한 '미디어 소비 단말'이라는 점이다. 아이패드는 iOS(아이폰 OS)를 채용, 18만 5,000개에 달하는 아이폰 애플리케이션을 그대로 이용할 수 있다. 나아가 아이패드 전용 애플리케이션 역시 폭발적으로 증가하고 있는데, 이에 따라 아이패드 애플리케이션 및 콘텐츠 매출에도 큰 영향을 끼칠 전망이다.

아이패드의 등장으로 장차 태블릿 PC 시장은 크게 성장할 것이다. MS, 구글을 비롯하여 삼성전자, 샤프, 시스코 등에서도 본격적으로 태블릿 PC 출시를 출시하며 스마트폰 시장 못지않은 경쟁 구도를 이룰 것이다.

태블릿 PC는 업무용 모바일 단말로도 그 사용 사례가 늘고 있다. 업무의 신속성을 위해 스마트폰과 아이패드 등을 포함한 다양한 단말을 채택하는 기업들이 점차 증가하는 추세다. 모바일 오피스로 활용할 수 있는 업무용 애플리케이션이 속속들이 개발되면서, 많은 기업들이 도입을 적극적으로 검토하고 있는 것이다.

아이패드에 대한 기업들의 관심이 높은 것은 화면 크기와 처리 속도 면에서 기존의 스마트폰만큼이나 뛰어난 이용 환경 때문이다. 게다가 아이패드는 플랫폼을 개방해 업무와 관련한 다양한 니즈를 충족시킬 수 있는 환경을 조성했다.

IBM, 오라클, 시스코, 시트릭스 등 메이저 IT 업체가 속속 참여하면서 아이패드에 최적화된 사용자 경험을 제공하는 비즈니스 애플리케이션은 더욱 증가할 전망이다. 모든 업무에 아이패드 이용이 적합하지는 않겠지만, 모바일 업무 환경을 추구하는 기업들은 조만간 태블릿 시장의 주요 고객으로 부상할 것이다.

일본의 미즈호 은행은 창구에서 금융 상품을 설명하고 각종 금융 정보 제공을 지원하는 단말로 아이패드 활용을 검토 중에 있다.

일본에서는 기업뿐 아니라 레스토랑, 호텔, 대형 매장, 의류업체 쇼룸, 프랜차이즈 등의 현장에서도 앞다투어 태블릿 PC를 도입하고 있다. 기업 시장에서도 롱테일에 속한 업체들의 니즈가 점차 충족되어가고 있는 것이다.

  국내 역시 일부 대기업에서는 이동이 잦은 임원들에게 노트북 대신 아이패드를 지급함으로써 최적화된 모바일 업무 환경을 제공하고 있다. 또한 이를 영업 분야 전 직원으로까지 확대할 전망이다.

  아이패드는 소비자 지향적 비즈니스 모델을 통해 태블릿이라는 단말이 가질 수 있는 가능성을 극대화하고, 모바일 콘텐츠 산업에 새로운 활력을 불러일으키고 있다. 소셜 커뮤니케이션, 취미, 아이디어, 엔터테인먼트, 학습 등 다양한 문화 코드와 비즈니스 환경을 위한 장비 기능까지 모두 담는 '총체적 기기'로 나아가고 있는 것이다.

소셜 네트워크 서비스, 인터넷의 허브가 되다

트위터에 이어 한국을 떠들썩하게 만드는 소셜 네트워크 서비스에는 페이스북이 있다. 지난 2010년 7월에 그 사용자가 5억 명을 돌파했다고 한다. 전 세계 인구의 8%, 인터넷 사용자의 27%가 페이스북을 이용하고 있다는 뜻이다.

  페이스북은 국내의 싸이월드와 비슷한 인맥 서비스로, 지난 2004년 미국 하버드 대학생들이 친구들과 공유하는 인명 디렉토리 또는 졸업 앨범 성격으로 출발했다. 그러던 것이, 단순한 인맥 사이트를 뛰어넘어 다양한 커뮤니케이션과 사업화가 가능한 개방적 플랫폼으로 변신한 이후 급속도로 성장하고 있다. 누구나 페이스북에 연동되는 응용 프로그램을 개발할 수 있도록 플랫폼을 개방한 덕에 페이스북 위에는 수많은 상업적 애플리케이션이 쏟아지고 있다. 전 세계 1백 80여 나라에서 1백 만 명이 넘는 사람들이 페이스북과 관련된 상품을 개발하고 있다고 해도 과언이 아니다. 최근 온라인 게임의 새 트렌드로 주목받고 있는 '팜빌', '위룰'과 같은 소셜 게임 역시 모두 페이스북 환경에서 사용자들과 그 인맥을 활용한 게임이다.

페이스북 사용자는 5~6개월마다 1억 명씩 늘어나는 추세이다. 미국에서는 성인 여성의 1/3이 아침에 일어나서 제일 먼저 페이스북을 확인한다고 한다. 페이스북은 초기에 영어권 중심에 머물렀지만 최근엔 아시아권에서 급격한 성장세를 보이는 중이다. "세계를 더 열린 사회로 만들고 서로 연결되게 하는 것"이라는 페이스북의 모토처럼, 점점 더 다양한 국가의 다양한 사람들이 연결되고 있는 것이다.

한국은 그동안 중국, 일본, 러시아와 함께 페이스북이 맥을 못 추

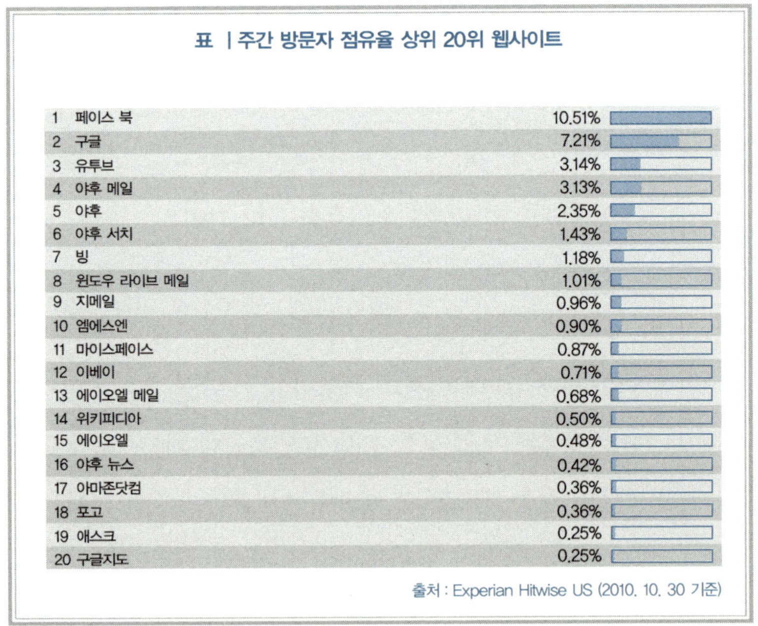

표 | 주간 방문자 점유율 상위 20위 웹사이트

1	페이스 북	10.51%
2	구글	7.21%
3	유투브	3.14%
4	야후 메일	3.13%
5	야후	2.35%
6	야후 서치	1.43%
7	빙	1.18%
8	윈도우 라이브 메일	1.01%
9	지메일	0.96%
10	엠에스엔	0.90%
11	마이스페이스	0.87%
12	이베이	0.71%
13	에이오엘 메일	0.68%
14	위키피디아	0.50%
15	에이오엘	0.48%
16	야후 뉴스	0.42%
17	아마존닷컴	0.36%
18	포고	0.36%
19	애스크	0.25%
20	구글지도	0.25%

출처 : Experian Hitwise US (2010. 10. 30 기준)

	국가명	사용자 수(명)	증가율		인구 대비 보급률
1	미국	143,583,400	+19,648,280	+13.68 ↑	46.28%
2	인도네시아	30,108,220	+6,326,960	+21.01 ↑	12.39%
3	영국	28,413,560	+2,082,260	+7.33 ↑	45.57%
4	터키	23,313,440	+1,330,820	+5.71 ↑	29.96%
5	프랑스	19,755,460	+1,403,120	+7.10 ↑	30.50%
6	필리핀	18,124,220	+4,691,360	+25.88 ↑	18.14%
7	이탈리아	17,309,580	+830,660	+4.80 ↑	29.80%
8	캐나다	17,207,140	+1,447,260	+8.41 ↑	50.97%
9	멕시코	16,975,220	+5,388,380	+31.74 ↑	15.09%
10	인도	15,402,180	+6,055,820	+39.32 ↑	1.31%
41	모로코	2,283,780	+545,720	+23.90 ↑	7.22%
42	오스트리아	2,177,860	+172,920	+7.94 ↑	26.51%
43	세르비아	2,152,120	+122,860	+5.71 ↑	29.30%
44	헝가리	2,120,300	+861,660	+40.64 ↑	21.22%
45	나이지리아	210,2120	+801,340	+38.12 ↑	1.38%
46	아랍에미리트	2,039,580	+435,820	+21.37 ↑	40.99%
47	루마니아	1,897,920	+611,340	+32.21 ↑	8.64%
48	핀란드	1,830,920	+95,700	+5.23 ↑	34.84%
49	에콰도르	1,802,460	+750,620	+41.64 ↑	12.19%
50	한국	1,782,880	+1,001,440	+56.17 ↑	3.67%

출처 : Socialbakers
(www.socialbakers.com)

는 나라 중 하나였지만, 2010년 들어서는 상황이 크게 달라졌다. 국내 페이스북 사용자 수가 아직까지는 세계 50위 수준인데, 올해 들어 세계 최고 수준의 급속한 성장률에(6개월 간 56.2%)에 힘입어 벌써 2010년 11월 현재 200만 명을 돌파한 상태다.

페이스북의 가장 큰 특징은 개방성이다. 페이스북은 개발자를 위한 소프트웨어 개발 키트(SDK)를 공개, 누구든지 페이스북용 애플리케이션을 개발해 올릴 수 있게 하고 있다. 인맥 중심의 단일 서비스가 아니라, 웹상의 수많은 콘텐츠와 서비스를 엮어 웹 전체의 소셜 서비스로 성장할 수 있는 기반이자 플랫폼을 만든 것이다.

페이스북에서 인터넷 원스톱 이용이 가능하다고 하는 것은 이 때문이다. 페이스북 헤비 유저들은 페이스북을 홈페이지로 지정해 놓고 이곳에서 각종 인터넷 서비스를 이용한다. 페이스북에서 공유된 사이트들은 페이스북 유저가 공개한 정보에 근거하여 해당 유저의 경험을 개인화할 수 있다. 제휴 사이트에 페이스북 유저가 방문하면, 사용자명, 프로필, 성별, 그리고 인맥 등 유저의 공개 정보를 활용해 개인화된 서비스를 제공할 수 있는 것이다.

업계 일각에서는 향후 페이스북이 '제2의 구글'을 넘어 구글을 제치고 세계 최대의 인터넷 기업이 될 가능성을 점치고 있다. 실제로 2010년 4월, 페이스북은 미국 내 '주간 순 방문자 수'에서 처음으로 구글을 제치고 1위를 기록하기도 했다.

이러한 힘이 어디서 나왔을까? 과거 검색 작업이 대부분 구글과 같은 검색엔진을 통해 일어났지만, 최근엔 소셜 네트워크를 통해 지인들의 공유 정보를 활용해 검색을 하는 경우가 많아지고 있기 때문이다. 소셜 북마킹 서비스 'AddThis'에 따르면, 동 서비스 기반의 콘텐츠 유통 비중에서 3대 소셜 네트워크 서비스인 페이스북, 트위터, 마이스페이스가 각각 33%, 8%, 5% 정도를 차지했다. 구글은 이보다 약 4%를 웃도는 수준이었다.

웹 검색의 대표 주자인 구글 역시 자사의 경쟁 상대가 야후나 MS가 아니라 페이스북이나 트위터 등의 소셜 네트워크 서비스라고 말했다. 이제 인터넷의 큰 흐름은 검색 중심의 웹사이트에서 소셜 미디어로 확산되고 있는 것이다.

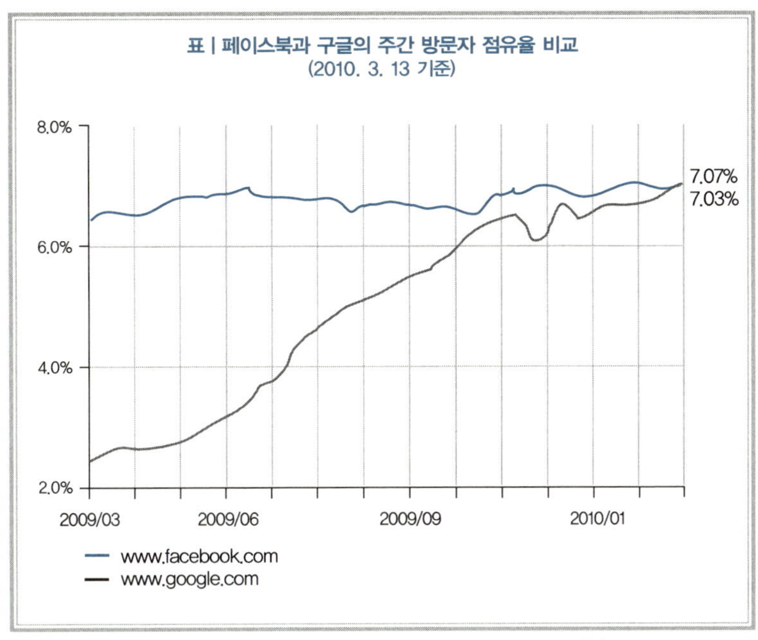

출처 : Experian Hitwise US

페이스북이 단순한 소통수단에 머물지 않고 모든 인터넷 서비스를 아우르는 하나의 토털 서비스 플랫폼(웹의 OS)으로 진화하는 데 있어 큰 역할을 한 것은 페이스북의 개방화 정책이었다. 페이스북은 서비스 개시 후 자사의 개발 플랫폼을 점진적으로 써드파티 개발자들에게 공개하고, 이를 통해 개발된 애플리케이션을 유통할 수 있는 환경을 구축했다. 이로써 외부에서 유입되는 다양한 서비스 앱들을 페이스북 내부에서 제공해왔다.

실제로 페이스북은 2008년 12월 자사 사이트에 있는 정보를 외부에서 이용할 수 있는 페이스북 커넥티드(Facebook Connected)를 선보였으며, 최근에는 소셜 플러그인(Social Plugin) 등을 공개하는 등 자체 영향력을 외부 사이트로까지 확대하고 있다. 이와 같은 시도는 다양한 분야의 기업으로까지 확산될 것으로 보인다. 아울러 페이스북은 자체 서비스 특성을 활용한 광고 시스템을 런칭하는 등 광고 시장 진입에 주력하고, 동시에 모바일용 서비스들을 도입하면서 모바일 영역으로의 진출에도 힘쓰고 있다. 페이스북은 2010년 6월 칸에서 개막된 칸 라이온스 인터내셔널 광고 페스티벌에서 '올해의 미디어인(media person of the year)' 상을 받았다. 전 세계 광고계가 페이스북을 단순한 소셜 네트워크 이상의 중요한 광고 매체로 인정한 셈이다.

결국 페이스북의 최종 목표는 모든 인터넷 서비스가 집결되는 온라인 허브(Hub)라고 할 수 있다.

페이스북 창업자인 CEO 마크 주커버그(26)는 페이스북을 소셜 네트워크 서비스(SNS; Social Network Service)가 아닌, '소셜 유틸리티 툴(Social Utility Tool)' 이라고 강조한 바 있다. 페이스북을 전기나 수도처럼 우리 일상생활에서 항상 사용하는 서비스로 만들겠다는 의지인 것이다. '오픈 그래프(Open Graph)' 전략을 통한 '소셜(Social), 개인화된(Personalized), 시맨틱 웹(Semantic Web)' 은 그 시작에 불과할지 모른다.

페이스북 사용자는 앞으로 얼마

페이스북의 창업자, 마크 주커버그

나 더 늘어날까. 마크 주커버그는 2010년 6월 칸 국제 광고 페스티벌에 참석해 "페이스북 사용자가 앞으로 3년 내지 5년 안에 10억 명에 달할 것"이라고 밝혔다. 불가능한 수치는 아닌 것 같다.

세계 최초의 소셜 네트워크 서비스를 선보였던 한국의 싸이월드. 2009년까지만 해도 한국에서의 페이스북 진입을 성공적으로 막아냈던 싸이월드는 요즈음 트위터와 페이스북의 거센 도전에 휘청거리고 있다. 코리안클릭의 자료에 따르면 2009년의 트래픽 성장률이 2006년 대비 −19%에 이를 정도로 하락세가 뚜렷하다.

싸이월드의 부진 원인은 무엇일까? 싸이월드의 독특한 문화를 형성해온 '일촌' 중심의 폐쇄성을 들 수 있을 것이다. '일촌'은 상호 수락에 의해 관계가 형성된다. 대부분 일촌은 오프라인 공간에서 원래 알고 있는 사람들의 강한 결합이 온라인으로 확장된 형태다. 그러나 친구 관계의 확산 속도는 한계에 다다르면 더딜 수밖에 없다. 최근 들어 높아지고 있는 '정보와 인맥의 개방적 소비와 공유'라는 전 세계적 흐름을 싸이월드는 놓치고 있는 것이다.

싸이월드가 학연, 지연을 중심으로 기존의 인맥을 온라인에서 복원하는 서비스라고 한다면, 트위터나 페이스북은 지인 네트워크뿐 아니라 새로운 공적 네트워크(Public Social Network)로 무한히 확

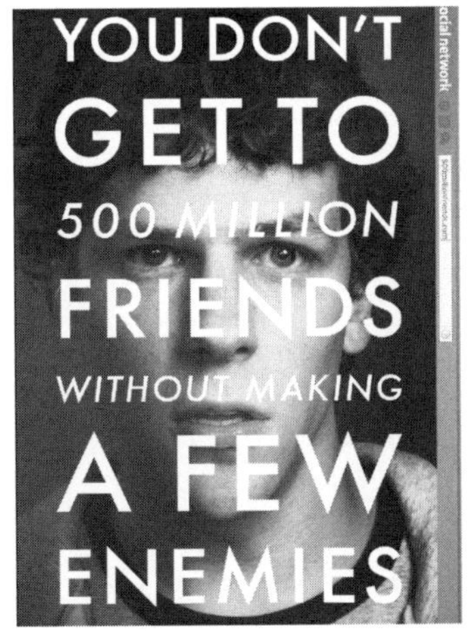

페이스북 창업자인 마크 주커버그를 소재로 한 영화 〈소셜 네트워크〉

장할 수 있는 서비스다. 즉, 트위터와 페이스북에서의 친구 관계는 기존의 혈연, 학연, 지연 등의 네트워크와는 전혀 다른 방식으로 전개되고 있다는 것이다. 트위터와 페이스북과 같은 소셜 네트워크 서비스에서 혈연과 학연, 지연의 배타적 소속은 더 이상 유효하지 않다. 정보 공유나 공감대 형성 등을 목적으로 형성된 소셜 공간에서는 모든 고정적 경계가 사라진다. 혈연처럼 강력한 결합이 아닌, 약하고 느슨한 다양한 관계가 확장되고 있는 것이다.

또한 싸이월드는 대중으로부터 '주목(Attention)' 받고 싶어 하는 한국인들 '온라인 명성 욕구'를 담아내기에는 역부족이었다. 미디어의 성격이 뚜렷한 트위터와는 달리, 싸이월드는 사적인 네트워크 내에서의 소식 공유 성격이 짙다. 싸이월드의 이 같은 특성은 '트위터+블로그'라고 하는 소셜 네트워크 서비스 연합군의 공격에 취약점으로 드러난 것이다.

이에 따라 싸이월드를 운영하고 있는 SK커뮤니케이션즈는 차세대 싸이월드 'ⓒ로그'를 출시해 맞대응에 나서고 있다. 글로벌 트렌드인 '개방성'과 싸이월드의 강점인 '개인정보 보호'에 주안점을 두고 새로운 소셜 네트워크 서비스 종주국의 위상 회복을 꾀한 것이다. ⓒ로그가 이미 한국 시장에 정착한 트위터, 페이스북 물리치고 과거 폭발적인 인기를 누렸던 싸이월드 시절을 또다시 재현할 수 있을지, 재미있는 관전 포인트가 될 것이다.

언제 어디서든 우리는 연결되어 있다

이제 변화의 핵심 키워드는 명실상부하게 모바일과 소셜 미디어의 결합으로 인한 '실시간(real-time)성'과 '장소성(locality)'의 공유라고 할 수 있다. 우리는 실시간 연결을 통해 언제 어디에서든 다른 사람들의 행동과 생각을 검색하고 참여와 나눔으로 중요한 경험의 확산을 만들어냈다. 이제 인터넷은 모바일을 통해 실시간성과 장소성을 담는 소셜 미디어 서비스가 주도하게 되었다.

나와 관련이 있는 누군가가 트위터나 페이스북 또는 블로그 등에 글을 남기면 이를 스마트폰으로 바로 확인해서 답할 수 있는 실시간 소셜 커뮤니케이션. 지난 2010년 1월, 생명이 위태로운 어느 환자에 얽힌 사건이 있었다. 백혈병 치료에 필요한 혈액이 부족했는데, 극소수의 인구만이 지니고 있다는 RH-O형 희귀 혈액이었다. 환자의 가족들은 지푸라기라도 잡는 심정으로 트위터에 도움을 청하는 글을 올렸는데, 이는 곧바로 리트윗(Re-Tweet)되면서 불과 몇 시간만에 여러 명의 기증자가 모이게 되었다. 모바일과 소셜의 결합으로 정보의 파급력이 무한대로 확대된 것이다.

소셜 미디어상의 실시간 정보는 가공되지 않은 주관적 정보이다. 또한 그 속도가 매우 빠르다. 트위터는 전 세계 사람들의 관심사가 어떻게 변화하고, 어떠한 사건에 대한 견해가 어떻게 달라지는지를 실시간으로 중계한다. 인터넷 바다에서는 사소한 정보들도 성난 파도처럼 솟구치기도 하고, 아무리 중요한 정보도 눈 깜짝할 사이에 사라지기도 한다. 소셜 미디어 검색은 이러한 여론을 가장 빠르게 접할 수 있는 수단이다. 트위터는 그 자체만으로도 훌륭한 미디어인 셈이다.

기존 매스 미디어에 얽매이지 않는 수많은 인터넷 사용자들은 바로 지금도 실시간 정보와 의견으로 이루어진 소셜 미디어를 통해 새로운 '미디어의 탄생'을 열어가고 있다. 트위터 등이 가지고 있는 신속성과 빠른 파급력은 미디어로서의 가능성이 충분해 보인다. 또한 소셜 공간에서 이야기되는 수많은 이슈들이 기존 뉴스의 소비 지형을 바꾸어나가고 있다. 일반적으로 TV, 신문 등의 전통 언론이 먼저 '이슈화' 시킨 뉴스들이 이후 소셜 미디어에서 그에 관한 공유와 논쟁이 일어나는 흐름이었던 것이, 최근에는 그 반대로 소셜 미디어에서 생겨난 이슈들이 TV, 신문, 인터넷 기사 등을 통해 확대 및 재생산되는 사례가 종종 발생하고 있다. 이처럼 소셜 미디어는 기존 매체와 다른 방식으로 뉴스를 생산하고 논의의 대상을 설정하는 등, 미디어로서의 활동 범위를 점차 확대하고 있다. 소셜 미디어의 성장에 따라, 기존 매체들도 '빠른 전달'이라는 역할에만 머문다면 더 이상 설 자리가 없어질지 모른다. 이제 기존의 매스 미디어는 신속한 뉴스 전달보다는 오히려 사고와 사건에 대한 치밀한 '분석가'와 '해설자'의 역할로 거듭나야 할 것이다.

두 번째로 모바일과 소셜의 강력한 결합은 위치 기반 서비스의 확산을 낳는다.

모바일 환경이 일반 PC나 노트북 등과 가장 구별되는 점은 '사용자의 위치를 알 수 있다'는 점이다. 위치 기반 서비스란 이동통신 기지국이나 단말에 장착된 GPS를 통해 파악된 사용자의 위치를 기반으로 하는 서비스이다. 이 서비스를 통해 장소를 중심으로 한 사용자 경험을 전달하는 것이 더욱 편리해졌다. 또한 누구나 장소 기반의 콘텐츠를 쉽게 찾아보고 풍부한 사용자 경험을 전달할

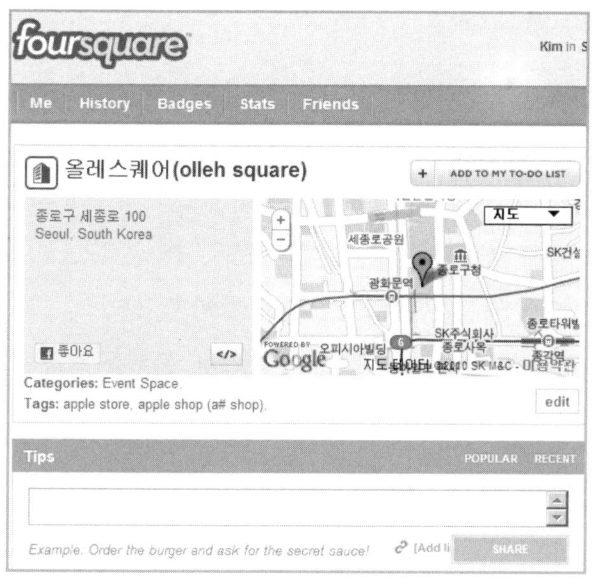

수 있게 되었다. 예를 들어 위치 공유 서비스인 '포스퀘어'를 통하면 아이폰 등 스마트폰 가입자끼리 "내가 어디에 있고, 어디를 다녀갔다"는 자신의 위치와 장소에 관한 각종 정보를 트위터 등에서 공유할 수 있다. 어느 특정한 장소에 자신이 왔다는 사실을 알리는 것을 '체크인'이라고 하는데, 트위터나 페이스북으로 연동하면 모든 친구들에게 내 위치를 자동으로 전하게 된다. 전 세계 식당, 백화점 등 어디서든 위치 기반 정보를 올릴 수가 있다. 포스퀘어를 마케팅에 활용하려는 시도가 장차 무궁무진하게 확대될 것이다. 직원이 채 30명도 되지 않은 포스퀘어는 창업 1년 반 만인 2010년 6월, 2천 만 달러의 투자 자금을 거뜬히 받아낼 정도로 미래가 기대되는 소셜 서비스 업체가 되었다. 이에 뒤질세라 국내 인터넷서비스 업체들도 '아임IN', '플레이스' 같은 서비스들을 내놓으면서 포스퀘어의 뒤를 맹렬히 추격하고 있다.

또한 구글맵과 같은 기존의 지도 서비스도 소셜 네트워크와 결합하여 새로운 증강현실(Argmented Reality)로 거듭나고 있다. 카메라로 사물을 비추면 사용자 위치, 장소 등의 정보가 화면에 뜨는 증강현실 서비스는 SF 영화 〈마이너리티 리포트〉에서만 볼 수 있는 광경이 아니다. 증강현실 앱은 소셜 네트워크 서비스와 맵 서비스, 그리고 스마트폰의 카메라 기능이 결합하여 가상 정보, 물체를 겹쳐 보여주는 기술 등을 통해 새로운 시너지를 만들어내는 서비스로 자리 잡았다. 아이폰의 '스캔서치' 앱은, 카메라로 거리를 비추면 주변의 상점 정보를 자동으로 찾아주고 전화번호 및 웹사이트 정보까지 알려준다. 땅에 비추면 주변 정보를 한눈에 파악할 수 있는 레이더 뷰로 자동 전환되고, 하늘에 비추면 날씨 정보가 뜨는 것도 특징이다. 책 표지를 비추면 온라인 서점에서 가격과 리뷰 정보를 볼 수 있고 신문을 비추면 기사가 뜬다.

안드로이드폰의 '오브제' 앱의 경우, 영화관이나 맛집을 검색하면 다른 사용자가 남긴 댓글을 바로 확인하거나 글을 남길 수도 있다. 또한 사용자 제작 콘텐츠(UCC)를 지원, 사용자가 직접 건물이나 매장, 장소 등을 등록하면 다른 사용자도 해당 정보를 즉시 활용할 수 있는 서비스까지 제공하고 있다.

'구글맵' 앱 역시 지역 정보 서비스와 결합하여 사용자 위치를 중심으로 식당, 술집, 카페, 호텔, 주유소, 현금인출기 같은 특정 장소의 다양한 리뷰와 고객 체험을 검색해 제공하는 서비스를 계획 중이다.

T.G.I.F. 소셜 문화의 등장

이제 백화점에서 스마트폰과 트위터를 가르치는 시대이다. 모 백화점 문화센터는 'T.G.I.F.(Twitter, Google, IPhone, Facebook의 약자) 따라잡기'라는 주제로 스마트폰과 소셜 네트워크 관련 강좌를 개설했다. 스마트폰과 소셜 네트워크 서비스가 사회 전반에 미치는 영향부터 시작해서 온라인 인맥 형성 방법, 파워 블로거

가 되는 요령, 스마트뱅킹 주식 계좌 보안법 등 실생활과 밀접한 IT 기기 사용법이 주된 수업 내용이다. 이렇듯 T.G.I.F.는 이미 우리 생활의 떼어놓을 수 없는 일부가 되고 말았다.

엄청난 속도로 생활 전반에 영향력을 확대해가고 있는 소셜 미디어는, 나아가 문화 소비 양상과 콘텐츠 제작은 물론 마케팅에도 강력한 영향을 미치고 있다. 과거와는 달리 요즘은 콘텐츠 제작과 소비, 그리고 마케팅 활동이 하나로 결합되고 이에 일반 대중들의 참여가 활성화되는 추세다. 소셜 미디어가 대세로 자리 잡게 되면 앞으로 새로운 형태의 문화 콘텐츠 소비와 마케팅, 그리고 제작이라는 큰 구조의 틀이 서서히 바뀌어갈 것이다.

예를 들어 2009년 할리우드에서는 전혀 예상 못했던 2편의 영화가 트위터를 통해 급속히 부각되면서 상당한 흥행을 만들어냈다. 트

위터에서의 실시간 영화 감상평이 수많은 관객 동원이라는 효과로 이어진다는 사실을 입증한 사례의 주인공은 SF 영화 〈디스트릭트 9(District 9)〉과 페이크다큐 호러 영화 〈파노라말 액티비티(Paranormal Activity)〉. 비교적 저예산으로 제작되었음에도 불구하고 이 영화들은 모두 박스오피스 1위를 기록했다. 물론 영화 자체가 독특하고 완성도가 높기도 했지만, 그 때문에 트위터를 통한 사람들의 입소문이 널리 퍼진 것이 주요한 이유였다. 그것은 수많은 돈을 들인 광고보다 더 효과적인 홍보였다.

비단 영화뿐이 아니다. 음반이나 서적, 뮤지컬의 홍보에서도 소셜 미디어에서의 좋은 평가는 어떤 홍보보다 효과가 높은 것으로 평가된다. 우리나라에서도 트위터나 페이스북 등에서의 반응들이 문화 산업의 성공 여부에 갈수록 큰 영향을 미치게 될 것이다.

집단지성의 물결

열정적 협력자들, 집단지성의 기원

'위키피디아(Wikipedia)'는 역사적 사건과 인물과 학술용어 등을 비롯해 현재 활동 중인 정치인과 연예인에 대한 소개까지 찾아볼 수 있는 인터넷 안의 백과사전이다. 트위터, 미투데이 같은 최근의 소셜 미디어 이름은 물론 '지못미', '열폭', '엄친아' 같은 신조 유행어까지 발 빠르게 등재될 정도다.

지난 2000년 옵션거래인 지미 웨일스가 만든 온라인 백과사전 위키피디아는 방문객 숫자 면에서 전 세계 5대 사이트 중의 하나로 꼽힐 만큼 영향력 있는 매체다. 1,600만여 개에 달하는 방대한 주제어에 대해 주석을 달아놓아 무료로 검색 결과를 확인할 수 있는데, 매달 3억 3천만 명이 찾을 정도로 인기가 높다. 위키피디아는 비영리법인인 위키피디아 재단에 의해 운영된다. 배타적 지적재산권이 아닌 크리에이티브 커먼스 협약에 의해 누구나 그 내용을 자유롭게 이용할 수 있다. 즉, 세계 곳곳에 거주하고 있는 수천 명의 기여자들이 자발적으로 참여함으로써 만들어내는 백과사전인 것이다.

위키피디아는 중앙 집중화된 통제를 거의 받지 않는 상황에서 발전을 거듭해왔다. 기여자들이 기고한 내용은 전문가가 아니라 일반인들의 개방적인 토론을 거쳐 편집되고 누구나 거의 어떤 것이든 제한 없이 수정할 수 있다. 오류가 많아 신뢰성이 떨어진다거나 편파적이며 비객관적이라는 지적도 없지는 않다. 그러나 자율 통제 방식으로 품질을 지속 개선할 수 있는 제도적 장치가 이 문제를 보완하고 있다. 모든 문서는 아무나 로그인을 하지 않고도 수정할 수 있지만 그 흔적은 모두 히스토리가 남는다. 문서마다 맨 처음 작성된 초안부터 가장 최근에 업데이트된 내용까지, 언제 누가 무엇을 고치고 무엇을 첨삭했는지 시간대별로 한눈에 볼 수 있다. 누군가 고의로 모든 내용을 삭제하거나 훼손한다 해도, 이전 내용을 복구하는 것은 어렵지 않다.

망치는 사람보다는 바로잡는 사람이 많고, 망치는 속도보다는 바로잡는 속도가 빠르다. 그 절차가 쌓이고 쌓이며 방대한 분량의 세계 최대 지식 데이터베이스를 이룬다. 미국 네이쳐(Nature) 지가 과

학 분야 항목을 뽑아서 분석한 결과, 페이지당 오류가 전문가들이 작성한 브리태니커(Britannica) 백과사전과 큰 차이가 없는 것으로 드러났다. 바로 이것이 집단지성의 힘이다.

세상 어느 백과사전도 완벽하게 객관적이며 중립적일 수는 없을 것이다. 지식이란, 특히나 인문학과 사회과학에서 지식이란 일정한 시각과 입장에 근거할 수밖에 없으니까. 게다가 브리태니커와 같은 페이퍼북 백과사전의 경우 누군가 오류를 찾고 그것을 지적한다면 편집진과 전문가의 검토를 거쳐 새로운 판이 나올 때까지 기다려야 할 것이다. 그것이 심각한 오류라고 하더라도 최종 수정이 이루어질 때까지 누군가는 잘못된 정보를 사용할 수밖에 없다. 반면에 위키피디아는 누구나 오류를 직접 수정할 수 있으므로 오히려 빠른 수정이 가능하다. 위키피디아는 책임 있는 개인들의 조화로운 협업 활동의 결과이다. 정보들은 이제 스스로 수정하며 자기 진화를 하고 있다.

한 명의 고독한 천재에 의존하는 대신에 다양한 영역의 사람들이 가진 통찰력과 열정을 결합하여 가치 있는 것으로 연결시키는 행위. 창조와 혁신을 지향하는 모든 기업들의 핵심 과제란 바로 그러하다. 직원들은 물론 직원들의 가족, 외부 전문가 집단, 소비자까지도 협업에 참여시킬 수 있어야 한다. 세계적 혁신 기업일수록 소수의 유능한 천재보다는 조직 구성원들의 효과적인 협업을 더 중시한다. 창의적인 기업일수록 브레인스토밍을 중시하고 집단지성의 위력을 신뢰한다. 다양한 주체가 브레인스토밍 과정 속에 상호 협력하고 경쟁하며 얻게 되는 집단 최고의 지적 능력, 바로 이것이 집단지성이다.

집단의 지혜를 우리 것으로

몇몇 창의적인 기업들은 이미 집단지성을 자사의 혁신 인프라로 활용하고 있다.

혁신 기업은 자사의 R&D, 제품 및 서비스 기획, 고객 서비스, 기타 문제 해결을 위해 불특정 다수 또는 특정 커뮤니티를 참여시키곤 한다. 이를 통해 대중들의 통찰력과 지혜를 끌어들이는 것이다. 이를 크라우드 소싱(Crowd Sourcing)이라고 한다. 대중·군중을 뜻하는 '크라우드(Crowd)'와 외부 자원 활용을 뜻하는 '아웃소싱(Outsourcing)'의 합성어다.

기업들은 크라우드 소싱을 통해 제품 개발과 문제해결 비용을 낮추고 다양한 고객의 무한한 인사이트를 확보할 수 있다. 고객은 이제 과거의 단순한 소비자가 아니라 프로슈머(Prosumer: Producer+Consumer)나 크리슈머(Cresumer: Creator+Consumer)의 자리에 서게 되었다.

크라우드 소싱의 성공 여부는 '개방적 혁신'에 달려 있다. 개방적 혁신이란 지난 2003년 UC버클리대의 헨리 체스브로 교수가 제안한 개념이다. 외부의 우수 자원을 활용하거나 내부의 역량을 외부에 개방함으로써 조직이 목적한 성취 범위와 실행 속도를 한 단계 끌어올리는 전략을 의미한다. 우수한 인재의 분산화 현상이 심화되고 기술과 환경이 복잡해진 요즘, 어느 한 조직이 모든 것을 소유하기란 극히 어려워졌다. 설사 모든 것을 갖췄다 하더라도 1위 기업을 빠르게 추격하는 전략은 한계를 드러낼 수밖에 없다. 그리하여 필요한 우수 자원을 연결해 혁신을 이루는 오픈 이노베이션이 매력적인 대안으로 자리 잡은 것이다.

특히 기업들의 기술 혁신과 신제품 경쟁이 심화되면서, 기업 내부에서 R&D를 수행하는 기존 방식에서 벗어나 개방형 R&D를 추구하는 기업이 늘고 있다. 효율적인 기술 획득 방식으로 주목받고 있는 개방형 R&D, C&D(Connect & Development). 기업 내부와 외부의 핵심 지식을 연결하는 지식 네트워크를 통해 기업에 필요한 기술 혁신을 지속적으로 이루어내는 방식이다.

C&D를 가장 먼저 도입하고 가장 잘 활용하고 있는 곳으로는 세계 최고의 소비재 기업 P&G를 꼽을 수 있다. P&G의 인터넷 홈페이지에서 가장 크게 눈에 띄는 문구는 다음과 같다.

"지금 기술을 찾고 있습니다."

전 세계 수천 명이나 되는 연구 인력을 거느리고 연구 개발비로만 수십억 달러를 쏟아붓는 거대 기업 P&G가 어째서 외부 기술에 의지하려는 것일까?

P&G가 현재처럼 C&D에 주목한 것은 지난 2000년, P&G의 위기를 맞아 등장한 A.G. 래플리(Allen. G. Lafley) 회장 취임 직후부터다. 래플리 회장은 기존의 내부 지향형 R&D만으로는 시장이 원하는 혁신 상품을 만들 수 없다는 위기의식 아래, 외부 지식을 적극적으로 활용하기 위한 기술 전략을 체계화했다. 그리하여 P&G는 프링글스(Pringles) 같은 히트 상품을 개발하는 등 획기적인 성과를 창출함으로써 세계적인 성공사례(Best Practice)를 남기게 되었다.

이런 집단지성이 이제 소셜 미디어를 만나 새롭게 변화하고 있다.

트위터와 페이스북에 자신의 생각을 말하고 경험을 공유하고 진지한 의견을 나누는 모든 소통의 행위는 결국 '신뢰'라는 개념에 기반하고 있다. 인터넷을 활용한 모든 서비스는 결국 '신뢰'에 뿌리를 두고 꽃과 열매를 맺는다. 명성과 인정에 의해 움직이는 인터넷 경제의 근간은 결국 신뢰인 셈이다. 신뢰는 온라인 세계에서의 사회적 자본이자 인터넷 경제의 근본 메커니즘이다.

스마트폰이 보급되고 소셜 네트워크 서비스가 확산되면서 사람들의 실시간 참여와 공유가 확대되었다. 이를 통한 집단지성의 활용 가치는 더욱더 커지고 있다. 온라인상에서 형성된 신뢰 관계 속에서 서로 의견을 나누는 모습은 이제 더 이상 낯설지가 않다. 진화된 소통 수단들은 서로 관련이 없어 보이는 이종 지식 간의 느슨한 결합을 촉진시킨다. 이는 기존의 생각을 새롭게 재결합할 수 있는 통섭형 아이디어를 만들어, 폭발력 있는 혁신 아이디어를 생산해내는 계기가 되고 있다.

소셜 네트워크가 새로운 지식 플랫폼이다.

크라우드 소싱은 생산의 과정에서 불특정 대중을 참여하도록 개방하고 그 결과를 참여자와 공유하지만, 소셜 소싱은 불특정 다수가 아닌 특정 관심과 기호와 취미로 연결된 사람들을 바탕으로 새로운 집단지식을 생성한다. 크라우드 소싱에서는 불특정 다수로부터 수렴된 지식이 형성되고 공유되지만, 소셜 소싱에서는 개개인의 개개인에 대한 신뢰 속에서 실시간적인 지식이 생성되고 진화한다. 소셜 소싱은 새로운 지식 플랫폼인 소셜 네트워크로의 '플러그인'을 통한 지식 창출이다. 집단지성은 소셜 네트워크를 통해 실시간으로 연결되고 지속적으로 정교하게 진화한다. 그리고 이 모든 것이 새로운 사회적 '신뢰'에서 출발한다.

대저 인터넷에서는 무엇이 공유를 유도하는가? 아이디어는 집단적으로 공유되고 활용될 때 비로소 생명력을 얻는다. 사람들이 공유에 끌리는 이유는 공유를 통한 직접적인 혜택이나 자기만족 때문이다. 무엇보다 자신의 기여가 집단으로부터 받게 되는 명성과 인정이다. 명성과 인정은 나와 연결된 개인들과 네트워크, 그리고 각종 사회집단에서 얻을 수 있다. 그래서 사람들은 공유에 이끌린다. 커뮤니티에서 명성을 쌓고 인정받을 기회를 사람들에게 끊임없이 제공한다면, 공유는 계속되고 아이디어는 계속 성장할 것이다.

📺 앱코노믹스의 탄생

개방형 비즈니스 생태계 '앱'의 등장

앱경영 패러다임의 또 다른 근원지는, 앞서 설명한 것처럼 애플리케이션이라고 불리는 새로운 플랫폼(platform)을 들 수 있다.

애플이 앱스토어를 통해 창조한 새로운 비즈니스 질서, 앱경제를 이해하기 위해서는 플랫폼의 의미를 제대로 이해해야 한다. 플랫폼은 사전적 의미로 철도역에서 화물이나 승객이 열차에 타고 내리기 위해 만든 시설물을 뜻한다. 플랫폼은 단순 건축 시설물이 아니다. 수많은 사람들이 만날 수 있는 매개항이며, 원하는 다른 목적지로 이동할 수 있게 해주는 통로이기도 하다.

위키피디아의 정의에 따르면, 컴퓨팅 환경에서의 플랫폼을 "소프트웨어가 구동 가능한 하드웨어 아키텍처나 소프트웨어 프레임워크의 한 종류"라고 설명하고 있다. 일반적으로 플랫폼은 컴퓨터의 아키텍처, 운영체제(OS), 프로그램 언어 등을 포함한다.

IT 기업들은 요즈음 플랫폼을 장악하기 위해 그토록 치열한 전쟁을 벌이고 있다. 플랫폼을 둘러싼, 수많은 공급자와 소비자가 생성해내는 가치를 장악하기 위해서다. IT 업계에서 한번 플랫폼의 질서가 형성되고 나면, 돈을 벌기 위해 달려드는 소프트웨어 · 서비스 · 콘텐츠 개발자들과 개인의 니즈에 맞는 프로그램을 찾는 IT 소비자들이 그 플랫폼에 모여든다. 그렇게 무한한 가치가 창출된다. 공급자가 많아질수록 혜택이 다양하게 생겨나고, 소비자가 늘어날수록 공급자와 생산자가 더 많이 모일 것이다. 그 반복적인 선순환을 통해 타 사업자는 절대 따라올 수 없는 거대한 생태계가 조성되는 셈이다.

앱은 일종의 플랫폼이자 잘 만든 비즈니스 생태계이다. 스마트폰이 하드웨어라면 앱은 소프트웨어에 해당한다. 그런데 앱스토어가 촉발한 앱혁명을 자세히 들여다보면, 특이하게도 애플리케이션은 지금까지의 소프트웨어 프로그램과는 다른 양상으로 전개되고 있다는 것을 알 수 있다.

앞서 설명했듯이 앱은 사용자가 특정한 목적으로 어떤 기능을 수행하도록 구현한 응용 프로그램이다. PC의 예를 들자면 주요 응용 프로그램은 문서도구(Office), 이메일, 웹브라우저 등이 그것일 것이다. 바탕화면에서 프로그램 버튼을 클릭해서 나오는 모든 것들 말이다. 그러나 우리가 말하는 앱은 PC가 아닌 스마트폰에서 구동되는 특정 응용 프로그램이다. 아이폰의 경우에는 '앱스토어'에서 유료로 구매하거나 무료로 다운로드받아서 설치하는 프로그램이며, 안드로이드폰의 경우 '안드로이드 마켓'에서 다운받아 설치하는 프로그램이다.

2008년 7월 애플이 '앱스토어' 서비스를 개시한다고 발표했을 때, 앱스토어와 앱이 모바일 비즈니스의 판도를 뒤흔들 것이라고는 그 누구도 예상 못했을 것이다. 나아가 이것이 불과 2년 만에 IT 산업의 비즈니스 모델까지 뒤바꾸는 혁명의 시작이 되리라고는 더욱 꿈조차 꾸지 못했으리라.

애플은 앱스토어에서 해당 앱의 판매 수익 70%를 개발자 수익으로 돌림으로써 개인 개발자 및 중소형 개발업체의 적극적인 동참을 끌어냈다. 생산자와 소비자 모두를 동시에 키우고 선순환적으로 성장시키는 전략이야말로 앱스토어라는 생태계를 키우는 핵심 요인이었던 것이다. 앱스토어로 사람들이 몰리게 하려면 방법은 두 가지이다. 소비자들에게 양질의 혜택을 제공하는 것, 그리고 어떤 생산자라도 앱스토어에서 돈을 벌 수 있는 환경을 만드는 것, 두 가지가 병행되어야 한다. 수익성 좋은 플랫폼에는 더 많은 개발자들이 몰려들고 이 과정이 되풀이되는 선순환이 일어나면 타 사업자가 따라올 수 없는 경지에 이르게 된다.

애플은 과거 아이튠즈에서 음원 판매를 통해 얻었던 성과를 거울삼아, 앱 개발자들에게 70%의 수익을 보장해주는 새로운 앱경제를 창조해냈다. 7대 3으로 구현된 수익 배분의 법칙은 새로운 비즈니스 생태계의 가장 핵심적인 기반으로 자리를 잡게 되었다. 애플이 조성한 생태계는 한 차원 높은 하드웨어와 소프트웨어의 결합만이

앱스토어를 통해 수많은 앱을 만날 수 있다

아니다. 나아가 콘텐츠의 생산과 소비를 연계하고 수익 기반을 확보하여, 지속적으로 확대 재생산을 해내는 플랫폼을 구현한 것이다.

2008년 8월 말 구글 역시 애플의 앱 혁명에 뒤질세라 서둘러 안드로이드 마켓을 공개한다. 안드로이드 마켓이 아직 미완성임에도 불구하고, 구글은 앱 시장에의 참여를 선언함으로써 스마트폰 사용자와 개발자의 관심을 이끌어내며 애플의 대안으로서 서서히 부각되기 시작했다.

안드로이드 마켓의 가장 큰 특징은 개방성이다. 애플이 운영하는 앱스토어에서는 앱의 심사 과정이 있지만 구글은 앱의 심사 없이 바로 안드로이드 마켓에 등록할 수가 있다. '스토어'라는 이름 대신 '마켓'이라고 부르는 것 또한 개방성을 강조하는 의미이다. 또 구글은 안드로이드 OS를 탑재한 모든 스마트폰에서 안드로이드 마켓에 접속할 수 있도록 지원했다. 이로써 제조사들과 협력의 길을 활짝 열고 애플의 대항마로서 성장해나갔다. 앱 시장의 주도권을 다투고 플랫폼 전쟁을 벌이는 애플과 구글. 장차 그 싸움이 어떻게 전개될지는 쉽게 예단하기 어려운 일이다.

앱스토어 2.0 시대에 맞추어, 기업들은 전략적 앱 활용 방안을 모색해야 한다. 앱은 단지 개인의 생활 편의 도구가 아니라 기업의 업무 도구로 광범위하게 그 영역을 넓혀가고 있다. 기업의 특성에 맞는 비즈니스 모델을 개발하고 마케팅 소통의 도구로 적극 활용하는 방안을 찾아내야 한다. 신시장 선점을 위한 개방형 혁신의 범위를 확대하고 협력 기반의 다양한 개발 방식도 활용해야 한다.

기업의 앱경영은 기존에 설치된 앱을 사용하거나 기업에 필요한 자체 앱을 개발하는 정도에 머물러서는 안 된다. 궁극적으로 앱경영을 통해 부가가치를 확대하고 이종 산업 간의 시너지 활용 기회까지 끊임없이 모색해야 할 것이다.

앱은 끊임없이 변하고 진화를 거듭하는 개념이다. 지금까지 앱은 애플의 앱스토어나 구글의 안드로이드 마켓에 올라간 응용 프로그램을 의미했다. 그러나 이제 앱은 이제 스마트폰을 넘어 태블릿, 나아가 웹을 대체하는 영역으로까지 확장되고 있다. 앱은 모바일의 획기적인 전환의 발판을 만들고 있다.

앱경제는 이제 시작이다. 그리고 어디로 어떻게 갈지 아직 아무도 모른다.

신세계의 도래

인간은 도구적 존재다. 인간은 손을 사용하고 여러 가지 도구를 만들어 감각기관을 확장해왔다. 20세기 실존철학자 하이데거에 따르면, 인간이 세계 내에 존재하는 방식은 도구적이며 인간은 세계 속에서 마주치는 사물을 도구로 변형시킨다. 도구는 고립된 하나의 도구가 아니다. 모든 도구는 또 다른 도구와 연계되어 있어, 도구가 인간 존재를 규정하게 된다는 것이다. 앱은 바로 이러한 도구적 존재로서 인간의 끊임없는 욕망이 만들어낸 하나의 거대한 존재론이다.

앱이 우리 일상생활 속에 큰 변화를 몰고 온 이유는, 스마트폰과 앱이 결합함으로써 제공하는 강력한 도구성 때문이다. 과거 핸드폰은 도구로서는 많은 제약이 있었다. 통화와 문자 전달 정도의 목적에 사용할 수 있는 고립된 도구였을 뿐, 원하는 프로그램을 받아서 설치할 수 있는 환경이 아니었다. 그러나 스마트폰이 등장하면서 모든 제약이 사라졌다. 스마트폰은 내가 원하는 애플리케이션을 얼마든지 다운로드받아 활용할 수 있다. 앱을 이용해 전혀 다른 도구로 변신할 수 있게 된 것이다.

과거 개인 단말기기가 제공하던 모든 기능들이 앱으로 구현됨에 따라, 이제 우리는 각각의 단말을 따로따로 가지고 다닐 필요가 없게 되었다. 주머니 속의 스마트폰은 게임 앱과 만나 게임기가 되고 음악 앱과 만나 MP3 플레이어가 되며 동영상 앱과 만나 개인 멀티미디어 플레이어(PMP; Personal Multimedia Player)가 된다. 카메라 앱과 만나면 디지털 카메라가 되고 트위터 앱과 만나면 소셜 네트워킹 단말이 되고 지도 앱과 만나면 내비게이션이 된다. 스마트폰의 변형은 무궁무진하다. 앱 개발자들은 스마트폰에 다양한 기능을 가진 앱을 제공함으로써 스마트폰을 마치 다용도 기기처럼 변신시켰다.

스마트폰은—겉모습은 기존의 휴대폰과 유사하지만—내가 어떤 앱을 설치하느냐에 따라 그 도구성은 전혀 다른 위상을 갖게 되는 것이다. 스마트폰과 앱의 핵심은 바로 이러한 도구성에 있다고 할 수 있다. 나아가 강력한 도구성의 확보로, 앱은 모바일 인터넷을 사용하는 시대의 아이콘이 되었다. 미래의 앱은 스마트폰에서 벗어나 아이패드, TV 등 다양한 기기와 Screen으로 활용이 확대될 것이다.

▣ 앱시대를 여는 변화의 바람

왕관 벗은 CEO, 소통을 열다

2010년 7월 신세계 이마트 광명점에서 수입 쇠고기를 한우로 속여 팔다가 적발된 사건이 있었다. 트위터에는 "이마트에서 가짜 한우 팔려다 적발됐다고 합니다. 정용진 부회장의 해명이 듣고 싶습니다. 이를 위해  무한 RT 바랍니다" 등의 글들이 수도 없이 쏟아졌다. 최병렬 이마트 대표는 서둘러 트위터 계정을 만들어 직접 사건의 전후를 해명했고, 정 부회장 역시 이를 리트윗(Re-tweet)하면서 사과를 대신했다. 그리고 이마트의 트위터 계정도 동시에 만들어지며 전면적으로 트위터 경영이 시작되었다.

트위터의 창시자인 에반 윌리엄즈와 비즈 스톤

　　현재 신세계 이외에도 많은 기업들이 트위터 계정을 통해 홍보
활동을 벌이고 있다. 박용만 회장의 경우 두산의 사업 분야가 건설,
중장비, 플랜트이기 때문에 고객 소통을 통한 회사 경영과는 조금
거리가 있는 편이다. 그러나 박용만 회장의 트윗은 주로 소시민적인
일상 대화로 이루어진다. 무려 8만 명 이상의 팔로워를 둔 '얼리어
답터' 박용만 회장은 젊은이들과 소통하는 것을 좋아하며, 특히 딱
딱하다는 인식이 있는 CEO 직위에 대한 관념을 비웃듯 격의 없이
트위터를 즐기고 있다. 여간해서는 대중 앞에 모습을 드러내지 않아
폐쇄적으로까지 비치던 CEO가 아니라 연예인 못지않게 인기를 끄
는 트위터 이용자가 된 것이다. 이는 CEO 자신은 물론 기업 이미지
를 긍정적으로 바꾸는 효과도 낳고 있다. 박 회장이 직접 회사 관련
내용을 언급하지 않지만, 긍정적인 두산 이미지를 구축하는 데 효과
를 보고 있다는 평가가 나올 정도이다.

CEO들은 내부 직원들과의 소통에도 트위터 등을 십분 활용하고 있다.

LG전자는 모든 임원과 조직 책임자들이 기업용 트위터인 '야머(Yammer)'에 가입해 사내 소통 채널로 쓰고 있다. 트위터뿐 아니라 기업 블로그 등을 이용한 소통 경영도 활발하다. 조양호 한진그룹 회장은 10여 년 전부터 대한항공 '고객의 소리' 코너에 올라온 고객 불만 글에 일일이 댓글을 달고 있다. 이처럼 총수가 직접 고객 목소리에 답하고 있기에 전 사원이 긴장하지 않을 수 없고, 세세한 부분까지도 주의를 기울이게 된다는 게 임직원들의 설명이다.

기업과 고객 사이의 소통 혁신은 가치의 증식을 가져온다.

소통은 이른바 새로운 가치를 향한 '집단적 창조의 사건'이다. 소셜 미디어가 단순히 이벤트, 홍보의 수단으로 전락한다면 소통은 오히려 무력해질 수 있다. 기업의 CEO는 경영 전반의 흐름에서 소셜 미디어를 바라보아야 한다. 소셜 미디어를 통한 소통 혁신은 기업의 전반적인 변화에 전초기지를 만드는 작업이다. 소셜 미디어를 통한 투명한 고객 교감은 전방위적 내부 혁신을 이룰 것이며, 결국은 이러한 고객가치를 확산하는 기업만이 살아남을 것이다. 소통 없이 고립된 기업의 가치는 소멸한다.

창조 경영, 상상력을 펼쳐라

앱경영은 소통의 경영이자 창조의 경영이다. 그리고 이 창조 경영의 핵심은 바로 융합에 있다. 15세기 피렌체의 메디치 가문의 창조 경영 사례를 보자. 프란스 요한슨이 쓴 《메디치 효과》에 따르면, 다양한 생각과 상이한 분야가 만나서 완전히 새로운 것을 창조해내는 현상을 '메디치 효과(Medici Effect)'라고 한다. 메디치 효과는 동질적인 것보다 이질적인 것에 희망을 두고 기존의 생각에 다른 생각을 융합시켰던 15세기 메디치 가문의 위대한 업적이다. 15세기 이탈리아 메디치 가문은 광범위한 분야에 걸쳐 문화 예술가들을 후원하였고 이에 힘입어 다빈치와 미켈란젤로 같은 당대 최고의 예술가를 비롯해 과학자, 시인, 철학자, 화가, 건축가 등이 피렌체로 몰려들게 되었다. 메디치 가문은 다양한 생각, 상이한 분야가 서로 만나서 충돌을 일으키도록 유도함으로써 새로운 시대의 리더십을 보여주었다.

메디치 효과를 창출하기 위해서는 먼저 '서로 다른 분야들 간의 막힌 장벽을 무너뜨리는 시도'가 필요하다. 다양한 문화를 접하고 다양한 관점에서 상황을 바라볼 수 있어야 한다. 또한 요한슨의 지적대로 "기존의 네트워크가 교차적 아이디어 창출을 방해한다면 오히려 기존 관계들을 끊는 게 바람직"하다. 다른 관계를 만들고 그 속에서 대안을 찾는 노력이 필요하다.

혁신을 선도하는 CEO들이 트위터에 입성해 다양한 보통 사람들의 생각을 읽고 소통하는 것 역시 창조적 경영의 한 과정이다. 창조성은 강력하게 결합된 집단과 지식에서는 잘 나오지 않는다. 상이한 것에 희망을 두고 이질적인 생각들의 느슨한 연결을 통해 새로운 창조의 세계를 열어가는 것, 이것이 바로 메디치 효과의 빅뱅을 실현하는 방법이다.

창조 경영의 또 다른 핵심은 바로 상상력, 스토리를 만드는 상상력에 있다.

우리 시대에 어째서 스토리가 강조되는 것일까? 21세기 첨단의 앱시대에, 어째서 구시대적 신화가 다시 돌아오고 전설이 다시 살아나는 것일까? 도대체 왜 사람들은 실질적인 사실(fact)의 진술보다 스토리를 더 좋아하는가?

스토리는 이제 시대의 유행어가 되었다. 상상력의 시대는 곧 스토리의 시대이다. 콘텐츠의 '원 소스 멀티 유즈(one-source multi-use)'를 말할 때도 그 구심점에 있는 것은 다름 아닌 스토리다. 기업 경영에서도 마찬가지다. 스토리 중심 경영에서 생산자와 소비자는 단순히 판매자와 구매자가 아니다. 스토리를 통해 맺어지는 관계이다.

상품 개발과 마케팅에서 스토리텔링의 중요성은 나날이 강조되고 있다. 스토리는 진부한 것을 넘는 상상력의 산물이다. 스토리는 주어진 현실을 사실적으로 재현하는 것이 아니라 상상력을 통해 변형시킨 것이다. 스토리에는 꿈이 들어가 있다. 상상력의 시대는 자연스럽게 스토리의 시대가 된다.

앱스토어에 있는 다양한 앱들을 보자. 우리 삶의 일상적 공간과 비즈니스 세계에 이처럼 풍성한 이야기가 어디 있단 말인가. 앱은 스마트폰을 통해 우리 삶의 구석구석에 생명을 불어넣는 다양한 스토리를 구성한다. 스토리가 없는 앱은 생존할 수 없다.

소셜 미디어 세계는 더 나아가 고객이 직접 스토리텔러가 되는 공간이다. 고객이 실제 겪은 이야기를 통해, 사람들은 기업과 제품에 더 큰 신뢰와 친근감을 갖게 된다. 소셜 미디어 공간에서 완성된 스토리의 일방적 전달은 별다른 의미를 갖지 못한다. 제품에 담기는 스토리는 이제 기업과 고객이 함께 만들어가는 공동 창작물이다. 이상적이고 완벽한 이야기뿐만이 아니라, 사소한 갈등과 애환 등 굴곡 있는 이야기가 생생히 공존하는 공간인 것이다.

앱경영에서의 스토리는 기업 내부의 조직 커뮤니케이션 도구로서도 강력한 힘을 발휘하고 있다. 2008년 IBM이 선보인 '전략 다이얼로그 캠페인'. 전 세계 IBM 직원들이 자신의 업무와 회사 전략을 어떻게 접목하고 있는지 스토리텔링으로 풀어가는 토론 방식의 캠페인이었다. 조직 내 커뮤니케이션 및 지식 공유의 수단으로 스토리텔링을 적극 활용한 것이다. 조직 구성원들은 삽화나 만화, 심지어 영화로까지 소통하면서 서로의 화합을 도모했다. 분석적인 설명이나 데이터, 그래프, 딱딱한 프레젠테이션에서 벗어나 옛날이야기를 들려주듯 스토리를 이용한 커뮤니케이션이 진행되었는데, 이를 통해 직원들은 마음의 문을 열고 새로운 아이디어를 이끌어내는 계기를 마련했다고 한다.

구글 같은 21세기 성공 기업들은 이질적이고 다양한 것들을 연결하며 새로운 비즈니스 모델을 찾았다. '카탈리스트 기업'이란 제품을 직접 만들지 않고, 거래자들이 만날 수 있는 최적의 시장을 조성해서 직접 판매 없이 중간에서 돈을 버는 기업을 의미한다. 인터넷 기술이 발전하고 통신 요금이 저렴해지면서 사람들이 쉽게 상호 작용할 수 있는 이즈음, 카탈리스트 기업의 중요성은 갈수록 커지고 있다. 카탈리스트 기업은 서로 다른 집단들이 상호작용할 수 있는 환경을 만들고 지속적으로 가치를 창출할 수 있도록 도와주는 기업이다. 여기서 카탈리스트의 가치 창조 메커니즘을 다시 한 번 생각해보자.

카탈리스트는 다양한 것들의 연결에서 오는 창조의 과정이다. 카탈리스트는 단순히 이질적인 것들을 이것저것 병렬적으로 늘어놓는다고 실현되는 것은 아니다. 이질적인 것들 내에 존재하는 공통분모와 다름과 차이에서 발생하는 가치를 볼 수 있어야 한다. 이질적인 것들 사이에서 접점을 찾을 수 있는 눈이 있어야 진정한 연결이 가능해지고 새로운 것의 창조가 가능해진다. 기존에 존재하던 것들이 공유하는 접점에서 공통과 차이가 드러나고, 여기서 새로운 변이가 가치를 창조해내는 것이다. 카탈리스트의 상상력은 다양한 것들, 서로 상이한 것들의 연결을 통해 새로운 가치를 창출하는 데 그 본질이 있다.

기업 내부건 외부건 기존의 특정 영역에서, 특정 스펙의 인력들로, 특정 문화로 생존하던 시대는 막을 내리고 있다. 구글의 검색이라는 웹 플랫폼, 그리고 애플의 앱스토어라는 앱 플랫폼이 하나의 창조 기반인 것처럼 기업도 다양한 생각들이 모이고 뒤섞여 융합을 시도하는 창조 경영을 통해서만 지속 성장할 수 있다. 기업 내외부의 경계를 넘어 다양한 생각들이 모일 기회를 제공하고 효과적인 연결과 융합으로 비즈니스적 가치를 창출하는 일. 미래에는 그 같은 창조 기업만이 성공할 수 있을 것이다.

이야기는 인류의 시작과 더불어 존재해왔다. 상상력 없는 문화가 존재하지 않듯 이야기 없는 문화는 존재하지 않는다. 문자가 나오기 훨씬 이전부터 이야기는 입에서 입으로 전해지며 천하를 떠돌았다. 우리가 이야기의 시대를 산다는 것은 내 생활 곳곳의 사물, 비즈니스의 세계 모든 것이 하나의 이야기 재료로 우리에게 존재한다는 의미이다. 그것들은 있는 그대로의 모습으로 우리에게 존재하는 것이 아니다. 그것들은 우리의 꿈, 우리의 주관을 통해 변화할 가능성으로 존재한다.

앱경영 역시 그러한 꿈을 가동시켜 이야기를 만드는 과정이다. 이야기를 만든다는 것은 변화한다는 것이다. 이야기는 주어진 현실을 바탕으로 상상력을 가미해 꾸며내는 것이 아니다. 이야기 자체가 바로 현실이다. 현실이 상상력을 낳는 것이 아니라 상상력이 현실을 낳는다.

앱경영 시대, 기업은 이야기를 발굴할 것이 아니라 만들어야 한다. 이야기를 만들면서 사람이 바뀌고 기업이 바뀌고 세상이 바뀐다. 사람이 바뀔 수 있고 세상이 바뀔 수 있다면 그보다 창의적인 것은 없다. 이야기의 시대를 이끌어가는 창조력과 상상력은 바로 이러한 변화를 읽고 선도하는 능력이다. 앱경영은 이러한 창조와 상상의 흐름을 타고 새로운 것을 만들어내는 혁신이다.

제2장

소통,
신뢰를 구축하라

APPCONOMICS

　　IT 기업에서 일하는 서비스 디자인 팀장

A씨. 얼마 전 휴대폰을 스마트폰으로 바꾼 그는 이제 메일 확인과 간

단한 자료 작성 등의 업무를 모바일로 해결하고 있다. 부하 직원에게

업무를 지시하고 출장 중에도 수시로 디자인 시안을 확인하며 상사

와 의견을 주고받는 데에도 스마트폰은 유용하게 활용되고 있다.

　　스마트폰은 업무뿐 아니라 A씨의 생활 패턴도 바꾸었다. 자투리

시간에 잠깐씩 스마트폰에 있는 소셜 미디어 서비스를 즐기게 되었

다는 것. 특히 트위터에 접속해 소위 '트친' 들과 다양한 정보 · 감정

을 공유하게 되었다는 것은 적지 않은 즐거움이다. 그의 트위터 팔

로워는 천 명이 넘는다. 그중 직장 동료, 친구, 가족 등은 1백여 명

정도고, 나머지 9백여 명은 정보나 관심사를 공유하기 위해 관계 맺

는 이들이다. 개중에는 관심 업계 기업의 CEO와 오피니언 리더, 같

은 업종 종사자, 정치인, 사회 활동가들도 있는데 실제로는 만나본

적도 없는 사람이 대부분이었다. 그러나 친구나 가족들만큼 그들과

의 관계도 소셜 앱(social app, 앱으로 접속하는 소셜 네트워크 서비스) 상

에서는 중요하다. 어떤 면에서 그들의 의견들은 가족이나 친구의 말

보다 그에게 더 큰 영향력을 행사하고 있다. 지난번에 가족 여행을 떠날 때도 트위터 친구들의 여행 후기가 행선지 결정에 중요한 참고가 되었을 정도다. 개인적으로 궁금한 문제를 쉽게 물어볼 수 있고 빨리 답변을 얻을 수 있다는 점은 트위터만이 가질 수 있는 최고의 매력이다.

🔲 소통의 제3물결

2010년 들어 스마트폰 보급과 함께 소셜 미디어 서비스가 빠르게 확산되고 있다. 소셜 미디어는 개인적인 일상뿐 아니라 기업 경영, 정치, 문화 등 여러 분야에서 큰 영향력을 행사하고 있다. 미국 대통령 오바마는 대통령 당선에 트위터의 지대한 도움을 얻으며 소셜 미디어를 활용한 정치의 새로운 사례를 선보였다. 한국 정치인들도 2010년 실시된 지방 선거에서 소셜 미디어를 적극 활용했다. 그러자 선거관리위원회는 트위터를 통한 타 후보 비방 같은 부작용을 우려해 선거 활동에의 소셜 미디어 활용에 일부 제한을 두기도 했다. 가장 보수적인 집단인 정치에서도 트위터와 같은 소셜 미디어 서비스의 영향력을 인정한 것이다. 그럼에도 2010년 6월 지방선거 당시, 트위터는 선거 결과에 영향을 미치는 중요한 변수로 작용했다. 특히 젊은 유권자들은 투표라는 정치적 의사표현 방식을 '투표 인증샷'이라는 새로운 놀이 문화로 전환하는 선거 문화를 만들어내기도 했다.

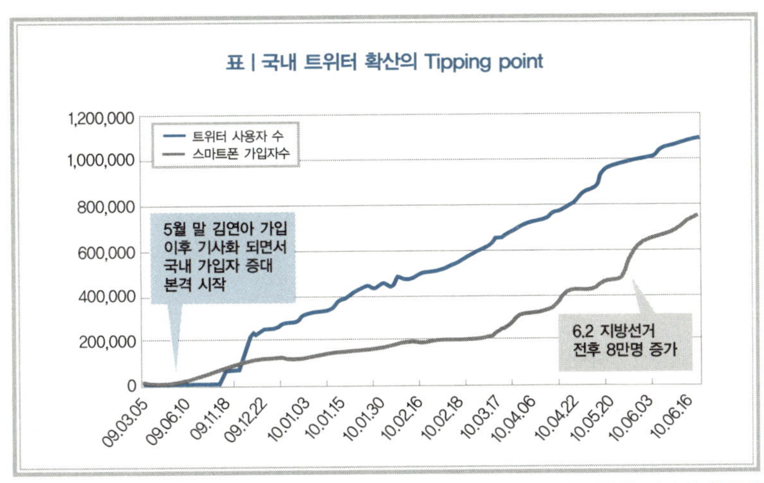

출처 : KT디지에코 보고서 "소셜 미디어와 스마트폰이 불러온 월드컵의 새로운 풍경"

트위터와 페이스북과 같은 소셜 미디어는 2010년 6월 남아공 월드컵의 응원 문화 변화에도 큰 역할을 담당했다. 디지털 관중들은 주요 경기 때마다 소셜 미디어를 통해 '따로 또 같이' 응원하며, 월드컵이라는 지구촌 축제에 활발히 참여할 수 있었다. 당시 한국의 트위터 메시지 발송량은 하루 190만 건으로, 세계 7위에 오를 정도로 폭발적이었다. 유저들은 스마트폰으로 지방과 해외에 경기 내용을 실시간 생중계하였고, 더불어 한국 경기 때 대규모 거리 응원을 이끌어내는 기폭제 역할을 했다. 2002년 한일 월드컵의 대규모 응원이 오프라인 공간에 집결하는 '광장 중심의 문화' 였다면, 2010년 월드컵은 공간적 개념을 뛰어넘은 '실시간 온라인 문화' 로 발전한 것이다.

소셜 미디어에서 소통은 쉽다. 가볍고 또 빠르다. 과거의 소통은 일단 만나야 했고, 만나려면 시간과 준비가 필요했으며, 대화를 할 때도 어렵고 조심스러웠다. 그러나 소셜 미디어에서는 상대와 이야기하듯이 글을 써도 부담이 없다. 솔직한 감정을 표현하는 데도 주저 없다. 그래서 공감이 빠를 뿐만 아니라 소통 자체에 즐거움과 재미가 있다.

소통, 즉 커뮤니케이션(Communication)은 '공통의' 라는 의미의 라틴어 'Communis'에서 유래된 개념으로 '정보, 상징의 전달'에서부터 '정신, 관념, 문화 양식의 공유', '사회적 상호작용' 까지 다양한 의미로 쓰인다.

소셜 미디어가 출현하면서 개인들의 소통이 활성화되기도 했지만 그 대상 역시도 확대되었다. 확대된 대상의 대표적인 경우가 기업이다. 기업은 고객과의 소통 채널로 소셜 미디어를 적극 활용하고 있다. 기업의 상품에 대한 정보 전달 도구만이 아니라, 고객과 감성적 소통을 하고 교감을 나눌 수 있는 통로로써 말이다.

과거에는 기업이 만든 이미지를 일방적으로 전달하는 방식이었고 고객은 이를 수동적으로 받아들일 뿐이었다. 그러나 현재는 기업이 일방적으로 만든 이미지가 더 이상 고객의 관심을 끌기 어려운 시대가 되었다. 오히려 고객과 유기적으로 상호 소통하면서 만드는 이미지들이 더 원활히 시장을 지배하고 있다. 고객과의 소통 능력이 기업의 중요한 경쟁 요소가 된 것이다.

소셜 미디어를 활용하는 기업들이 점차 늘어나면서 고객과 기업 간의 소통 장벽은 한층 낮아졌다. 고객은 기업의 상품에 의견을 쉽게 제시할 수 있으며, 단 하나의 의견이라도 온라인에 퍼지면 기업에게 큰 영향을 줄 수 있다. 앞으로 이런 소통의 구도가 더욱 확대될 것이다.

2010년 7월 방송통신위원회와 한국인터넷진흥원이 국내 스마트폰 이용자를 대상으로 이용 실태를 조사했는데, 응답자들은 스마트폰으로 모바일 앱(소셜 앱 포함)을 평균 23.1개 설치하고 이 중 9.1개를 이용하고 있었다. 스마트폰을 활용하면서 다른 사람과의 커뮤니케이션 또는 정보 공유 활동이 증가하고 학업이나 업무 생산성을 높이는 데도 효과적이라고 답한 이들이 전체의 51%였다. 스마트폰을 이용하여 얻는 정보를 생활에 활용하는 '호모 모빌리스'로의 진화. 이런 추세에 따라 소통은 더욱 빈번하게 일어날 것이고, 새로운 트렌드가 빠르게 만들어진 것이다. 기업은 이런 소통의 기회를 활용하여 기업의 가치를 높일 필요가 있다.

국내 스마트폰 이용자 현황 보고서

방송통신위원회와 한국인터넷진흥원은 2010년 5월 10일부터 19일까지 10일간 스마트폰 이용자 1,578명을 대상으로 스마트폰 이용 실태를 조사했다. 이 조사에 따르면 이동전화와 PC, 인터넷이 결합된 '손안의 만능 상자' 스마트폰의 보급이 삶의 방식을 획기적으로 변화시키고 있는 것으로 나타났다. 이로써 스마트폰의 강력한 맞춤형 정보력과 이동성으로 무장한 '호모 모빌리스'의 시대가 도래하고 있다는 관측이 나왔다. 스마트폰 이용 실태는 ▲스마트폰 이용 현황 ▲스마트폰을 통한 인터넷 이용 현황 ▲모바일 앱 이용 현황 ▲스마트폰 전용 정액요금제 이용 현황 ▲스마트폰 보안 인식 및 선결과제 등의 항목에 걸쳐 조사되었다.

❶ 만족도 효과

스마트폰을 이용함으로써 '타인과의 커뮤니케이션 또는 정보 공유 활동이 증가(51.0%)'하고 '스마트폰 이용이 학업 또는 업무 생산성을 높이는 데 효과적(51.0%)'이라고 인식하는 경우가 과반수에 달해, 실제 일상생활에서의 스마트폰 이용 만족도가 높

은 것으로 나타났다. 또한 스마트폰에 대해 만족하고 있는 이용자의 97%가 향후 재구
매할 의향이 있으며, 타인에게도 추천할 의향(97.4%)이 있다는 것으로 조사되었다.

❷ 이용 장소

스마트폰 이용자는 주로 '이동 중인 교통수단 안(77.0%)'에서 인터넷을 이용하고 있
었으며, 이 외에도 과반수가 '길거리 등 실외 장소(59.4%)'에서 이용한다고 응답해,
장소에 구애받지 않고 개인 맞춤형으로 스마트폰을 이용하는 것으로 조사되었다.

❸ 인터넷 이용 행태

스마트폰 이용자의 10명 중 9명 이상이 인터넷 이용자로 하루 평균 59.4분씩 이용하
고 있으며, 이와 함께 GPS(지도, 위치 기반 서비스 등)(79.4%)를 이용한 길 찾기, 이
메일(71.9%) 등 스마트폰 이용자의 52.2%가 스마트폰으로 웹 기반 응용서비스를 이
용한 것으로 조사되었다.

❹ 앱 이용

현재 스마트폰 이용자는 평균 23.1개의 모바일 앱을 설치하였고 그중 9.1개를 이용하
고 있으며, 주로 정보 검색 또는 일반적인 웹서핑(87.6%), 음악 듣기 또는 다운로드
(83.9%), 생활 정보(78.1%), 길 안내(77.0%), 대중교통 정보(76.2%), 일정 관리(74.5%)
등 매우 다양한 목적을 가지고 있는 것으로 조사되었다. 또한 유료 앱 이용자의
25.2%가 하루에 1번 이상 앱을 다운로드하고 월 평균 10,000원 이상 지출이 약
30%인 것으로 나타났다. 향후 응용서비스의 시장 잠재력이 매우 클 것으로 예상되는
부분이었다.

❺ 향후 과제

스마트폰 이용 시간이 증가함에 따라 스마트폰 전용 정액요금제 이용자의 과반수
(58.9%) 이상이 추가 비용을 지출하고 있으며, 그중 30%의 이용자가 월평균 10,000
원 이상을 지출하는 것으로 나타났다. 이용자들은 스마트 모바일 강국 실현을 위한 선
결과제로 무선데이터 요금 개선(82.8%), 무선랜 인프라 확대(81.6%) 및 통합 앱스토
어 구축(50.8%)이 필요하다고 응답하였다. 한편 스마트폰 이용자의 47.2%가 보안 문
제에 대해 걱정하는 것으로 나타났다.

🔲 왜 소셜 미디어로 소통을 해야 할까?

고객과의 소통은 기업의 중요한 생존 전략이자 영원한 핵심 과제이다. 인터넷 초기 시대, 기업들은 앞다투어 홈페이지를 만들고 자사를 홍보했다. 그 후 블로그나 카페를 통해서도 상품과 서비스를 홍보하며 판매까지 했다. 구입한 상품의 A/S뿐 아니라 상품 이용시 불편사항도 홈페이지에서 처리할 수 있도록 인터넷 홈페이지 업무 프로세스도 점차 개선해나갔다. 온라인에서의 기업들의 기본적인 영업, 판매 등 활동은 초기부터 그 실효성에 의문이 적지 않았다. 온라인에서는 아무래도 고객과 소통이 불완전하고 결제나 배송에 대해서도 신뢰가 부족할 수밖에 없었다. 그러나 온라인이 확산되고 기술이 발달하면서 안전한 거래가 보장되었고, 온라인의 편리성과 용이함으로 고객들의 반응이 호의적으로 변해갔다. 특히 고객들이 인터넷에 올리는 제품 후기 등이 판매 홍보에 큰 역할을 했기에, 기업들의 온라인 전략은 그 중요성이 더욱 커졌다.

온라인의 위력은 얼마나 될까? 미국 하버드대의 스탠리 밀그램(Stanley Milgram) 교수는 "사람들이 6단계만 거치면 세상 모든 사람들과 연결된다"는 이른바 '6단계 분리(six degree of separation)' 이론을 실험으로 밝혀낸 바 있다. 그러나 요즘은 소셜 미디어의 발달로 사람과 사람이 그보다 짧은 단계 속에서 쉽게 연결될 수 있다고 한다. 한 통계 자료에 따르면 소셜 미디어 중 트위터의 경우 6단계 링크가 5단계(4.67)로 줄어들었다. 예를 들어 한 사람의 어느 제품에 대한 의견이 트위터를 통해 퍼지면, 다섯 사람만을 거쳐 모든 이들에게 알려지게 된다는 것이다. 이처럼 소셜 미디어의 고객 집객 효과는 오프라인의 효과를 초월한다. 특히 소셜 미디어의 주 이용층이 30대 전후인 것에 주목할 필요가 있다. 30대는 주 소비 계층이기도 하지만 나머지 세대의 소비를 이끄는 선두 소비층이다. 이 소비층에 대한 마켓 집중도가 시장 전체에 영향을 주는 것이다.

기업은 30대의 소비 트렌드에 주목해야 한다. 30대와 어떻게 소통할 것인지 고민해야 한다. 그런 점에서 소셜 미디어는 고객과 기업의 소통을 해결하는 최상의 방법이 될 수 있다. 소셜 미디어를 활용한 소비는 합리적인 동시에 감성적이다. 30대들의 감성 통로인 소셜 미디어는 기업이 고객과 소통하는 중요한 채널로 점점 자리를 굳혀갈 것이다.

사람들을 집객하는 소셜 미디어의 힘은 엄청나다. 인터넷 이용 목적이 정보 확보였던 과거에는 (국내의 경우) 네이버, 다음 등과 같은 포털 서비스가 고객 집객의 메카였다. 이제는 정보 확보 수단뿐 아니라 소통이 인터넷의 목적이 되고 있다. 그러나 아직 네이버, 다음처럼 특정 소셜 미디어의 주도적인 시장 선점은 없다.

대형 포털사나 소셜 미디어 서비스 사업자들은 요즘 스스로 '소셜 허브(하나의 소셜 미디어만 이용해 이메일, 메신저뿐 아니라 내가 쓰고 있는 소셜 미디어가 연결되어 편하게 소통할 수 있도록 하는 것)'가 되고자 안간힘을 쓰고 있다.

네이트를 운영하는 SK커뮤니케이션즈의 경우, 최근 검색을 강화하는 동시에 네이트온 메신저를 기반으로 통합 커뮤니케이터를 준비하며 궁극적으로 소셜 허브를 지향하고 있다. 네이버, 네이트와 같은 포털사 외에도 삼성전자나 노키아 같은 휴대폰 제조사, 구글이나 마이크로소프트 등의 소프트웨어 회사들도 이 싸움에 속속 뛰어들고 있는 상황이다.

왜 이렇게 1위 다툼이 치열한 것일까?

소셜 미디어에서의 선점 효과 때문이다. 인터넷 시장에서는 1위가 거의 모든 시장을 독식하는 특성이 있다. 한번 이용하기 시작하면 그 고객은 그 소셜 미디어를 떠날 수 없다. 고객에게 소셜 미디어는 단순한 인터넷 서비스가 아니라 고객의 소셜, 즉 사회관계의 모든 것이기 때문이다. 초기에 이용자들이 소셜 미디어를 선택할 때는 편리성, 이용 환경 등을 고려하지만 그 후에는 이미 선택한 소셜 미디어를 중심으로 관계를 계속 만들어갈 뿐 타 소셜 미디어로 쉽게 옮기지 않는다. 처음 소셜 미디어를 선택할 때에도 지인이나 다른 사람들이 많이 쓰고 있으며 활발한 소통이 가능한 소셜 미디어를 선택하는 경우가 많다. 이러한 점들 때문에 소셜 미디어의 선점 가치는 초기 시장에서 가장 중요한 요소다. 앞으로 당분간은 이런 1위 다툼이 계속될 것으로 예상된다.

그렇다면 기업은 왜 소셜 미디어로 소통을 해야 할까? 고객들이 취향이 점점 다양해지고 있는 게 그 이유다. '나도 남들처럼(I want to be normal)'라는 고객의 니즈는 줄어들고, 대신 '나는 남과 다르게(I want to be special)'라는 니즈가 증가하고 있다는 것. 생계형 소비에서 나아가 개인의 기호와 취미를 중요시하는 개성 소비의 시대, 나를 위해 과감히 지출하는 경향이 늘고 있다.

기존의 매스 미디어를 통한 고객 소통은 더 이상 이런 변화에 적극적으로 대응하기 어렵게 되었다. 소셜 미디어는 기본 단위가 개인이다. 소셜 미디어에서는 개인의 취향과 관심사 등을 공유하고 같이 즐기는 경우가 많다. 비슷한 취미와 취향을 가진 개인들이야말로 기업이 소통할 하나의 단위이다. 기업 입장에서 소셜 미디어는 개인의 다양한 니즈를 파악할 수 있는 공간인 것이다.

또한 소셜 미디어에는 기업의 잠재적인 고객들이 집중되어 있는, 그들과 쉽게 소통할 수 있는 툴이 있다. 사실 기업과 고객의 신뢰는 형성하기도 어렵지만 경쟁업체가 고객과 쌓아 놓은 신뢰 관계를 인위적으로 끊기도 어렵다. 그렇다고 새롭게 신뢰 관계를 구축하기는 더욱 힘들다. 기업이 소셜 미디어를 통해 얻는 궁극적인 목표와 가치는 '고객의 신뢰' 이다. 소셜 미디어를 통해 고객의 신뢰를 먼저 얻는 기업이 승자가 된다. 소셜 미디어를 통해 소통하고 있지 않은 기업이 있다면 지금이라도 빨리 시작해야 한다. 경쟁사보다 먼저 고객과 소통하고 신뢰를 구축해야 한다.

고객과의 신뢰는 소셜 미디어를 통해 그 고객의 지인뿐만 아니라 전혀 모르는 사람에게도 중요한 영향을 미칠 수 있다. 소셜 미디어를 활용한 마케팅은 기존의 입소문 마케팅보다 낮은 비용으로도 빠른 효과를 볼 수 있는 방법이다.

한 인터넷 쇼핑 업체는 소셜 쇼핑을 통해 개시 15시간 만에 최소 판매수량을 600% 넘긴 사례를 남기기도 했다. 소셜의 힘이 신뢰를 통해 얼마나 강하게 퍼질 수 있는지 단적으로 보여주는 예다. 소셜 미디어를 통한 기업과 고객 간의 신뢰는 고객에게 강력한 로열티를, 기업에게 장기적인 미래를 보장할 수 있을 것이다.

◉ 소통을 위한 7가지 전략

기업은 소셜 미디어를 통해 어떻게 고객과 소통할 것인가?

첫째, 기업은 고객과의 온라인 접점에 있어서 소셜 미디어를 적극 활용할 수 있는 전략을 세워야 한다. 소셜 미디어를 통한 소통의 중요성을 깨닫고 그 가치를 다시 판단하여 접점 전략을 세울 필요가 있다. 중요한 것은 소셜 미디어를 통해 구축하고자 하는 기업의 지향점이다. 기업의 이미지와 활동에는 일관성이 있어야 하며, 소셜 미디어를 통한 모든 소통은 기업의 고객 접점 전략 아래서 움직여야 한다. 자사의 서비스나 상품에 맞는 소셜 미디어는 무엇인지, 소셜 미디어를 어떻게 활용할 것인지, 소셜 미디어를 통해 무엇을 전달할 것인지, 소셜 미디어상에서 고객들을 어떻게 관리할 것인지 등을 고려해야 한다.

둘째, 소셜 관계를 구축하는 데 집중해야 한다. 소셜 미디어를 통해 얻고자 하는 바는 앞서 설명했듯이 신뢰이다. 신뢰는 투명성과 진실성 그리고 끊임없는 소통을 통해 얻을 수 있다. 따라서 기업은 정보 전달보다는 고객과 진실한 소셜 관계를 구축하는 데 집중해야 한다. 자사 상품과 서비스 정보를 소셜 미디어에서 구구절절 설명할 필요는 없다. 더 중요한 것은 고객의 후기에 대한 피드백, 불만 해결, 아이디어 반영 등의 활동이다. 소셜은 상호소통의 기반 아래서 형성된다. 자사 상품 홍보 등 기업의 일방적인 소통 활동은 오히려 지양되어야 한다. 소셜 미디어에서 더욱 중요한 것은 공감과 재미이다. 기업은 고객과 소통하면서 재미와 흥미를 유발해야 한다. 그렇게 함으로써 고객과 소셜 및 신뢰를 구축할 수 있다.

셋째, 기업과 고객, 고객과 고객과의 관계 유지에 집중해야 한다. 기업 홍보 담당자는 기업과 고객과의 관계에만 신경 쓰기 쉬운데, 더 중요한 것은 고객 간의 관계다. 소셜 미디어에서 직접 소통하는 고객은 이미 확보된 고객이다. 자사의 서비스를 이용한 고객, 상품을 구매한 고객, 최소한 관심을 가지고 있으며 미래에 구매 가능성이 높은 고객이다.

멀리 있지 않은, 잠재된 미래의 고객을 지금 놓치고 있지 않은가? 기업은 고객 간의 소통에도 귀 기울여 자사의 평판을 관리해야 한다. 대표적인 사례가 대상 청정원. 기존에도 커뮤니티나 블로그를 잘 활용하는 기업으로 인정받고 있는 청정원은, 커뮤니티에 내에 그들의 목소리가 없다는 것이 특징이다. 온라인에서 직접 소통하고 활동하는 대부분 사람들은 청정원 제품을 이용하는 주부이다. 이들 주부들은 맛있는 레서피나 제품의 장단점 등 다양한 정보를 직접 제공함으로써 다른 주부들과 소통하고 있다. 이를 통해 기업과 고객이 만드는 신뢰가 아닌, 고객과 고객이 소통하면서 만드는 신뢰를 이끌고 있는 것이다.

넷째, 소셜 트렌드를 만드는 기업이 되어야 한다. 소셜 미디어 열풍이 시작되면서 많은 기업들이 이를 통한 홍보 활동에 너도나도 뛰어들고 있다. 그러나 선도적인 소셜 문화를 만들어 트렌드가 된 기업은 아직 찾기 힘들다. 과거 인터넷 포털이 등장했을 때, 네이버가 절대강자가 되면서 네이버 검색어 1위, 지식인 등은 곧바로 사회적인 화제의 대상이 되었다. 더불어 온·오프라인에서 문화와 트렌드를 형성했다. 소셜 미디어는 빠르고 쉽게 확산되기 때문에 트렌드나 유행을 쉽게 만들어내지만 또 쉽게 소비되고 다른 것으로 빠르게 대체하는 특징이 있다. 소셜 미디어에서 지속적으로 트렌드를 만들어가는 기업은 아직 없다. 앞으로 기업들이 소셜 문화를 어떻게 만들어야 할지는 고민해봐야 할 숙제이다.

다섯째, 소셜 미디어의 리스크를 모니터링해야 한다. 소극적인 고객들은 기업에 대한 불만이나 의견을 기업에 직접 전달하지 않는 경우가 많다. 그러나 요즘은 인터넷이나 웹을 통해 기업을 비난하는 의견들이 적잖이 노출되고 있다. 그런데 기업이 자사의 소셜 미디어만 관리하고 있다면 이런 리스크에 대처할 수가 없다. 어떤 고객이 제품에 불만을 가지고 있다면, 그 고객의 불만을 찾아서 답변해주는 활동이 필요하다. 기업은 항상 자사와 관련된 이슈를 검색해서 리스크에 대처해야 한다.

국내 이용자가 많은 트위터나 페이스북은 외국 기업의 서비스이다. 따라서 정부에서 제시하는 이용자 보호 가이드라인을 따르지 않고 있으며, 가입을 할 때도 실명이 필요치 않기 때문에 범죄의 사각지대에 노출되어 있다. 최근 소셜 미디어를 악용한 금융 사기나 기업 이미지 훼손 등이 점점 늘어나고 있다. 기업은 복합적으로 발생하는 소셜 미디어의 리스크로 피해를 받지 않도록 꾸준히 고객 반응 모니터링을 해야 한다.

여섯째, 기업은 소셜 미디어와 소셜의 본질을 명확히 알고 대응해야 한다. 소셜 미디어가 트렌드라고 무턱대고 따라가면 실패한다. 기업에 맞는 소셜 미디어를 선택하고, 그 소셜 미디어를 제대로 알고 사용해야 한다. 예를 들어 트위터를 기업의 소셜 미디어로 선택했다면 트위터 사용자들의 문화를 직접 체험해보고 접근해야 한다는 것이다. 트위터 서비스가 론칭한 지 얼마 안 되었을 때, 기업들이 트위터에 처음 참여하면 트위테리안(트위터를 이용하는 사람들)은 호의적으로 환영인사를 건네고, 좀 실수를 해도 너그럽게 봐주는 문화가 있었다. 그러나 소셜 미디어가 어느 정도 확산된 지금, 기업들의 어설픈 활동이나 문화에 맞지 않는 행동들(이벤트를 확산한다고 리트윗만 시도하는 등의)은 비난의 대상이 되기 쉽다.

어느 한 부분만이 아니라, 종합적으로 소통을 해야 한다. 요즘 기업들은 사회적 활동들을 적극적으로 홍보하고 있다. 이 역시 소셜 미디어를 통해 그 효과를 극대화할 수 있다. 환경보호 활동이나 불우이웃돕기, 재난복구 활동 등을 적극 홍보함으로써 고객 친화적인 소셜 기업으로 이미지를 구축할 수 있는 것이다. 대표적인 사례로 삼성전자는 환경캠페인 '두근두근투모로우' 이벤트를 소셜 미디어에 적극 홍보하고 있다. 이를 통해 사회적 책임기업으로서 이미지를 만들어가려는 것이다.

마지막으로, 소통에서 가장 중요한 것은 진정성이다. 기업은 고객과 소통하는 데 있어 투명하고 진실해야 한다. 기업이 제공하고자 하는 가치는 고객을 향한 가치이며, 이를 소통하는 데 거짓이 없어야 한다. 특히 소셜 미디어에서는 개인의 다양한 정보가 더욱 쉽게 빠르게 공유될 수 있다. 기업이 자신의 개인 정보를 이용하도록 허용하는 대신 개인이 무엇을 얻을 수 있는지를 충분히 설명해줘야 한다.

구글의 경우, 관심 기반 광고(interest-based advertising)를 한다. 관심 기반 광고는 고객이 기록한 정보를 활용해 특정 고객에게 보다 큰 관심을 이끌어내도록 하는 광고다. 신발 검색을 자주하고 신발 관련 인터넷 쇼핑 사이트를 자주 방문하는 사람이라면, 그가 구글 검색을 할 때 신발 광고를 옆에 보여주는 것이다. 광고주는 보다 효과적인 타겟팅 광고를 통해 구매를 유발할 수 있고, 이용자는 이메일 스팸 광고가 아닌 정보의 차원의 광고에 흥미를 가지게 된다. 물론 개인이 원치 않는다면 관심 기반 광고를 거부할 수도 있다. 이처럼 기업은 고객에게 무슨 가치를 줄 수 있는지 명확해야 하고, 고객은 기업에게 어떤 가치를 얻을 수 있는지 명확해야 한다. 그 결과 기업의 진정성은 보다 높아질 것이다. 고객은 진정성이 있는 기업과 더 많은 소통을 원할 것이고, 결국 그 기업의 제품을 구매할 것이다.

◉ 소통과 불통의 차이는?

이제 기업은 고객과 직접 소통하는 유기적이고 감성적인 존재가 되었다. 소통하는 기업은 고객과 신뢰를 통해 로열티라는 무형의 성과를 얻게 된다. 측정하기는 쉽지 않지만 이는 기업의 경쟁력을 높일 수 있는 엄청난 가치이다. 아직까지는 기업 가치를 평가할 때 매출이나 이익과 같은 재무적 요소가 큰 부분을 차지하고 있지만, 앞으로는 기업이 고객에게 미치는 소셜 영향도가 기업 평가의 중요한 지표가 될 수 있다. 소통을 통한 신뢰의 가치는 지금 당장의 매출보다 장기적이며 보장 가능한 가치이다.

2010년 7월, 페이스북은 가입자 5억 명을 돌파했다. 가입자당 가치는 약 50달러로 측정되었다. 소셜 미디어에서의 고객의 가치가 수치로 평가되었다는 것은 고무적인 일이다. 소셜 미디어를 통한 소통의 효과는 어느 수준일까? 소셜 미디어 오픈 1주년을 맞아, Olleh KT는 기업의 소셜 미디어 홍보 활동에 관한 설문조사를 실시한 바 있다. 먼저 트위터를 통해 얻은 가장 큰 성과를 묻는 질문에, 응답자의 35%가 "젊고 혁신적이며 친근한 기업 이미지로 변화한 점"을 꼽았다. 또한 36%는 "실시간 고객 커뮤니케이션"을 성과라고 보았고 20%는 "고객 의견 수렴을 통해 서비스를 개선한 점"이라고 답했다.

반면 소셜 미디어에서 한번 부정적인 이미지가 생산되면, 그 효과도 폭발적으로 증가될 위험성이 있다. 세계적인 기업 네슬레의 사례가 그렇다. 2010년 3월, 환경보호단체 그린피스는 구글 유투브에 네슬레를 비판하는 패러디 동영상을 올렸다. 한 직장인이 업무 중에 네슬레에서 만든 킷캣(KitKat) 초콜릿을 먹는데, 초콜릿 봉지에서 나온 것은 오랑우탄의 손가락이었고 그가 킷캣을 한 입 베어 먹자 오랑우탄의 손가락에서 피가 나는 장면이었다. 네슬레는 초콜릿 킷캣을 만들기 위해 이전부터 인도네시아의 '시나마스'라는 기업으로부터 팜오일을 받아왔었다. 그린피스는 '시나마스'가 오랑우탄의 서식지인 열대우림을 심각하게 훼손하는 환경파괴 기업이라는 점을 지적하며 이러한 기업과 거래하는 네슬레 역시 비도덕적이라면서 비판한 것이다. 네슬레는 즉각 동영상 삭제 요구를 했으나, 오히려 동영상은 급속도로 퍼져가면서 네티즌의 더 큰 반발을 사게 되었다. 그린피스에 따르면 동영상이 올라간 첫날 하루 동안 10만 명 이상 이 동영상을 시청했고, 불과 몇 주 만에 150만 건이 넘는 조회 수를 기록했다고 한다. 환경파괴 기업과 거래하는 네슬레에 분노하는 의견은 네슬레 페이스북에 더욱 많이 올라왔고 부정적 이미지는 더욱 커져만 갔다. 마침내 네슬레는 시나마스와 모든 거래를 중지하고 환경을 훼손하는 기업과는 함께 일하지 않을 것을 맹세해야만 했다. 이것은 기업 활동에 있어 소셜 미디어의 영향력을 단적으로 보여주는 사례이다.

고객과의 소통은 단지 판매나 홍보의 채널 기능에 머무르지 않는다. 소통은 기업의 중요한 생산 활동의 하나이다. 과거에는 고객과 소통하려 해도, 가능한 채널이 적었고 비용이 많이 들어가는 비효율적인 방법뿐이었다. 그래서 기업은 소통의 가치를 크게 보지 않았다. 그러나 이제 소통은 기업의 중대한 가치인 고객 신뢰를 창출한다는 점에서 전략적으로 의미 있는 과제가 되었다.

소통은 제품을 기획하는 초기 단계부터 상품을 홍보하고 판매하며 사후 서비스를 하는 마지막 단계까지 필수적인 역할을 하고 있다. 소통의 결과를 반영하지 않는 서비스나 제품은 시장에서 소외되기 쉽다. 소통을 위해 기업은 지속적이고 유기적인 상호작용을 이끌어야 한다. 소셜 미디어의 효과가 정량적으로 측정된다면 기업들은 좀 더 정교하게 소셜 미디어에 접근할 수 있다. 또한 소셜 미디어를 통한 고객의 신뢰 가치 역시 정량적인 차원에서 연구될 수 있을 것이다.

미국에서는 AT&T, Verizon 등 주요 통신 기업들이 2009년 중반부터 고객 케어, 마케팅 채널로 트위터를 본격 활용하고 있다. 즉각 소통이 가능하여 다른 고객 채널에 비해 상대적으로 저렴한 운영비 덕분에 트위터는 비용 효율적인 대고객 채널로서 인식되고 있다. AT&T는 트위터 활용 초기에는 개별 부서가 '마케팅, 홍보' 목적에서 산발적 운영하다가, 2009년 중반부터 전사 컨트롤 역할을 하는 소셜미디어 전략팀을 신설하고 사업부문별 트위터 활동을 전사 목적에 따라 코디네이션 하고 있다. 특히 아이폰 관련 물량 부족 및 통화 품질 문제로 확산된 부정적 이미지 개선을 위해 @ATTCustomerCare/Team 계정을 신설하고 고객 대응에 착수함으로써 고객불만 진정에 많은 기여를 하고 있다.

Verizon의 경우에도 역시 2009년 상반기 트위터 운영 초기에는 AT&T와 유사하게 사업부문별 니즈에 따라 산발적으로 마케팅, 채용, 고객 케어를 위한 트위터 계정을 개설해 활용하고 있었으나, 하반기부터는 트위터를 마케팅 중심으로 체계화해 이용자수 확대에 주력해오고 있다. 특히 최근 소셜미디어 자문위원회(Council) 신설을 통해 사업부문별로 운영되는 트위터 계정을 중앙에서 일관되게 역할 조정하고 있다. Verizon은 AT&T와 달리 고객들의 서비스 불만 클레임이 큰 이슈로 부각되지 않아, 고객케어 보다 마케팅에 더 주력한다는 것이 특징이라고 하겠다.

두 기업 다 공통적으로 트위터는 실시간 소통이 편리해 최초 정

	트위터 계정별 서비스 내용	기능	트윗/팔로워 수	개시일
유선	ShareATT: 유무선 상품 업데이트/프로모션	마케팅+고객케어	2,115건/5,977명	09.3.13
모바일	ATTDeals: 모바일 상품/스페셜 오퍼 소개	마케팅	209건/3,473명	09.7.30
기업	SmallBizInsite: 중소기업 상품 소개	마케팅	1,538명/7,369명	09.1.19
	BizSolutions: 기업 솔루션 소개	마케팅	814건/5,569명	08.12.6
본사	ATTJobs: 채용 정보 소개	채용	23,994건/3,441명	08.3.22
	ATTNews: 기업 뉴스, 공지	홍보+마케팅	1,202건/27,600명	08.5.2
	YPMobile: 지역 검색 정보를 모바일로 공유	마케팅+고객케어	365건/510명	08.9.3
	ATTCustomerCare/Team: 전체 고객 문의 대응	고객케어	29,355건/12,163명	09.8.4

출처 : KT 디지에코 보고서 "미국 주요 통신사의 트위터 활용 현황"

보 공유 채널로 적합하지만, 타임라인에서 지나가고 나면 이슈별 과거의 축적정보 확인이 어려움이 존재한다. 따라서 이러한 트위터의 약점을 보완하기 위해 AT&T와 Verizon 모두 블로그, 페이스북을 연계해 보완하고 있다. 특히 동영상, 사진 등 실감 있는 정보를 제공하는 유튜브, Flickr 서비스와도 연계하고 있다.

이렇듯 소셜미디어를 활용한 고객 소통은 특정 시점에 특정 채널을 통해 특정 영역에 대해서만 산발적으로 수행되어서는 안 된다. 고객 소통은 수많은 이슈에 대해 전사 차원의 일관적이고 체계적인 소통 전략으로 이루어져야 한다. 제품을 기획하는 초기 단계부터 판매 후 고객 서비스를 하는 마지막 단계까지, 소통은 전 단계에서 필수적인 역할을 수행해야 한다. 소통의 결과를 피드백하지 않는 기업은 언젠간 시장에서 소외될 것이다. 소통을 통해 기업은 그 무엇으로도 얻을 수 없는 고객과의 신뢰를 얻을 수 있다.

페이스북 현황

페이스북은

- 이용자 : 5.7억 명 이상(2010년 11월 현재)
- 언제 접속하든, 그때 동시에 접속해 있는 이는 그 숫자의 절반. 2억 명!
- 3,500만 명 이상이 그들의 근황(status update)을 매일 올린다.
- 매일 포스팅되는 근황은 하루 6,000만 개 이상
- 매달 올라오는 사진은 30억 장 이상. 플리커를 포함한 다른 어떤 전문 사진 사이트보다도 더 많은 사진을 가진 곳
- 50억 개 이상의 콘텐츠(웹링크, 새로운 이야기, 블로그 포스트, 노트, 사진 앨범 등등).
- 매달 350만 건 이상의 이벤트
- 300만 개 이상의 기업/비즈니스/캠페인 페이지
- 150만 개 이상의 지역 업소들의 페이지
- 페이스북 페이지 중 한 곳의 '팬'이 되는 숫자 매일 2,000만 명 이상
- 그 같은 기업/비즈니스/캠페인 페이지가 가진 '팬' 인구는 총 53억 명(물론 겹치는 숫자지만, 지구상 인구에 육박한다.)

페이스북 이용자의 평균 프로필

- 평균 '친구' 수 130명
- 월 평균 8명에게 '친구' 요청을 보낸다.
- 하루 평균 55분 페이스북에 머문다.
- 매달 평균 9번 정도 '마음에 든다(like)' 버튼을 누른다.
- 매달 평균 25개 정도의 댓글을 단다.
- 매달 4개 정도의 기업/비즈니스/캠페인 팬이 된다.
- 평균 13개 그룹에 소속되어 있다.
- 70여 개 국어로 서비스
- 이용자의 약 70%가 미국 외의 나라에 거주
- 30만 명 이상이 '번역 응용프로그램'을 이용해 번역에 도움을 준다.

순위	이용자 수	인구 대비 보급율
1위 미국	약 1억 4,500만 명	46.9%
2위 인도네시아	약 3,100만 명	12.9%
3위 영국	약 2,900만 명	46.1%
4위 터키	약 2,400만 명	30.6%
5위 프랑스	약 2,000만 명	31.4%
6위 필리핀	약 1,900만 명	18.8%
7위 멕시코	약 1,800만 명	15.9%
8위 이탈리아	약 1,800만 명	30.3%
9위 캐나다	약 1,700만 명	51.6%
10위 인도	약 1,700만 명	1.4%

출처 : www.socialbakers.com

✵ 소셜 미디어는 불법과의 전쟁 중?

전 세계 인터넷 사용자의 65%가 컴퓨터 바이러스나 온라인 사기 등 사이버 범죄 피해를 경험한 것으로 조사되었다. 많은 인터넷 이용자가 피해를 우려하고 있지만, 나날이 수법이 교묘해지는 사이버 범죄들을 정부가 따라가지 못하는 실정이다. 특히 사이버 범죄의 대부분이 국외 범죄자들에 의한 것이라 수사가 배로 힘들다. 트위터, 페이스북, 애플 앱 스토어 등 국내 이용자들이 급속히 늘어나는 요즘 정부 기관들의 골칫거리는 더 커졌다. 트위터, 페이스북 등 소셜 미디어들 대부분은 해외에 서버를 두고 운영하는 해외 사업자로 국내에 따로 법인이 없다. 그래서 한국 사람들이 서비스를 이용하고 있어도 실제로 정부에서 관여할 수가 없다. 거래가 일어나도 세금을 내지 않는 등 한국의 정보통신법에 적응을 받지 않는 사각지대이다. 더욱이 대부분 소셜 미디어들은 실명을 요구하지 않고 있다. 이름, 국가, 성별, 나이를 비롯해 어떤 것이든 조작할 수 있는 실상. 애플 앱스토어의 경우 미국 계정이나 홍콩 계정으로 등록하면 더 많은 앱을 볼 수 있기 때문에 많은 사람들이 한국 계정이 아닌 미국 계정으로 이용하고 있다. 그에 따라 거래되는 앱에 대해서 정부는 전혀 관여할 수가 없게 된다.

실명 인증 없는 유령계정을 악용한 범죄도 충분히 예상할 수 있다. 유명인이나 기업들을 사칭한 아이디들이 해당 기업과 소비자에게 피해를 줄 수 있는 것이다. 국내의 경우 사이트 가입을 위해 주민번호나 주민번호 대체수단인 아이핀(iPIN)을 이용해 실명확인을 거쳐야 하며, 타인의 주민번호를 부정 사용한 자는 3년 이하 징역 또는 1천만 원 이하 벌금이 부과되도록 되어 있다. 그러나 앞서 말했듯 대부분 소셜 미디어들은 한국의 규제 밖에 있기에, 명의를 도용한 네트워크를 통한 금융 사기와 명예훼손 등 범죄들이 발생할 소지가 적지 않다. 이에 대해 정부도 해결책을 고심 중이다. 한편으로 정부 규제의 덫은 자칫 활성화되고 있는 소셜 미디어의 앞길을 막을 수도 있어 민감한 사안이기도 하다.

✺ 소셜 미디어 활동을 통한 취업 전략

이머징 미디어 마케팅 분야 간부급 직원을 구하는 미국 미네소타 주 리치필드의 한 업체. 그런데 이색 취업 조건이 있었다. 바로 '트위터 팔로워를 최소 250명 이상 보유한 사람' 이어야 한다는 것. 이 회사는 개인이 온라인에 미치는 영향력을 판단하기 위해 이런 조건을 내걸었다고 한다. 트위터 등 소셜 미디어의 생태계를 이해하고 활용할 수 있는 마케터는 미래의 기업에 꼭 필요한 인재이다. 취업 면접에서 소셜 미디어를 얼마나 사용하고 있는지, 자사를 위해 이를 어떻게 활용할 것인지를 묻는 기업들이 늘고 있다. 이런 취지에서 자신의 소셜 미디어들을 관리하는 취업 준비자들도 역시 늘어나는 추세다.

☀ 트위터 운영자들, 같이 하면 더욱 효과적!

소셜 미디어 서비스 초창기부터 트위터를 잘 활용한 몇몇 기업들이 있었다. 그곳의 트위터 담당자들은 소셜 미디어를 기업의 새로운 홍보채널로 활용하여 고객과 소통했고, 이 생소한 업무의 운영 팁을 공유하기 위해 모임을 만들었다. 처음에는 사적인 모임으로 시작했지만, 트위터를 이용하는 기업들이 많아지면서 그간 쌓인 노하우를 타 기업과 공유하는 역할까지 도맡게 되었다. 이들은 이벤트를 연계하면서 한 기업의 고객들에게 다른 기업의 제품을 홍보하는 등 보다 큰 효과를 보고 있다. 또 사회공헌의 일환으로 기업 팔로워들과 봉사활동을 함께 하면서 정기 모임이 더욱 활성화되었다. 이 같은 이른바 트위터 동맹(Alliance)에 참여 중인 기업에는 대한항공, 기업은행, 매일유업, 동원참치, 미스터피자, 산돌, 팬텍스카이, KT, 리브로, MBC 등이 있다.

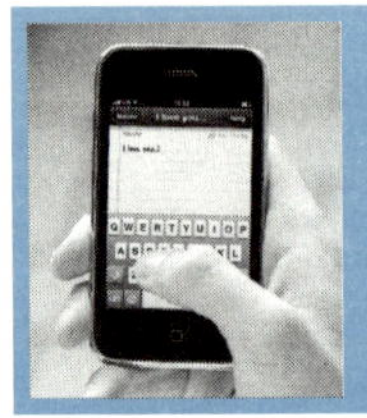

인터뷰 _ 조주환 매니저 (KT 브랜드전략실 온라인 전략 담당)

소통으로 이미지 변신에 성공하다

소셜 미디어를 가장 잘 활용해 기업 이미지 변화에 성공한 기업으로 단연 꼽히는 KT. KT 는 2009년 7월 'Olleh KT'로 브랜드를 바꾸면서 소셜 미디어에 처음 등장했다. 당시 기업들에게 트위터는 아직 활성화되기 전이었지만 KT는 일찍부터 소셜 미디어의 가치를 알아보고 소통의 창구로 활용하게 되었다. KT의 소셜 미디어 담당자인 조주환 매니저를 만나보았다.

– KT가 소셜 미디어를 이용하게 된 계기는 무엇인가?

2009년 7월 KT는 기존의 이미지를 벗고자 Olleh KT로 사명을 바꾸고 대대적인 홍보를 추진했다. Olleh KT를 온라인에서 어떻게 확산시킬지 고민하던 중, 기존의 블로그나 홈페이지만을 통한 이미지 전달에는 한계가 있다고 생각했다. 당시 김연아 선수나 유명 연예인들이 가입하면서 화제가 된 트위터라는 소셜 앱이 한창 떠오르는 중이었는데, 재미있고 새롭게 느껴졌다. 이것이 KT의 새로운 이름을 알리는 소통의 도구로 괜찮겠다고 생각해서 시작하게 되었다. 결과적으로 공기업의 이미지에서 젊고 역동적인 이미지로 전환하는 데 어느 정도 성공했다고 생각한다.

– 트위터를 선택한 이유는 무엇인가?

한국인의 성향에 맞는 서비스라고 생각했다. 그룹이나 커뮤니티를 형성하면서도 즉시성을 가지며 특히 오피니언 리더나 스포츠 선수, 대기업 회장 등 평소에 접할 수 없었던 사람들과 대화가 가능하다는 점도 매력적이었다. 또한 스마트폰이나 디바이스(Device)들이 확산된 환경에서, 모바일에서 이용할 수 있는 최적의 소셜 미디어 서비스가 트위터라고 생각했다.

– 트위터로 고객들과 주로 어떤 소통을 하는가?

KT가 아이폰을 독점 공급하게 되면서 아이폰에 대한 질문과 답변이 많았다. 더불어 쿡이나 쇼 등 다양한 KT 서비스에 대한 문의도 늘었다. 그러면서 기존에 하나로 운영하던 트위터 아이디를 쿡 전용 트위터와 쇼 전용 트위터로 나누었고 관련 상담사를 배치하여 트위터를 통한 신속한 서비스 문의도 가능하게 했다. 그 밖에 KT소식들, 이벤트 등을 공유하기도 한다. 특히 스마트폰 유저들의 이용 문의는 기존 통신사 고객센터에서 대답할 수 없는 전문적인 것들이 많아, 주로 트위터에서 이루어지는 경우가 많다.

– KT가 소셜 미디어를 통해 지향하는 바는 무엇인가?

고객들의 소리를 듣고, 변화하는 모습을 보여주는 것이다. 'Listen & Change'는 소셜 앱에서 소통의 모토이다. 데이터 이월 요금제나 쿡 TV에 트위터 서비스를 시작하게 된 것도 모두 트위터에 올라온 고객들의 소리를 반영한 결과다. KT의 트위터는 응답률이 매우 높다. 피드백이 잘되는 것은 고객의 목소리에 그만큼 귀 기울인다는 의미다. 2010년 7월에는 KT 트위터 오픈 1주년을 맞이해 특별한 이벤트를 열었다. KT의 트위터 팔로워 만나기 이벤트인데, 트위터를 통해 이벤트를 홍보하고 오프라인에서 진행한 참여형 이벤트다. 15시간 동안 교대역부터 지하철을 돌기 시작해 KT의 팔로워들을 만나는 것이었다. 반응이 매우 좋았다.

– 기업이 소셜 미디어를 활용하여 소통할 때 특히 주의해야 할 점은 무엇인가?

먼저 우선 기업이 선택한 소셜 미디어의 특성을 잘 알아야 한다. 트위터의 경우 즉시성이라는 특성이 있기 때문에 이벤트를 진행할 때도 실시간으로 간단하게 끝나는 경우가 많다. 소셜 미디어의 문화와 특징을 잘 알아야 그에 맞는 운영을 할 수 있다. 둘째로 트위터를 운영하는 사람의 캐릭터가 매우 중요하다. 운영자의 캐릭터가 그 기업의 캐릭터가 되기 때문이다. 따라서 기업의 트위터 담당자는 기업의 이미지 콘셉트를 잘 이해해야 한다. 셋째로 고객과 소통한 결과를 사내 업무에 반영하고 활용할 수 있는 프로세스를 만드는 것도 중요하다. 소통만 중요한 것이 아니지 않은가. 소통을 통해 고객의 소리가 기업 서비스에 반영되어야 결실이 있는 것이다. 이를 위해서는 기업 내부의 공감이 절대적으로 필요하다. 마지막으로 소셜 미디어를 통해 일관적인 메시지가 전해져야 한다. 기업 홍보실을 통해 신문기사화되는 내용과 다른 메시지가 소셜 미디어에 흘러나간다면 고객들은 혼란에 빠지게 될 것이다.

– 트위터 담당자로서 어려운 점은 무엇인가?

'기업의 소셜 미디어 담당자'라는 전혀 새로운 업무였기에, 처음에는 맨땅에 헤딩하는(?)

심정이었다. 특히 고객의 의견을 사내 부서와 연계해서 처리하는 데 어려움이 많았다. 소셜 미디어에 대한 공감대를 형성하는 것이 어려웠기 때문이다. 개인 시간이 줄어든 부분도 힘든 점이었다. 트위터는 24시간 깨어 있다 보니 근무 시간 외에도 휴대폰을 들여다보느라 가족들 얼굴 보기도 어려운 처지다. 그러나 트위터 담당자로서 누구보다 고객과의 소통에 즐거움을 느낀다.

KT 사내 트위터 사용자 가이드 라인

- **원칙 1 :** 고객, 파트너, 회사, 직원, 경쟁사 등에 대한 존중심을 가지고 트윗한다.
- **원칙 2 :** 회사 기밀이나 독점 정보를 폭로하지 않는다.
- **원칙 3 :** 직무에 방해 받을 정도로 트위터에 매진하지 않는다.
- **원칙 4 :** 회사 사규에 기록된 회사 정책과 규칙을 트위터에도 적용한다.
- **원칙 5 :** 트위터에 대한 의문사항은 홍보실 온라인T에 문의한다.
- **원칙 6 :** KT 관련 글의 경우 사실에 기반한 내용만 기술한다.
- **원칙 7 :** 개인적인 견해의 경우 회사의 견해가 아닌 개인의 견해임을 분명하게 명시한다.
- **원칙 8 :** 회사를 미화하거나 KT 편향적인 내용은 자제한다.

제3장

개방,
미래의 기회를 선점하라

APPCONOMICS

세계적인 블록완구 회사인 레고(Lego). 잘 알려져 있듯 형형색색의 플라스틱 토막(블록)과 작은 인형(미니피겨) 등으로 구성된 부품을 조합하여 자동차, 비행기, 기차, 마을, 성, 배, 로봇 등 원하는 모델을 만드는 조립식 장난감이다.

덴마크 가족기업 레고는 1998년 인공지능 로봇인 마인드스톰을 출시했다. 마인드스톰은 레고 벽돌로 인공지능 로봇을 만들 수 있는 것으로 소비자들, 특히 어른들에게 폭발적인 인기를 끌었다. 바퀴, 모터, 센서, S/W, 마이크로컴퓨터 등을 활용해 레고 벽돌을 끼워 맞추듯 복잡한 로봇 장치를 만들어내는 것이었다.

그런데 발매 초기, 마인드스톰 제품을 산 이들이 프로그램을 마음대로 해킹하는 일이 일어났다. 레고사는 소송을 통해 자사의 상품을 보호하려 준비에 나섰다. 하지만 돌아가는 상황을 보니 꼭 안 좋은 면만 있는 것이 아니었다. 소비자들은 웹사이트와 커뮤니티 활동을 통해 다양한 인공지능 로봇 제작 아이디어와 그 노하우를 공유했고, 레고사가 생각지 못한 아이디어들에 의해 제품이 탄생하기도 했다. 고민 끝에 레고사는 소송을 하지 않고 오히려 이 영역을 오픈했다. 고객이 마인드스톰을 마음껏 만들고 변형해서 다른 이들과 공유하도록 장을 만든 것이다.

마인드스톰은 사용자 집단이 자발적으로 커뮤니티를 형성해서 제품 디자인, 프로그래밍 등을 발전시킨 대표적인 사례가 되었다. 마인드스톰 홈페이지는 현재 무료로 다운로드할 수 있는 소프트웨어 개발 키트를 제공하고 있다. 레고 마니아들 역시 소프트웨어 코드, 프로그래밍 방법, 필요한 레고 부품 등을 사이트에 올리고 활발하게 공유하는 중이다. 이들 중 기여도가 높은 사용자는 레고사에 직원으로 뽑히기도 했을 정도다.

비즈니스의 핵심 부분이던 제품 개발과 디자인을 사용자들에게 오픈하면서 오히려 더욱 혁신적인 상품을 출시할 수 있었던 레고. 개방의 단서가 바로 여기 있다.

개방의 통로를 선점하라

2010년, 국내에 스마트폰이 놀라운 속도로 확산되고 있다. 리서치 회사들은 스마트폰 확산에 관한 시장 전망을 일제히 수정할 수밖에 없었다. 국내 스마트폰 이용자 수는 2010년 11월 현재 이미 5백만 명을 넘어섰다. 지금도 수십 종의 스마트폰이 출시되고 있다. 최신 기술과 고객의 트렌드를 반영한 새로운 스마트폰 제품들이 불과 1~2년 만에 빠르게 쏟아져 나올 수 있었던 요인은 무엇일까. 먼저 '안드로이드' 라는 오픈 모바일 운영체제를 들 수 있을 것이다. 안드로이드는 구글이 만든 모바일 운영체제다. 기존 스마트폰은 통신 업체별과 제조사별로 그 운영체제가 달랐다. 그런데 폐쇄형 구조의 운영체제는 개발에 오랜 시간이 걸리고 트렌드를 반영하기도 어려웠다. 그러나 안드로이드라는 오픈형 운영체제는 제조사들이 별도의 로열티 없이 스마트폰에 탑재할 수 있었다. 그리하여 안드로이드 운영체제에 맞는 다양한 휴대폰 애플리케이션이 엄청나게 개발되었던 것이다.

'개방'은 비단 스마트폰뿐만 아니라 비즈니스 환경 전반에서 빠르게 대두되고 있는 키워드다.

사실 '개방'은 과거에도 그 성공 유래가 없지 않았다. 앞서 언급했던 '레고'의 경우가 그러했으며, 대한민국 포털사이트 네이버의 '지식인' 검색 서비스가 그러했다.

세계적으로 구글이 검색 포털로서 명성을 가지고 있지만 한국에서 검색 포털 1위는 여전히 네이버이다. 구글이 한국에 법인을 세우며 한국 시장을 공략했지만 네이버의 아성을 무너뜨리지는 못하고 있다. 네이버의 큰 인기 비결은 바로 지식인 서비스다. 네이버 지식인은 이용자가 묻고 답하는 방식으로, 이용자가 많이 이용할수록 지식의 내용이 더 다양하게 쌓여간다. 이곳에는 어떤 질문이라도 할 수 있고 답변을 다는 데 제한도 없다. 네이버는 단지 질문을 올리고 이에 대한 답변을 달도록 유인하는 체계만 만들어 놓았다. 소위 '내공'이라는 것을 있어서, 질문자가 답변을 단 사람 중 마음에 드는 이를 채택해서 그 사람에게 내공을 주도록 동기 유발하는 방식이다. 네이버는 지식인이라는 창구만 열어두고 그 안에 지식은 모두 이용

맨하탄의 애플스토어

자들이 만든 것이다. 이를 통해서 네이버는 지식인 광고라는 새로운 수익모델을 창출했다.

여느 기업 못지않게 '오픈 비즈니스'에 성공한 사례로는 애플을 빼놓을 수 없을 것이다. 아이폰, 앱스토어, 아이패드 등 애플 서비스와 제품은 요즘도 전 세계적으로 큰 인기를 끌고 있다. 아이폰4는 출시 전부터 각종 언론과 소셜 미디어에서 뜨거운 이슈로 떠올랐다. 미국과 일본에서는 수많은 사람들이 출시일 며칠 전부터 줄 서서 아이폰을 기다릴 정도다. 전 세계가 애플이라는 회사에 열광하고 있으며 애플의 움직임에 눈과 귀를 집중하고 있다. 더불어 애플의 스티브 잡스는 존경받는 CEO로 세상에서 가장 유명한 인물이 되었다.

사람들은 애플에 왜 이렇게 열광하는 걸까? 애플은 매킨토시 컴퓨터로 시작한 컴퓨터 제조 회사였다. 이후 mp3 단말기 아이팟(iPod)을 출시한 애플은 이용자가 쉽게 음악을 다운받을 수 있도록 아이튠즈(iTunes)라는 서비스를 제공했다. 초기에는 그 디자인이 구매자를 끌어들였지만, 음반사 및 언론사 등 콘텐츠 사업자와 제휴를 확대하고 아이튠즈에 다양한 음악 및 영상 콘텐츠를 제공하면서 그 편리함으로 이용자를 유인했다. 아이튠즈에 힘입어 애플은 세계 최대의 음원 유통 회사로 발돋움했다. 또한 애플은 아이팟터치(iPod Touch)라는 모바일 멀티미디어 단말기를 출시하면서 앱스토어(App store) 서비스를 시작했다. 앱스토어는 수많은 업체들이 개발한 다양한 애플리케이션을 원하는 가격에 올리면 이용자가 구매할 수 있도록 한 오픈 마켓이다. 개발자들은 개발에 주력하기만 하면 되고 유통, 마케팅, 고객 확보, 단말 판매 등은 애플이 담당한다. 과거 통신사들이 게임이나 유틸리티 영역에서 애플리케이션을 판매하는 유사한 서비스를 제공한 적이 있는데, 이는 그다지 활성화하지 못했다. 통신사가 개발사를 선택하고 개발사는 통신사 플랫폼에 맞게 서비스를 개발하는, 통신사에 종속되어 있는 '클로즈드 마켓(Closed market)이었기 때문이다. 여기서 개발사의 제품은 통신사의 상품으로 전시되었고, 개발사는 통신사가 정한 일정한 비율로 수익을 나눠 가졌다.

그러나 오픈 마켓은 다르다. 개발자들이 원하면 언제든지 애플리케이션을 올릴 수 있고 가격도 마음대로 조정할 수 있다. 실제로 앱스토어를 통해 큰돈을 번 개인 개발자도 생겨났다. '헤비매치

(Heavy Match)'라는 게임을 만든 국내 개발자는 1억 원이 넘는 돈을 벌며 큰 관심을 모았다. 아이폰이 전 세계적으로 팔리면서 앱스토어도 활성화되었다. 앱스토어 다운로드는 2010년 초에 30억 건을 돌파했고, 현재 앱스토어에 등록되어 있는 애플리케이션은 30만 개에 육박한다.

애플과 구글, 네이버와 레고사의 공통점은 무엇일까? 왜 사람들은 이 기업들이 내놓은 서비스나 제품에 열광하고 적극적으로 참여하는 걸까? 공통되는 키워드는 '오픈 비즈니스'다. 레고의 마인드스톰, 네이버의 지식인, 애플의 앱스토어는 비즈니스의 한 영역을 오픈하면서 성공에 이르렀다. 물론 무턱대고 오픈한 것은 아니다. 기업의 부족한 역량을 전략적으로 오픈한 것이다. 개방을 통해 참여자가 많아질수록 자사의 비즈니스가 더 활성화될 수 있는 통로를 발견하고, 그를 중심으로 자사 비즈니스에 적합한 체계를 만든 것이다.

🔟 생태계의 강자, 오픈 비즈니스

기업들이 오픈 비즈니스를 시작한 배경은 무엇일까?

지금까지는 많은 기업들이 자사의 핵심 역량을 강화하고 부족한 역량을 아웃소싱(outsourcing)하는 전략을 주로 써 왔다. 부족한 영역의 역량을 키우기 위해 자원을 분산하기보다, 핵심 역량에 집중하고 부족한 부분은 아웃소싱을 하는 것이 효율적이고 경쟁력 있었기 때문이다. 그러나 오픈 비즈니스에 성공한 기업들은 달랐다. 부족한 역량을 아웃소싱하는 대신, 아예 그 영역을 다른 사업자에게 오픈한 것이다. 흔히 "비즈니스 플랫폼을 오픈했다"고 표현하는 그것이다. 비즈니스 플랫폼은 기업이 사업을 추진하는 기반이다. 예를 들어 백화점 사업을 하려면 건물을 짓고, 실내를 꾸미고, 고객을 끌어들이기 위해 TV 광고와 홍보를 하고, 쿠폰도 발행하고, 물건 값을 결제할 수 있도록 정산 시스템을 갖추고, 매장을 어떻게 구성할 것인지를 결정하고, 입점 업체와 수익 배분 구조를 어떻게 가져갈지 영업 정책도 세워야 한다. 백화점이 비즈니스 플랫폼이라면 입점해 있는 브랜드 상점들은 비즈니스 플랫폼을 활용해 수익을 내는 상인들이다. 다만 백화점은 공간적 제약 때문에 소비자가 많이 찾는 브랜드 상품 위주로 해당 업체와 계약하고 전시한다.

온라인에서는 오픈 마켓인 애플의 앱스토어가 백화점과 유사하다. 온라인이기 때문에 장소의 제한이 없고, 누구든지 참여할 수 있으며, 언제든지 구매할 수 있다. 백화점 내에서 물건을 팔기 위해서는 백화점에서 정하는 규칙들을 따라야 하듯 앱스토어에서도 가입비, 수익 배분 정책, 개발 API(단말에서 작동할 수 있도록 프로그램 개발 시 적용해야 하는 코드) 등 애플의 앱스토어 비즈니스 플랫폼을 이용할 수 있도록 정해놓은 규칙이 있다. 이처럼 앱스토어는 물건을 사는 사람 입장에서는 무한히 많은 상품 가운데서 원하는 상품을 선택할 수 있고, 물건을 파는 사람 입장에서는 '정해진 규칙만 지킨다면' 얼마든지 원하는 가격에 물건을 팔 수 있다. 웹상의 거래는 시간과 장소에 구애받되지 않기에, 소비자나 판매자 모두 언제 어디서나 자유롭게 오픈 마켓을 이용할 수 있는 것이다.

오픈 비즈니스는 어떤 방식으로 작동하는가?

요즘 '비즈니스 생태계'라는 말을 자주 한다. 생태계는 어떤 지역 안에 서식하는 생물과 그를 둘러싼 환경의 상호관계로 이어진 복합 체계다. 이때 먹이사슬은 생산자인 식물부터 식물을 먹는 1차 소비자, 1차 소비자를 먹는 2차 소비자, 이런 식으로 올라가다가 제일 높은 단계에 있는 최종 소비자까지로 구성된다. 먹이사슬은 생태계가 유지될 수 있도록 하는 뼈대와 같은 시스템이다. 생태계라는 말을 경영 환경에서 사용하는 이유는, 그 안의 요소들이 예전보다 한층 밀접한 관계를 갖게 되었기 때문이다. 과거와 달리 요즈음 경영 환경은 기업뿐 아니라 파트너사, 경쟁사, 고객, 정부 등 다양한 구성원들이 유기적으로 연계되어 있는 것이다. 여기에 먹이사슬과 비슷한 구조가 있으니 바로 가치사슬(Value Chain)이다. 기업의 가치는 가치사슬을 통해 생태계 내 구성원들에게 전달되는데, 최종소비자는 고객이라 할 수 있다.

기업을 중심으로 하는 비즈니스 생태계는 그 안의 구성원과 함께 발전하기도 하고 소멸되기도 한다. 자연 생태계에서 그러하듯, 기업 역시 급변하는 경영 환경의 변화에 적응해야 끝내 생존할 수 있다. 기업은 파트너와 고객, 다양한 이해관계자와의 관계 등 다차원적인 경영 환경을 고려하여 가치를 창출해내야 한다. 이제 고객들은 예전처럼 기업이 만들어놓은 서비스나 제품에 만족하지 않는다. 개개인이 제각각 다양한 니즈(Needs)를 가지고 그에 맞는 서비스를 요구하고 있다. 기업이 고객에게 맞추어야 한다. 또 고객은 주체적으로 제품을 선택하는 프로슈머(Prosumer)로도 활동한다. 고객 간에도 네트워크로 상호 연결되어 정보나 지식, 체험, 아이디어 등을 교환하며 강력한 전문 지식 세력으로서 힘을 갖게 되었다. 따라서 기업은 고객이 원하는 효용가치가 무엇인지, 고객 니즈 변화에 적극적으로 대응해야 한다.

그러나 기업의 대응에도 한계는 있다. 특히 엔터테인먼트나 IT산업처럼 트렌드가 빨리 변하고 고객의 기호가 천차만별인 시장은 대응이 더욱 어렵다. 기업은 기존의 비즈니스 체계를 점검해보고 자사가 갖지 못한 역량은 과감히 오픈해야 한다. 앱스토어는 다양한 니즈를 가진 고객의 기호와 수요를 하나의 기업이 자체적으로 기획하고 제작하는 대신, 고객이 직접 니즈의 변화를 감지하고 그에 맞는 서비스를 만들 수 있도록 비즈니스 플랫폼을 개방한 사업이다.

앱스토어의 비즈니스 플랫폼에서 애플리케이션을 판매하는 기업이나 개인들은 애플 비즈니스 플랫폼의 구성원이다. 개발자들은 하루에도 수만 개가 넘는 애플리케이션을 개발하여 애플의 비즈니스 플랫폼에서 유통한다. 애플리케이션을 이용하는 고객들은 구매한 후 사용 후기 등의 평가를 내리기도 하고, 새로운 애플리케이션 개발을 위한 아이디어까지 제공한다. 이 모든 것이 애플의 비즈니스 플랫폼상에서 이뤄지지만 애플이 직접 콘텐츠를 생산하지 않는다.

나아가 개발자들은 애플리케이션 내에 다양한 수익모델을 고민한다. 'In app Purchase'는 애플리케이션을 무료로 구매하고 그 안에 콘텐츠를 유료로 구매하는 새로운 수익모델이다. 수익모델을 지원할 수 있는 체계만 만들어지면, 애플과 개발자는 신규 사업모델로 새롭게 창출하는 수익을 나눠가질 수 있는 것이다. 물론 개발자뿐

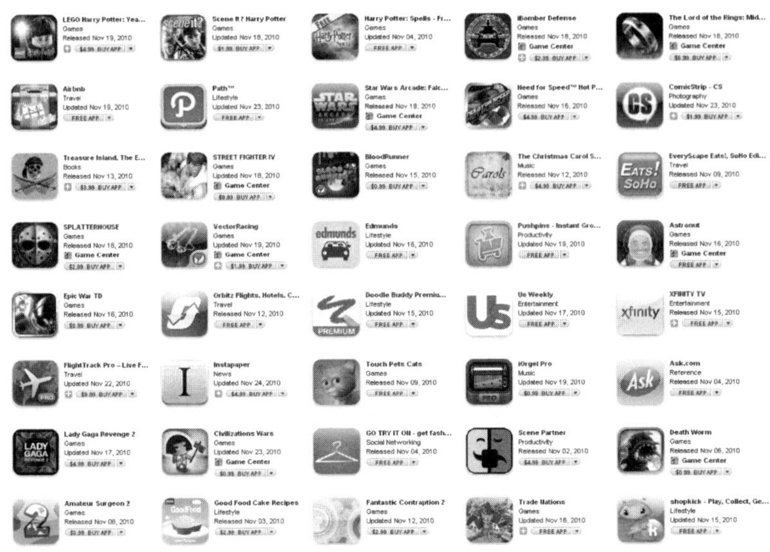

앱스토어에는 수많은 앱들이 우리를 기다리고 있다

아니라 애플도 광고, 다양한 모바일 기반 API를 개발하는 등 자사의 비즈니스 생태계가 더 많은 가치와 수익을 창출하도록 비즈니스 플랫폼을 진화시킨다. 이처럼 기업은 생태계를 구성하는 참여자들의 활동을 통해 더욱 다양한 비즈니스 모델을 발굴해야 한다.

현재 오픈 비즈니스를 주도하고 있는 분야는 단연 IT업계이다. 트렌드에 민감하기도 하고 비즈니스 특성상 개방이 그 본질이기 때문이다.

페이스북은 소셜 미디어 업계에서 거의 최초로 플랫폼을 오픈했다. 페이스북은 다양한 개발자가 자사의 사이트에 적용할 수 있는 다양한 툴과 애플리케이션을 개발하고 애플리케이션에서 광고를 할 경우 광고 수입을 50:50으로 나눌 수 있게 했다. 여기에 더해 최근에는 개발 플랫폼 거의 전체를 오픈소스화했다. 페이스북은 개발자들이 많이 이용하는 method, tag 실행 대부분, 페이스북 플랫폼을 가동하는 코드 대부분을 개방했다. 이는 개발자들의 요구이기도 했다. 페이스북 출시 후 1년 동안 총 2만 4천 건 이상의 애플리케이션이 탄생했으며 새로운 소셜 체험에 40만 명 이상의 개발자가 참여했다. 페이스북에서 인기 있는 앱으로는 뮤지션의 콘서트 일정, 음악 30초 듣기, 친구들과 음악 지식을 겨룰 수 있는 테스트 등 음악 관련 앱을 제공하는 iLike, 좋아하는 음악을 통째로 포스팅할 수 있는 Facebook Audio 등이 있다. 이 앱들은 모두 대학생이 개발했다. 이 밖에도 별자리 앱, 스트레스 레벨을 표시해주는 앱 등이 호응을 얻고 있다. 페이스북은 또한 2009년부터 Facebook ads를 통해 직접 브랜드 페이지를 만들었다. 이를 통해 유저들의 Facebook 내 activity가 기록되는 News Feed 기능에 광고를 도입하고, 외부 사이트에서의 action을 News Feed에 기록하는 등의 방법으로도 광고를 제공하고 있다.

구글 또한 2009년 11월 '오픈 소셜(Open Social)'을 발표하며 오픈 비즈니스에 동참했다. 여러 소셜 미디어 서비스에 모두 적용할 수 있는 애플리케이션 개발용 공통 API(Application Programing Interface)다. 이를 활용해 개발한 애플리케이션은 마이스페이스(myspace, 페이스북보다 앞서 개발된 미국의 대표적인 소셜 네트워크 서비스) 등 Open social에 참여한 소셜 미디어 서비스에서 쉽게 자료를 공유할 수 있다. 현재 오라클, 닝(ning, 소셜 네트워크를 간편하게 만들 수 있는 메타 소셜 네트워크 서비스), 마이스페이스(myspace) 등이 참여 중이다. 페이

스북이나 구글처럼 앞으로 IT업계에서는 이런 움직임이 더욱 활발
해지고 경쟁도 그만큼 치열할 것으로 예상된다.

⚙ 플랫폼, 붐비는 공간을 만들어라

비즈니스 플랫폼을 오픈할 때 무엇보다 중요한 것은 발 빠르게 고객
을 선점하는 것이다. 특히 인터넷 비즈니스에서의 플랫폼 선점 경쟁
은 치열할 수밖에 없다. 일단 고객이 모여들면 그 비즈니스 플랫폼
을 중심으로 시장이 재편되기 때문이다.

　개인용 컴퓨터가 막 보급되던 시절, 마이크로소프트사는 윈도우
즈라는 컴퓨터 운영체제로 시장을 독점했었다. 마이크로소프트사
의 운영체제가 널리 보급되고 이용자가 많아지자 컴퓨터에서 동작
하는 다양한 프로그램은 윈도우즈라는 운영 플랫폼에 맞게 개발되
고 그 기준에 따라야 했다. 업계 표준이 된 것이다. 덕분에 마이크로
소프트사는 윈도우 운영체제에 오피스 프로그램이나 미디어플레이
어 등 다양한 프로그램을 포함시켜 배포함으로써 손쉽게 시장을 독
점할 수 있었다. 그러나 스마트폰과 스마트TV 등 다양한 기기들이
개발 유통되고 있는 요즘, 마이크로소프트사는 자사 PC 플랫폼의
위력을 더 이상 발휘할 수 없게 되었다.

　앞으로의 승자는, 따라서 이 기기들을 컨트롤할 수 있는 플랫폼
을 제일 먼저 선점하는 자가 될 것이다. 비즈니스 플랫폼은 단지 기
기를 컨트롤할 뿐 아니라 비즈니스 모델을 결정하기에 비즈니스 가

치사슬의 핵심이 된다. 스마트폰이나 스마트TV의 플랫폼을 차지하면 하드웨어 장악은 물론 소비자와 개발자를 연결해 새로운 비즈니스 모델을 창출할 수 있다. 애플이 아이폰으로 앱스토어 등의 비즈니스 모델을 창출한 것이 그 예이다. 플랫폼은 고객이 활동하고 가치를 만들어내는 공간이다. 결국 기업 비즈니스의 핵심이다. 따라서 비즈니스 플랫폼을 어떻게 구축하고 발전시키느냐가 장차 기업의 성공을 좌우하는 열쇠라고 할 수 있다.

기업을 중심으로 오픈 비즈니스 생태계를 구성했을 때의 효과를 생각해보자.

우선 네트워크 외부성 효과(Network Externality)를 들 수 있다. 이는 같은 제품을 소비하는 수가 늘어날수록 그 제품을 소비함으로써 얻게 되는 효용이 더욱 증가하는 효과이다. 제품의 사용자가 늘면 늘수록 그들을 뒤따라 찾아드는 사용자들이 기하급수적으로 증가하면서 제품의 효용이 커지는 것. 소셜 미디어들이 대표적인 사례이다. 상호관계를 쌓아가는 소셜 미디어에서 고객들이 늘어나면 뒤따라 소통하려는 사람들이 더 많아지기 마련이다. 소셜 미디어를 선택할 때, 사람들이 더 많이 사용하고 자신이 아는 지인이 더 많이 활동하는 서비스를 먼저 선택하게 되는 것도 네트워크 외부성 효과라고 볼 수 있다. 기업의 비즈니스 생태계 역시 활성화가 시작되면 (네트워크 외부성 효과에 따라) 파트너사나 고객들이 그 플랫폼을 중심으로 더욱 활발히 활동하게 되고, 비즈니스 플랫폼의 가치 또한 점점 커지게 될 것이다.

또한 기업을 중심으로 오픈 비즈니스 생태계를 구성했을 때, 시장을 주도하며 경쟁업체의 진입을 막는 효과가 있다. 일종의 거대한 장벽을 세우는 것이다. 비즈니스 생태계를 확장하면 할수록 경쟁업체가 이에 침입하는 것은 물론 다른 비즈니스 생태계를 새롭게 형성하는 것이 어려워진다. 이미 형성되어 비즈니스와 활동들이 활발히 진행되고 있다면 고객은 새로운 비즈니스 생태계로 좀처럼 옮겨가려 하지 않는다. 경쟁업체가 시장에 참여하려면 추가 비용이 크게 들며, 결국 생태계 내 고객과의 장벽이 그만큼 높아지게 된다.

인터넷쇼핑의 1위를 지키고 있는 지마켓의 경우를 보자. 수많은 셀러들이 지마켓에 물건을 올리고 판매한다. 지마켓을 이용하는 사람이 많을수록 더 많은 셀러들이 지마켓을 통해 물건을 팔려고 하며, 이로써 판매하는 수량이 점점 많아지고, 그럴수록 해당 상품의 가격은 떨어지고, 결국 고객과 셀러 모두 이득을 보게 된다. 이런 선순환 구조로 지마켓은 계속 성장하며, 다른 경쟁업체들은 고객을 끌어들이기 위해 수익 일부를 포기하거나 마케팅 비용을 더 쓰는 등 새로운 전략을 추진할 수밖에 없는 것이다.

오픈형 기술 표준은 비즈니스 생태계를 정착시키는 확실한 방법이다. 1974년 빈트 서프 박사와 동료들은 개방형 표준(후에 TCP/IP가 됨)을 이용해 미국 전역 컴퓨터들을 연결하는 네트워크를 만들고자 했다. 인터넷이 확산될 수 있었던 것은 TCP/IP라는 인터넷의 개방형 표준이 있었던 덕분이었다. 이 네트워크는 오늘날 전 세계의 컴퓨터를 연결하는 7억 개의 호스트 컴퓨터를 만드는 역할을 하게 된 것이다.

기업을 중심으로 오픈 비즈니스 생태계를 구성했을 때의 세 번째 효과로, 비즈니스 플랫폼에서 새로운 수익모델이 개발될 가능성이 크다. 기존의 수익모델이 성장·활성화하는 것은 물론이다. 다수의 참여 구성원들이 함께 만들어가는 오픈 비즈니스는 바로 그 다수의 참여 구성원들이 다양한 수익모델을 기획하고 시도한다는 특징이 있다. 이 과정에서 고객들과의 소통을 통해 다양한 아이디어들이 창출될 수 있다. 또한 마케팅 수수료나 광고 같은 부가적인 수익모델도 기대할 수 있다.

예전의 기업은 우수한 연구자를 뽑아 프로젝트를 잘 관리하고 성공적인 비즈니스 모델을 만드는 것이 주요 생존 전략이었다. 이것은 시간과 비용이 많이 소요되는 힘겨운 과정이었고, 기술 개발에 성공했더라도 사업화에 실패하는 경우가 적지 않았다. 그러나 산업간 경계가 무너지고 초경쟁 환경이 등장한 이즈음, 우리가 내세울 수 있는 정답은 단 하나만이 남았다. 바로 개방. 수많은 참여자가 비즈니스 생태계 내에서 비즈니스 모델을 고민하는 오픈 비즈니스 시대인 것이다. 1명의 천재가 수십만 명의 사람들을 먹여 살리는 시대는 지났다. 기업 내의 뛰어난 사업 담당자 몇 명이 생각하는 아이디어보다 수만 명이 생각해내는 아이디어가 훨씬 무궁무진할 것임은 당연한 이야기다.

그러나 오픈 비즈니스에도 위험성이 있다.

비즈니스 생태계 어느 한 구성원이 무너지면 연쇄적으로 다른 구성원들도 무너져 내려 기존의 비즈니스를 위협하며 전체가 파괴될 수 있는 것이다. 무너진 비즈니스 생태계는 복구하는 데도 많은 시간과 노력이 필요하다. 문제는 고객들의 불만이나 구성원들의 위험이 생태계 전체에 전파되는 속도가 대단히 빠르며 그 위험 또한 복합적이라는 점이다.

비즈니스 플랫폼이 잘 돌아가려면 참여자들의 니즈와 변화를 끊임없이 모니터링하여 반영하고 혁신을 추구해야 한다. 이것이 오픈 비즈니스의 가장 정직한 성공 전략이다.

🔘 개방과 혁신은 둘도 없는 단짝

개방의 기본 철학은 '고객 중심'이다. 고객 가치를 우선시할 뿐 아니라 고객을 적극적으로 '부려먹어야' 한다.

구글은 정확한 이미지 검색 서비스를 제공하기 위해 사진 이미지에 일일이 레이블을 붙여야 했다. 이것은 너무 방대하고 소모적인 작업이었다. 구글은 이 작업을 고객에게 일임했다. 고객들은 '구글 이미지 레이블러'라는 재미있는 게임에 참여하며 자발적으로 이 과제를 수행했다. 2명의 게임 플레이어가 90초라는 짧은 제한 시간 동안 제공되는 사진에 설명을 입력하고, 두 사람이 동일한 단어를 입력할 때 점수를 따는 방식이었다. 고객들은 재미있게 게임을 즐기며 구글의 방대하고 귀찮은 작업을 대신 처리했다. 구글은 이를 통해 공짜로 15억 개의 이미지에 레이블을 달았다. 이로 인해 구글의 이미지 검색 서비스는 한층 업그레이드가 되었다.

개방은 고객 관점에서 다양한 형태로 만들어질 수 있다. 일반 제조업체나 서비스업체로서는 고객에게 어느 정도까지 오픈해야 하는지 가늠하기 어려울 것이다. 중요한 것은 "어디까지나 고객이 중심이며 고객을 주체적으로 끌어들여야 한다"는 것이다.

개방은 어떤 방향으로 추진되어야 할까?

첫째, 비즈니스의 오픈 영역을 발굴해야 한다.

기업은 자사의 역량 기반 아래에서 독자적으로 모든 것을 해결하지 말고, 오픈 이노베이션을 통해 고객에게 최적으로 맞춤화된 경험 가치를 제공해야 한다. 한 기업이 다양한 개인적 니즈에 신속하고 유연하게 대응할 수 있는 역량과 솔루션을 모두 갖추기란 어차피 불가능하다. 이제 기업들은 개방을 통해 공급자와 파트너를 규합하고, 이들을 통해 다양한 소비자들의 니즈를 해결할 수 있는 공동의 가치 창출 네트워크를 구축해야 한다. 오거나이징(Organizing) 능력을 갖추어야 하는 것이다. 오픈 비즈니스에서 중요한 것은 노하우(know how)가 아니다. 노후(know who)이자 노웨어(know where)다. 기업이 자체 보유한 역량이 아니라 외부의 다양한 참여자가 가진 역량과 기술이 핵심이다.

둘째, 비즈니스 생태계 안의 참여자들과 유기적인 파트너십을 가지고, 고객과 끊임없는 상호작용을 해야 한다.

고객 역시 비즈니스 생태계의 참여자로서 활동한다. 이러한 고객을 능동적으로 활용하는 것이 중요하다. 고객의 활동에 따라 다양한 비즈니스 모델이 만들어질 수 있다. 이제 고객은 단순한 구매자가 아니라 서비스, 제품 개발, 비즈니스 과정 전반에 참여하여 함께 가치를 창출하는 동반자이다. 프로슈머 고객에서 마니아(mania) 고객으로 변화하면서, 제품에 대한 열정을 주체하지 못해 제품의 결함을 적극적으로 기업에 알려줄 뿐 아니라 자신들의 니즈를 반영해달라고 요청하는 이들의 역할. 이런 고객과 소통하면서 고객 니즈를 발굴하고 혁신할 수 있도록 오픈 체계를 이끌어야 한다.

셋째, 자사의 비즈니스 플랫폼에 참여를 유도할 수 있는 정책과 체계를 갖추어야 한다.

참여한 구성원들에게 비즈니스적인 자유를 충분히 부여한다면 더욱 다양한 사업 모델이 나올 수 있을 것이다. 그러나 너무 급진적이거나 시장 파괴적인 혁신은 금물이다. 시장의 변화를 읽고 그 흐름과 속도에 맞춰 정책과 체계를 가져가는 지혜가 중요하다.

넷째, 개방이 주는 새로운 가치를 고객이 직접 경험하도록 해야 한다. 오픈 비즈니스는 앞선 구글의 사례처럼 참여형 모델이다. 고객이 참여해서 느끼는 가치는 비즈니스 생태계 안에 있지 않으면 알기 쉽지 않다. 즐거움이든 경제적 혜택이든, 직접 느껴지는 것이 고객과 기업을 연결시켜주는 핵심적 가치인 것이다.

다섯째, 기존 사업의 본질을 재정의하고, 달라진 생태계에서의 게임 룰 변화에 대응해야 한다. 개인화·맞춤화에 따른 기존 사업의 변화와 진화, 산업 간 컨버전스에 의한 생태계의 변화 등에 발맞춰야 한다. 경우에 따라서는 기존 조직이나 역량 기반을 완전히 탈바꿈시키는 경우도 고려할 수 있어야 한다.

개방과 혁신은 떼어놓을 수 없는 관계다. 개방 자체가 혁신의 결과이고 혁신의 시작이 개방이다. 오픈 생태계는 끊임없이 혁신하지 않으면 확장될 수 없다.

혁신은 기업의 생존을 위협하기도 한다. 대표적인 혁신 기업으로 애플, 구글 등의 성공적인 사례가 있다. 혁신을 교훈으로 삼기 위해서 과거 제록스를 먼저 언급할 필요가 있다. 제록스는 1970년 팔로 알토리서치센터(PARC)를 설립하고 최고의 공학자들을 영입해 가히 역사적인 기술들을 개발한 바 있다. 레이저 프린팅, 네트워크 표준인 이더넷(Ethernet), 워드프로세서, 유비쿼터스 컴퓨팅 등 현재 기술들의 기반이 된 혁신적인 기술들이었다. 그러나 정작 경영에 있어서 제록스는 그런 기술들의 성과를 활용하지 못했다. 오히려 다른 기업들이 이 기술들을 활용했다. 애플, MS, 3COM, 어도비시스템즈 등 말이다.

최고의 연구기술들을 개발한 제록스는 어째서 혁신적인 기업이 될 수 없었을까?

제록스의 발목을 잡은 것은 기존의 가치를 버릴 수 없었던 폐쇄형 혁신 구조였다. 주력 사업인 프린터 기술로부터 개발된 레이저 프린팅은 상업적으로 성공해 큰 이익을 창출했지만 주력 사업과 거리가 먼 나머지 기술들은 회사 내에서 사업화되지 못했다. 우수한 기술을 개발했으나 기업 내에서 사업화되지 못하자, 연구원들은 회사를 떠나 벤처기업이나 타 회사로 진출해 혁신의 기술을 개발했다. 폐쇄형 혁신은 성공하기 어렵다.

마이크로소프트 등에 밀려 허덕이던 IBM은 개방형 혁신을 통해 재기에 성공했다. 인텔, 모토로라, 텍사스인스투르먼트 등 외부 업체에 자사가 보유한 기술 특허를 개방해 새로운 수익원을 창출하는 한편, 안팎의 아이디어를 확보하기 위해 '이노베이션잼'과 같은 대규모 이벤트를 열기도 했다.

혁신은 본질적으로 완전히 새로운 것을 만드는 게 아니다. 대부분은 기존에 있는 기술이나 이미 존재하는 지식을 새로운 방식으로 결합하거나 아이디어를 결합하는 작업이다. 혁신은 기업의 폐쇄적 구조에서는 결코 성공할 수 없다.

경제학에서 혁신이란 생산자의 가치와 소비자의 가치, 두 가지가 함께 증대되어야 한다고 설명한다. 기업의 가치뿐 아니라 고객의 가치도 함께 고려해 진행되어야 한다는 것이다. 개방은 기업이 혁신을 추구하도록 동기를 부여하기도 하지만, 혁신의 기반과 자원을 만들어주는 역할도 한다. 혁신의 시작이 고객이다. 고객 기반을 제공하고, 고객과 소통할 수 있고, 고객이 참여할 수 있는 체계가 바로 오픈 비즈니스다.

기업에 요구되는 혁신의 목소리가 점점 커지고 있다. 기업 전략에서 혁신이라는 단어가 자주 등장한다. 그러나 정작 혁신의 실체가 무엇인지, 기업이 어떤 혁신을 어떻게 해야 하는지에는 정답이 없다. 혁신은 특정한 전략 프레임이나 방향을 제시해주는 성질의 것이 아니다. 기업마다 자신만의 혁신의 방향과 목표를 설정해야 한다. 그것을 알아내는 데 엄청난 노력과 비용이 들어가며, 그 방향을 알았더라도 말 그대로 실천하기는 쉽지 않다. 때로는 기존의 기업 가치 자체를 파괴할 수도 있는, 현재의 지위뿐 아니라 생존을 위협하는 것이 바로 혁신이다. 그만큼 혁신의 숙제는 실행이 되기가 어렵다.

시장과 고객이 요구하는 혁신은 기업의 영원한 숙제다. 개방을 통한 혁신은 시장과 고객이 요구하는 혁신의 실마리를 제공한다. 기업은 혁신의 상징적인 구호에만 급급하지 말고 개방을 토대로 고객이 원하는 기업의 진정한 혁신이 무엇인지 귀를 기울여야 한다.

✪ 모바일 광고 시장, 새로운 블루오션

애플, 구글, 마이크로소프트 등이 자사의 오픈 플랫폼 내 모바일 광고 비즈니스를 활발히 준비하고 있다. 모바일 광고 시장은 본격적인 성장 국면에 돌입한 것으로 보인다. 스마트폰과 모바일 앱들이 확산되면서, 장차 유선보다 더욱 효과적인 모바일 광고가 탄생할 것으로 예상된다. 한 투자은행은 모바일 광고 시장이 2010년에 60% 성장한 50억 달러 수준에 달하며 2013년까지 150억 달러 규모로 성장할 것이라고 예측했다.

애플은 2010년 1월 모바일 광고회사 콰트로와이어스를 인수해 자체 모바일 광고 플랫폼인 'iAd'를 선보였다. 구글도 세계 최대의 모바일 광고 업체인 애드몹(Admop)을 인수해 본격적인 모바일 광고를 추진하고 있다. 마이크로소프트는 Mobile Window7을 출시하면서 자체적인 모바일 광고 플랫폼을 선보일 것으로 알려졌다. 통신사들은 모바일 광고 시장의 블루칩이다. 위치 기반과 고객 정보를 활용하면 효과적인 광고를 할 수 있고 다양한 수익모델 개발도 가능하기 때문이다.

일본 NTT도코모와 독일의 보다폰 D2, 영국 BT 등 여러 통신사들은 모바일 광고 사업을 이미 추진 중이다. 국내에서는 알집으로 유명한 소프트웨어 업체 이스트소프트가 얼마 전 '애드로컬모바일'의 SDK를 탑재한 안드로이드 YTN앱을 개발했다. 이는 구글의 Admop보다 주목도나 클릭률이 높아 상대적으로 효율적인 광고가 될 것으로 기대된다. 이스트소프트는 광고 수익의 60%를 개발자에게 돌려주고 정산도 빠른 익월

정산 방식으로 운영하는 등 타 업체와의 차별화를 강조했다. 2010년 방송통신위원회는 '무선인터넷 활성화 종합 계획'을 통해 모바일 광고 산업의 활성화 추진을 정책적으로 약속한 바 있다. 장차 모바일 광고 시장 확대가 기대된다.

페이스북을 통한 마케팅 효과

페이스북 회원 수가 5억 명을 돌파하면서 수많은 기업들이 이를 활용해서 마케팅을 하고 있다. 실제로 돈 버는 기업들이 얼마나 있는지, CNN머니가 선별한 4개 기업을 소개했다.

◆ 와일드파이어(Wildfire)

광고업체 와일드파이어는 페이스북을 통해 개인 블로거부터 코카콜라와 같은 메가 브랜드에까지 입소문을 내는 전략을 사용했다. 목표는 열성적인 팬 층을 확보하는 것. 충성도 높은 팬들은 광고회사와 밀접한 관계를 맺는 경향이 있다. 와일드파이어는 또 콘테스트와 쿠폰 행사, 퀴즈 등 갖은 수단을 통해 브랜드 인지도를 높이는 데 주력했다.

"브랜드 인지도가 정말 들불(wildfire)처럼 확산됐다. 캠페인은 페이스북으로부터 톡톡한 입소문 효과를 챙겼다."

와일드파이어의 빅토리아 랜섬 공동 창립자의 설명이다.

와일드파이어는 광고비 5달러를 선불로 받고 이후 하루에 99센트씩 추가로 계산했다. 특히 프리미엄 및 화이트 라벨 서비스는 광고 예산이 큰 광고업체들에게 유용하게 쓰였다. 2008년 여름 캘리포니아 팔로알

토에서 창업한 와일드파이어는 그해 말 벤처회사들의 창업을 지원하는 페이스북 펀드로부터 지원금을 받았다. 와일드파이어는 생각보다 빠르게 수익을 내기 시작했고, 현재는 페이스북 외의 몇몇 소셜 사이트에서 사업을 확장하고 있다.

◆ 슬라이드(Slide)

2005년 페이팔(PalyPal)의 공동 창업자 맥스 레브친이 창업한 슬라이드는 원래 또 다른 소셜 네트워크 마이스페이스(MySpace)에 초점을 맞췄었다. 처음에 슬라이드는 슬라이드 쇼를 만들 수 있는 사진 공유 소프트웨어를 제공했다. 그러나 곧 펀월(FunWall)과 프렌즈(Friends)라는 애플리케이션을 가지고 페이스북에 진출, 단번에 인기 애플리케이션으로 주목을 받았다. 슬라이드는 2009년 발표한 게임 '슈퍼포크! 펫츠(SuperPoke! Pets)'를 통해 주요 타깃을 어린이들에서 성인 여성층으로 바꾸었다. 무료 다운로드가 가능하지만 몇몇 데코레이션과 선물은 비용을 지불해야 하는 이 게임은 대성공을 거두었다. 하루 60만 명이 이 게임을 다운로드 할 정도이다.

◆ 오들(Oodle)

2005년 오들은 애완동물부터 자동차, 주택에 이르기까지 각종 광고를 싣는 독립적인 웹사이트로 출발했다. 페이스북 역시 지난 2007년 5월 마켓플레이스(Marketplace)라는 섹션을 론칭했다. 그러더니 2009년, 페이스북이 오들의 창업자 크레이그 도네이토에게 마켓플레이스 운영에 대한 자문을 구하면서 두 업체의 인연이 시작됐다.

현재 오들은 페이스북의 마켓플레이스를 작동시키고 있다. 익명의 물품은 삭제되고 신원이 확인된 사람들만이 마켓플레이스를 통해 실질적인 구매자와 연결되는데, 개인 사용자들은 페이스북 마켓플레이스를 통해 수수료 없이 물품을 매매할 수 있다. 그러나 자동차 판매업자 같은 사업자들은 수수료를 지불해야 한다.

오들은 이와 별도로 독립적인 사이트를 운영하고 있는데, 빠른 속도로 성장하는 중이다.

◆ 징가(Zynga)

설립된 지 겨우 2년밖에 되지 않은 징가의 게임은 페이스북 애플리케이션 시장에서 가장 유명한 아이템 중 하나다. 팜빌(FarmVille), 피시빌(FishVille), 마피아워즈(Mafia Wars) 등이 그것들인데, 이 중 팜빌은 유저들이 작물을 재배하고 가축을 길러 농장을 확대하는 게임이다. 게임 사용자는 몇몇 제품에 대한 사용료를 지불해야 한다. 징가는 팜빌의 매출을 밝히지 않았지만 월 2억 명 이상의 유저들이 이 게임을 즐기고 있는 것으로 집계되고 있다. 이를 미뤄 짐작해보면 엄청난 수익을 올리고 있는 게 분명하다. 다우존스 벤처소스에 따르면 위험투자가들이 4억 달러 이상을 이 회사에 투자한 것으로 알려졌다.

✴ 애플의 숨은 비밀

영국 일간지 《더 타임스》 인터넷판은 애플의 전·현직 임직원 등의 입을 통해 알려진 '잡스의 비밀'을 소개했다.

◆ '비밀 보호'가 최고의 원칙

1990년대 말부터 애플의 브랜드 관리를
맡아온 디자인업체 에이트의 사옥 2층,
흰색 애플 로고가 새겨진 유리로 된 사
무실이 있다.

안이 들여다보이지 않는 유리벽 안에서
8명의 애플 전담팀이 주요 신제품 발표
회와 각종 박람회, 그리고 287개 소매

유통점을 방문하는 고객들에게 선보일 브랜드 디자인을 연구한다. 수
석 디자이너 빌헬름 오엘은 말한다.

"우리가 하는 일은 제품을 영웅으로 만드는 디자인의 통일성을 위해 고
상함을 재정의하는 것이다. 마치 마술과도 같이 느껴지는 것을 잡으려
는 시도라고 할 수 있다."

굳게 닫힌 유리문은 비밀 보호에 대한 애플의 집착을 드러내는 것이지
만, 이는 편집증적 노출 회피가 아니다. 애플은 경쟁사와 분석가, 블로
거, 언론 등에 어느 정도 정보를 제공하는 등 수위를 조절하고 있다. 물
론 불투명 유리벽 뒤의 비밀장소에서만큼은 온전히 자신만의 작업에
몰두하게 된다.

◆ 비민주적 의사결정

애플이 지난 2000년 인수한 독일 소프트웨어 업체 아스타르테의 운영
담당자였던 마이크 에반젤리스트는 잡스와의 첫 만남을 다음과 같이
회고했다.

"우리 팀은 잡스에게 보여줄 프로그램을 점검하고 설명서를 준비 중이었는데, 잡스는 우리의 작업은 안중에도 없이 화이트보드에 직사각형을 하나 그리고는, '이것이 새로운 응용프로그램이다. 여기에는 창이 하나 있고, 비디오를 드래그해 창에 넣고 버튼을 누르면 (영상이) 복제되는 것이다. 그것이 우리가 만들려는 것이다'라고 일갈했다."

이처럼 애플은 잡스가 혼자 또는 소수의 수석 매니저들과 함께 마련한 제품 계획을 실무진에게 일방적으로 전달해 개발토록 하는 비민주적 의사결정 구조를 갖고 있다.

◆ 논쟁을 의식하지 않고 고객에 치중

개방형과 폐쇄형 소프트웨어의 장단점에 대한 논란 속에, 대부분의 기술자는 개방형 소프트웨어가 더 도덕적이라고 믿는 경향이 있다. 응용프로그램 등록 기준을 제시한 애플의 앱스토어가 폐쇄적이어서 문제라는 불만이 프로그램 개발자 사이에도 팽배하다. 애플이 앱 등록 관련 규정을 투명하게 밝히면 이런 논쟁을 상당 부분 불식시킬 수 있다.

그러나 진정한 수용자가 누구인지, 블로거들의 성화에도 불구하고 앱스토어가 거둔 성공이 얼마만 한지를 생각하면 이런 논쟁은 무의미해진다. 심지어 경쟁자들도 앱스토어가 유용한 정보를 아주 쉽고 재미있게 찾을 수 있다는 데 동의한다. 이것이야말로 애플이 중시하는 유일한 철학이다.

◆ 고객이 왕이다

애플은 10년 전 소매 전략을 세우면서 내세운 한 가지 목표가 있다. 다른 컴퓨터 업계의 매장과는 전혀 다른 매장을 만드는 것. 담당자 론 존슨은 고객 설문을 통해 호텔 안내 데스크에서 가장 인상에 남는 서비스를 받는다는 결론을 얻었고, 이런 개념은 현재 애플의 매장인 '지니어스 바(Genius Bar)'에 고스란히 녹아 있다. 이 매장에서는 고객이 가져온 어떤 애플 제품이라도 친절히 점검해주고 심지어 기술과 관련되지 않는 서비스도 제공한다. 무상으로 말이다. 고객이 비용을 지불하는 것은 보증 기간이 지난 제품을 수리했을 경우로 한정된다.

◆ 종교처럼 따를 상징을 만든다

브랜드 컨설턴트인 마틴 린드스톰은 애플 애호가들이 마치 예수를 따르는 기독교인들과 유사한 성향을 갖고 있다고 주장한다.

"애플이라는 브랜드는 너무나 강력해 일부 소비자들에게는 종교와도 같다. 이는 애플이 다양한 방식을 통해 종교적인 열정을 유발하기 때문이다. 특히 애플의 상징주의에 대한 노력이 가장 중요한 요소다."

아이팟의 흰색 헤드폰과 매킨토시 컴퓨터의 독창적인 부팅음, 맥북 후면의 독특한 모양 등이 바로 애플이라는 브랜드에 대한 열정을 갖도록 하는 상징들이다.

◆ 과거는 잊어라

멀지 않은 미래에 애플이 소파에 앉아 무선 키보드로 거대한 프로젝터 모니터에 뜨는 영상을 검색하는 '데스크 프리' 컴퓨터나, 스타일러스 없이 터치스크린에 글자를 입력할 수 있는 장치를 개발하더라도 놀라지 마시라. 이런 제품들은 이미 최근 애플의 특허 애플리케이션에 언급된 내용들이다. 애플은 과거에 나왔던 제품에 집착하지 않으려는 성향 때문에 항상 '기술적으로 가능한 것'의 가장 먼 경계에 위치해 있었고, 이런 전략은 충직한 고객으로 하여금 새로운 제품을 구매하도록 했다. 최근 한 고객이 애플에 보낸 한 통의 이메일과 이에 대한 잡스의 답변은 이런 애플의 성향을 잘 대변하고 있다. 이 고객은 2007년에 출시된 아이폰 첫 모델을 계속 유지할 것이냐고 물었던 것인데, 잡스는 이처럼 대답했다.

"미안하지만 그럴 계획이 없다."

◆ **고객의 피드백을 영감으로 승화시킨다**

"내가 고객에게 무엇을 원하는지 묻는다면, 그들은 아마도 더 빠른 말이 필요하다고 답했을 것이다."

잡스는 종종 포드의 창업자 헨리 포드의 말을 인용하며 '고객의 희망사항을 반영해 영감을 얻는' 작업의 중요성을 강조해왔다. 노트북 컴퓨터 붐이 일기 시작할 무렵 고객들은 애플에 노트북 컴퓨터를 개발해줄 것을 요청했었다. 그러나 애플은 제품을 내놓지 않았고 노트북 산업을 놓치는 듯했다. 당시 잡스는 말했다.

"우리는 쓰레기 같지 않은 노트북을 500달러의 가격에 만들 방법을 아직 모른다."

그러던 애플은 2010년 1월 아이패드라는 매력적인 태블릿 PC를 들고 나와 또 한 번 시장을 뒤흔들었다. 아이패드는 그가 종종 언급하던 '빠른 말'을 넘어서는 것이다.

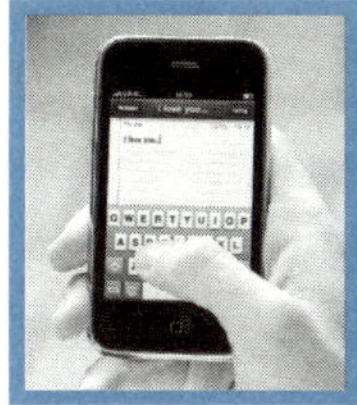

'Invincible Apple' 에서 배우는 10가지 교훈

1. 자신의 길을 가라(Go Into Your Cave)

애플의 고객은 포르쉐 자동차를 구입하는 상류의 주류 계층!

- 실리콘밸리가 중시하는 제품 스펙과 스피드, 개발자와의 계약 등은 애플과 무관하다
- 경쟁사를 따라하는 정책으로는 '애플의 매직'을 만들어낼 수 없다.

애플, 자신들의 아젠다를 정하고 소위 전문가들의 조언을 과감히 무시!

- 애플 제품은 자동차 산업의 '포르쉐', 주방기기 산업의 'Cuisinart'를 지향한다.
- 애플 디자이너들은 '우아함'을 새롭게 정의하고, 제품을 우월하게 보이도록 디자인의 완전성을 지향한다.

'Eight's Apple Team', 정교하게 빚어진 소비자 경험 창출!

- 이 조직은 트레이드 쇼, 제품 발표, 애플 스토어를 연계하여 애플의 Consumer experiences에 대한 'look & feel'을 조율한다.

2. 일인군주제도 나쁘지 않을 수 있다(It's Okay to Be King)

스티브 잡스는 사실상 모든 제품의 개발책임자(de facto Product Manager)!

- 제품개발 회의는 개발팀이 제품에 담을 기능, 성능 등을 토론하는 곳이 아니고 스티브 잡스가 제품개발의 방향을 '전달'하는 모임이다
- 애플의 엔지니어들은 소수의 매니저 그룹(때로는 스티브 잡스)이 계획한 제품을 만드는 데 자신들의 시간 100%를 사용한다.
- 애플의 제품개발 의사결정 과정은 Google이나 일반적 기술기업 등이 채택하고 있는 Bottom-up 방식과 정면으로 배치된다.

10여 명의 'Human Interface 디자이너'가 Mac OS 전체의 의사를 결정!

- 의사결정 구조의 병목현상으로 인해 애플은 일 년에 1~2개의 제품만 출시한다.
- 다수의 제품을 출시하고 그중 1~2개가 성공하는 방식이 아니고 1~2개의 제품만을

출시하지만 대부분의 제품이 성공하는 방식이다.

제품개발 과정은 일사불란하게 관리되며 모두 방향을 명확히 인지!

– 모두가 개발 방향을 명확히 이해하고 있어서 내분은 거의 일어나지 않는다.

3. 이분법에 얽매이지 마라(Transcend Orthodoxy)

'개방은 선, 폐쇄는 악'이라는 이분법에 얽매이지 않는 애플!

– 중요한 것은 결과이며 '개방과 폐쇄'는 좋은 결과를 위한 수단적 선택일 뿐이다.

'좋은 제품, 좋은 사업'을 만들 수 있느냐에 따라 변동 가능한 전략적 포지션!

– 애플에게 '개방과 폐쇄'는 상충하는 개념이 아니다.

– 애플은 자신들이 지향하는 소비자 경험을 창출하기 위해 최선의 노력을 경주한다.

가장 중요한 것은 쉽고 즐거운(easy & fun) 소비자 경험을 제공하는 것!

– 애플은 iTunes에서도 DRM 적용 수위를 상황에 따라 다르게 채택했으며 App Store
의 정책도 수시로 변하고 있다.

– 이 모든 임의적 변화가 궁극적으로 지향하는 것은 쉽고 유쾌한 소비자 경험이다.

4. 버림으로써 단순함을 얻어라(Just Say No)

스티브 잡스가 제품개발 의사결정 과정에서 거의 항상 외치는 말, No!

– 애플은 수많은 기능들로 '떡칠'된 제품보다 단순한 제품을 지향한다.

– 새로운 아이디어 제안을 받을 때, 잡스가 기본으로 내놓는 답은 'No'이다.

– "나는 만들었던 제품에 대해 가졌던 만큼의 자부심을 만들지 않았던 제품에 대해서도
가지고 있다."(Steve Jobs, 2004년의 인터뷰에서)

**당연하다고 생각되는 기능들을 생략함으로써 얻는 효과는? 단순함, 생산단가 절감, 그리
고 기대감!**

– 기능 추가는 제품을 복잡하게 만들며 이는 minimalism의 디자인의 철학과 배치된다.

– 다양한 기능의 지원은 다수의 H/W, S/W 추가를 가져오고 이는 생산비 증가로 이어
진다.

– '당연한 기능의 생략과 차기 업그레이드에서 추가'하는 '생략과 추가' 효과를 무시하
지 말라.

5. 고객을 섬기면 매출은 알아서 따라온다(Serve Customer. No, Really)

애플 스토어에 있는 소비자 불만 종합 처리소, Genius Bar!

– 일반적으로 기업들은 고객의 불만을 직접 다루려 하지 않고 있다. (대부분 고객센터를
아웃소싱하거나 콜센터, 온라인 FAQ를 사용하는 방식인 것이다.)

– 반면에 애플은 Genius Bar를 설치하고 호텔의 Concierge Service처럼 고객의 불편, 애로 사항 전반을 해결해주는 곳으로 만들었다.

애플 사용자는 누구든지 H/W, S/W 수리 서비스!

– 비용은 대부분 무료이며 직원들은 애플사의 S/W가 아니어도 양질의 서비스를 제공하고 있다.

– App 사용법 교육 등 기술적 문제가 아닌 부분들까지도 해소시켜 주려고 한다.

소비자들은 애프터서비스를 받으러 왔다가 추가적으로 애플 제품을 구매!

– 데이터 백업 위해 맥북 컴퓨터를 추가로 구매하는 것과 같은 부가적 판매가 발생하고 있다.

6. 마케팅에 집중하라(Everything Is Marketing)

애플의 슬로건 'Think different' 처럼, 애플 소비층들은 다른 소비자들과 다르다!

– "애플의 브랜드는 매우 강력하다. 애플의 소비자들은 애플을 종교처럼 여긴다."

핵심은 상징성에 대한 애플의 헌신적 노력!

– IPod의 백색 이어폰, 맥 컴퓨터의 부팅 소리, Mac Book의 백 패널 모양 등에 대한 애플의 선택은 우연이 아니다.

– 애플은 이러한 감각적 Symbol, 신호음 등이 브랜드에 혼을 불어넣는 요소임을 이해하고 있다.

7. 퇴보한 과거 기술은 잊어라(Kill The Past)

퇴보하는 기술을 과감히 버리는 한편 과거를 포기하고 미래로 나아가는 전략!

– 미래를 위한 기술을 개발하고 다양한 신기술 특허 출원을 통해 지속적으로 진화하는 것은 애플을 끌고 가는 스티브 잡스의 첫 번째 사명감이다.

8. 고객의 의견은 영감의 원천으로 활용하라(Turn Feedback Into Inspiration)

소비자의 반응에 영감을 불어넣어 재해석하라!

–소비자의 아이디어를 방향이 아닌 영감으로, 결과가 아닌 수단으로 수용해야 한다.

9. 창조하지 말고 재창조하라(Don't Invent, Reinvent)

애플의 가장 큰 장점은 Remix, Fix 능력!

– 아이패드는 Reinvent의 대표적인 사례다. 이미 2001년에 빌게이츠는 Tablet PC를 선보였으나 입력장치, 애플리케이션 부재 등의 문제가 발생했다.

– 애플은 기존 태블릿 PC가 가지는 모든 이슈를 해결했고, 이를 아이패드에 적용했다.

10. 장기적인 안목으로 보라(Play by Your Own Clock)

타사와의 경쟁을 의식하지 않은 장기적이고 독자적인 사업 추진!

- 아이패드 발표 후 HP의 슬레이트 및 MS, RIM의 Table PC가 잇따라 출시를 취소했다. 단기적 경쟁 제품 출시의 실패 사례를 보여주는 사례다.
- 애플은 스티브 잡스라는 CEO 중심 체제가 지속적으로 유지되면서 장기적인 안목으로 운영되고 있다.
- 현재 미국 CEO의 평균 근속은 6년이며 지속적으로 감소 추세에 있다.
- 장기적인 관점에서의 운영은 더 효과적이고 정밀한 사업 추진을 가능케 한다.
- 기존 기술의 창조적 재조합을 통해서도 전혀 새로운 차원의 서비스를 제공할 수 있다.

'안정적 경영 기반 확보'와 '장기 비전 기반 경영'은 경쟁의 최고 무기!

- '기존 시장의 룰을 파괴하는 혁신적 상품' 개발을 위한 혁신성의 근간에는 시장에 대한 장기적 비전이 있었다.
- CEO의 안정적 경영 환경 역시 애플이 타 경쟁사에 비해서 보유하고 있는 강점이다.

출처 : KT 디지에코 보고서 "Invincible Apple에서 배우는 10가지 교훈"

제4장

참여, 한 명의 천재보다 수많은 한 명이 낫다

APPCONOMICS

요즘 TV 프로그램들 가운데 '리얼리티 (Reality) 쇼'라는 것이 여전히 인기를 얻고 있다. 어느 정도 설정이 있기는 하지만 출연자들의 일상을 최대한 꾸밈없이 그대로 자연스럽게 보여주는 것이 바로 리얼리티 쇼인데, 여기 참여하는 사람들은 일류 스타들이 아니다. 연예인 지망생이나 일반인들이 거의 대부분이다.

미국의 경우 인기 있는 쇼의 대부분이 리얼리티다. 몇 년째 세계적인 인기 뮤지션을 낳으며 흥행 대박 행진을 계속하는 〈아메리칸 아이돌〉이나 심각한 다이어트가 필요한 참여자들의 엄청난 경쟁을 볼거리 삼은 〈다이어트 워〉, 모델 지망생들의 이야기인 〈아메리칸 넥스트 톱 모델〉 등이 그러하다

한국에서도 이와 비슷한 리얼리티 쇼들이 케이블TV마다 넘쳐나고 있다. 숱한 화제와 인기를 모으며 방송 중인 신인가수 발굴 프로그램 〈슈퍼스타 K〉가 그 대표적인 예이다. 공중파 TV에서도 맞선과 소개팅 만남을 주선하는 프로그램이나 대중스타들의 일반인 친구들이 등장하는 프로그램 등이 새로운 인기를 끈 바 있다. 이와 같

은 프로그램은 공통적으로 연예인이 아닌 일반인들의 참여를 유도
하며, 시청자들의 적극적인 호응과 공감을 이끌어낸다는 전략을 가
지고 있다.

시청자들의 참여를 유도하는 전략은 오락프로그램뿐 아니라 드
라마의 경우도 마찬가지다. 인기 있는 일일드라마의 경우, 인터넷
홈페이지에 시청자 게시판을 두고 올라오는 의견들을 적극 반응한
지 오래이다. 그 피드백 작용이 매우 적극적이라는 것이다. 드라마
의 결말을 시청자의 요청으로 바꾼 경우도 적지 않을 정도다.

일방통행의 대명사였던 TV에서의 시청자 참여가, 이제 방송계에
서 빼놓을 수 없는 문화로 자리 잡고 있다.

그런데 어째서 참여인가?

🔲 참여는 변화의 시작이다

사회 기본 단위인 가족에서부터 직장, 학교, 동아리, 각종 소모임에
이르기까지 두 사람 이상이 함께 한다면 필연적으로 발생하는 것이
'참여'이다. 개인은 참여를 통하여 자신의 의견을 표현하고, 공동체
와 자신의 이익을 위해 노력하는 것. 인터넷이 확산되고 모바일 시
대가 활짝 열리면서 참여는 공동체의 의무만이 아닌 놀이이자 오락
이 되었다. 그만큼 쉽고 가벼운 접근이 가능해진 것이다. 사회적 동
물인 인간에게 필연적인 것이라고 할 수 있는 '참여에의 욕구'는,
개인의 정체성과 개성이 더욱 확대될 미래 사회에서는 더욱 다양하

고 폭넓게 실행될 것으로 기대된다.

정치의 경우를 봐도, 미국 버락 오바마 대통령의 당선 일화가 주목할 만한 사례다.

2004년 무명의 상원의원에서 4년이라는 짧은 기간 만에 세계에서 가장 영향력 있는 인물이 된 오바마. 한국 노무현 대통령의 경우처럼, 경제적 자원과 지지 기반 면에서 경쟁자보다 열세였던 그는 '시민이 주도하는 경제'라는 철학으로 인터넷 기반의 소셜 미디어를 적극 활용하였다. 신문, 텔레비전, 라디오 등의 기존 미디어로는 비용 측면에서 공화당의 경쟁자를 따라갈 수 없었던 그로서는 달리 선택의 여지가 없는 판단이기도 했다. 어쨌거나 소셜 미디어 세상에서는 그를 추종하는 사람들이 기하급수적으로 늘어나, 대통령 당선 무렵 오바마의 페이스북 팬 페이지에는 310만 명에 이르는 추종자가 모여들었다. 마이스페이스, 트위터에서도 공화당 후보였던 존 매케인보다 많게는 50배 적게는 5배 이상 차이가 나는 수치였다.

오바마 대통령은 당선 연설문에서도 국민들의 참여와 지지를 통해 국민의 손으로 선택받았다는 사실을 강조하였다.

"(중략) 가장 먼저 감사드리고 싶은 것은 국민 여러분입니다. 저는 이번 대선에서 승리하리라 생각하지 못했습니다. 선거 자금도 부족했고 선거 유세도 제대로 준비하지 않았습니다. 우리의 선거 운동은 워싱턴에서 시작한 게 아니라 작은 도시 찰스턴에서 5달러, 10달러, 20달러의 쌈짓돈을 모아 시작했습니다. 그분들의 힘이 저에게 큰 도움이 되었습니다…… 국민의, 국민에 의한, 국민을 위한 정부가 드디어 탄생했습니다."

〈타임〉지에 따르면 오바마도 자신의 예상보다 강력한 인터넷의 효과에 놀라지 않을 수 없었다고 고백했을 만큼, 2008년 미 대선은 가장 다양한 방식의 미디어가 활용된 사례였다.

인터넷을 활용한 뉴 미디어는 네트워크를 통한 전파성, 비용 효율성, 창의성, 스스로 번식해가는 놀라운 증폭성, 그리고 참여성의 특징을 갖추고 있다. 이러한 요소들이 복합적으로 작용하면 상상을 초월한 시너지가 발생할 수 있다.

언론 분야도 예외가 아니다.

이른바 '시민기자'들이 등장한 이후, 세상의 저널리즘은 그 패러다임 자체가 바뀐 듯하다. 각종 사건 사고의 동영상을 신속하게 제보하는 무수한 일반 시민 기자들의 영향력을 상상해보라. 작년 6월, 이란의 부정 선거 의혹을 둘러싼 시위 도중 진압군의 총탄에 맞아 숨진 이란 여성 '네다'의 소식을 전한 미국 CNN방송은 트위터에 올라온 정보를 토대로 뉴스를 방송했다. 세상의 모든 소식을 가장 빨리 전달한다는 방송국이 소셜 네트워킹 서비스를 이용하여 정보를 얻고 이를 방송에 활용한다는 것은, 그 사실 자체가 주목할 만한 뉴스 거리였다.

시위 가담자가 휴대폰 카메라로 촬영한 것으로 추정되는 네다의 동영상은 유투브와 페이스북, 트위터 등을 통해 수많은 네티즌들에 의해 재전송되면서 순식간에 전 세계로 확산되었다. 위력이 커지자 이란 정부는 페이스북 사이트를 차단했다. 뿐만 아니라 트위터에 메시지를 올리지 못하게 하기 위해 휴대폰의 문자메시지 기능마저 중단시키기도 했다.

전 세계의 수많은 SNS 사이트들

교육 분야 역시 참여가 활발하다.

참여 수업은 장학사가 학교를 한 차례 점검하고 선생님과 학생들이 짜인 각본대로 보여주는 과거의 요식 행위가 더 이상 아니다. 이제는 장학사들이 아니라 학부모들이 자녀의 학교생활을 직접 살펴보며 실제 방식 그대로 수업을 참관하는 세상이다. 이를 통해 자녀들의 학교생활과 수업 태도, 선생님들의 학습 전문성 등을 꼼꼼히 살펴보는 것이다. 또한 단순히 수업을 그대로 보여주는 참관 수

업에 그치지 않고 지역 주민과 학부모, 학생 등이 참여하여 지역사
회가 소통할 수 있는 다양한 프로그램을 선보이는 학교도 많아졌
다. 교육 공동체의 정신으로 지역 사회와 함께 호흡하는 장을 마련
하는 것이다.

상호 간에 정보·지식을 공유하며 있는 그대로를 보여줌으로써,
공교육은 주체와 사용자 간에 신뢰를 회복하는 형태로 발전하고 있
다. 아날로그 세대의 교육과 디지털 세대의 교육은, 참여라는 측면
에서는 완전히 달라질 것으로 예상된다. 현대 사회에서 필요한 핵심
역량은 지식의 암기가 아니다. '현상에 대한 이해와 정보의 공유를
통하여 창의성을 가지고 문제를 해결하는 능력'이다.

미래의 학생들 입장에서 단순 암기식으로 수업을 진행하는 교사
는 '곧 알게 될 지식을 먼저 습득한 사람' 정도로밖에는 생각지 않
을 것이다. 암기해야 할 정보나 지식이라면 각종 참고서나 PC, 스마
트폰, 넷북, VOD 강의 등으로 어디에서든 쉽게 접할 수 있다. 만약
교실이 디지털화되고 학생들이 PC, 태블릿 PC 등 각종 첨단 디지털
기기를 활용할 수 있다면 어떻게 될까? 정확한 지식과 정보는 기계
에 맡기면 된다. 배워야 할 것은 새로운 프로젝트를 수행하면서 정
보를 현명히 처리하고 새롭게 사고할 수 있는 실용 능력이다.

이 같은 참여의 트렌드를, 기업은 잘 활용할 필요가 있다.

기업의 입장에서 고객의 참여는 홍보와 마케팅의 기반이 된다.
기업들은 고객의 참여를 촉진하고 유인하는 방향으로 사업을 추진
해야 한다.

참여는 정치, 언론, 교육 등 여러 분야에서 변화를 이끌어내는 사

회적 원인이다.

노트북, 넷북, 스마트폰 등의 등장과 트위터, 페이스북과 같은 소셜 미디어들의 활성화가 요즈음 사회적 참여에 미치는 영향은 엄청난 수준이다. 미래에는 그 정도가 더해가는 한편, 실시간성으로 인한 참여의 질 또한 달라지리라 예상된다. 정보의 생산자 측면에서 자신이 얻은 정보를 재배포하거나 자신의 의견을 대다수의 대중에게 전파할 수 있는, 진정한 참여의 시대가 열린 것이다.

◎ 참여를 확산시킨 4가지 환경변화

1980~1990년대, 일부 서비스 업종에서 기업의 생산성 증대 및 우호 고객을 확산시킨다는 목적 아래 '고객 참여'를 시도한 바 있었다. 그러나 비디지털 환경으로서는 분명한 한계가 있었다. 인터넷/IT 기술이 발전하고 이를 위한 디지털 기기가 널리 쓰이고 있는 이즈음, 상황은 크게 달라졌다. 참여는 이제 거스를 수 없는 시대적 대세가 되었다.

참여를 촉진시킨 주요 원인으로, 전문가들은 다음과 같은 네 가지 환경 변화에 주목했다.

첫째, 필요한 지식만을 선택적으로 취득할 수 있는 '앱'의 등장이다.

인터넷 도입 이후 사람들은 정보의 바다를 접하며 그 편리성과

속도의 가치에 열광했다. 예전에는 방송국에서 파견된 특파원들을 통해서 접할 수 있는 정보를 클릭 몇 번만으로 접할 수 있게 된 환경을 주목하자.

그러나 넘쳐나는 정보의 바다는 어느덧 혜택이 아닌 노동의 대상이 되어갔다. 그리하여 사람들은 정해진 포털 내에서 모든 것을 해결하게 되었다. 한두 개의 포털 안에서 신문도 읽고 궁금한 기사도 검색하고 관련 카페에도 가입해 전문적인 지식도 접한다. 주소 표시줄에 URL 링크를 입력하고 로그인하는 절차도 귀찮아진 것이다. 결과적으로 소수의 포털에만 엄청난 사람들이 방문하고 트래픽이 집중되었다. 사이버상에서 또 다른 형태의 독점이 시작된 것이다.

외국에서 참여, 공유, 개방이라는 핵심 가치를 내세우며 플리커(Flickr), 마이스페이스닷컴(myspace.com), 페이스북 등이 인기를 끌 때, 이들은 한국에서는 아무런 힘을 발휘하지 못하는 듯했다. 하지만 2009년 아이폰이 도입된 뒤 상황은 급변했다. 웹 2.0 시대의 진정한 가치가 국내에 빠르게 확산되어갔던 것이다. 가장 큰 변화 중 하나는 스마트폰을 통한 다양한 애플리케이션, '앱'의 등장을 들 수 있다.

인터넷 PC를 사용할 때, 대부분의 작업은 인터넷 익스플로러나 구글 등 웹 브라우저를 통한 온라인 접속으로 이루어지고 있다. 웹 브라우저 구동은 메일을 확인하거나 뉴스를 검색하기 위한 최초의 작업인 셈이다. 이러한 웹 브라우저가 스마트폰에서 간편하게 사용되기 위해 대체된 것이 앱이다. 스마트폰의 다소 불편한 입력 방식, 4인치 남짓 되는 작은 화면이 보여줄 수 있는 정보의 한계 같은 하드웨어적 측면이 앱의 등장을 불러일으킨 것이다. 더불어 앱은 소셜 서비스들의 경쟁적인 확산 전략으로 인해 더욱 널리 퍼지게 되었다.

결과적으로 소비자들은 다양한 아이디어의 앱을 통하여 유선 인터넷상에서의 접속 단계를 줄이고 꼭 필요한 정보만을 취할 수 있게 되었다. 스마트폰 환경에서는 더 이상 정보의 바다에서 헤매지 않아도 된다는 말이다.

둘째, 수평적인 관계 구조가 또 하나의 원인이다.

인터넷 환경에서는 정보를 얻는 것 이상으로 사람과 사람, 사람과 기업 등의 다양한 관계성이 보장된다. 네트워크상에서는 어느 누구도 언제나 어디에서나 동등하게 참여할 수 있다. 소수의 정부 행정망, 기업의 유통망에서 존재하던 체계나 독점 기업에 집중된 폐쇄적인 수직적 구조와는 전혀 다르다.

수평적 관계 구조에서는 소비자와 소비자 사이의 커뮤니케이션 (C2C Communication)이 매우 중요하다. 과거의 커뮤니케이션은 나와 상대가 어떤 공동체에 소속되어 있는가에 따라서 결정되었다.

인권과 개개인의 개성이 중시되고 사람들의 욕구가 다양해지면서, 제품과 서비스를 제공하는 기업은 커뮤니케이션의 중심에 서게 되었다.

예전에 기업은 TV와 신문을 통한 상업적인 광고로 대중 홍보와 마케팅 활동을 했다. 정보의 노출도, 즉 얼마나 많은 소비자들에게 특정 정보를 전달할 수 있는가에 따라서 가치를 판단한 것이다.

이즈음의 수평적 관계 구조에서 (이전의 B2C 커뮤니케이션이 아니라 수평적 네트워크인 C2C 커뮤니케이션에서) 개인들은 자신의 가치를 극대화하기 위해서 애를 쓰고 있다. 자신이 생성하는 정보의 품질을 높이고 다른 소비자들과 진정성 있는 대화를 나누고자 하는 것, 이야말로 참여의 문화가 커지는 이유라고 할 수 있다.

셋째, 인터넷에서의 개인이나 기업의 유명세, 그리고 이를 활용하는 기업의 마케팅을 들 수 있다.

평소 부동산 관련 인터넷 카페에 자주 드나들며 정보를 공유하는 A씨. 요즘은 부동산 경기가 워낙 좋지 않아서 카페 글마다 사람들의 원성과 하소연이 대부분이다. 대출로 어렵게 집을 마련했는데 크게 낭패를 볼 것 같은 사람, 정부에 찾아가서 민원 넣자는 사람, 이젠 제발 매매가 활성화되었으면 좋겠다는 사람, 아무 근거 없이 가격이 오를 거라고 생각하는 사람……. A씨는 아는 지식을 동원하고 정보를 검색해 장차 부동산 시장을 추측하는 장문의 글을 써서 올렸다. 그런데 이 게시물에 무수한 댓글이 꼬리를 물면서 최고의 추천 수를 기록하게 되었다. 이에 자극받은 A씨는 더욱 노력해서, 현재 경제 현상과 관련 있는 글을 몇 개 더 올렸다. 댓글이 늘고 사람들의 호응도 늘어갔다. 얼굴도 본 적 없는 이들의 찬사와 공감이 이런 자신감을 주다니. A씨로서는 새로운 경험이었다.

참여와 공유가 있는 곳에는 평판과 명성이 있다. 많은 사람들이 명성을 원하고 그 명성에 알맞은 대우를 요구한다. 이른바 파워 블로거들의 경우가 그렇다. 파워 블로거 가운데 얼리어답터로서 신규 제품이나 서비스를 체험한 뒤 자신의 관점에서 후기를 쓰고 지식을 공유하는 이들이 있다. 많은 사람들이 이들 파워 블로거의 정보에 근거해 상품 구매를 결정하곤 한다. 이들 파워 블로거들은 기업들이 입소문 마케팅에 활용하는 1순위이다.

그러나 파워 블로거의 위치를 고수할 수 있는 것은 전문성을 겸비한 진정성이다. 기업의 돈에 휘둘리지 않고 객관적인 입장에서 제품이나 서비스를 평가해주는 것이 중요하다. 그래서 기업들의 스폰서에도 파워 블로거들은 쉽게 움직이지 않는다. 기업의 마케팅 활동에 활용된다는 것 자체가 자신의 명성과 순수함을 훼손당하는 일이기 때문이다.

어쨌거나 기업들과 파워 블로거의 상호작용은 무시할 수 없을 만큼 효과적인 마케팅 수단이다. 일반 대중 매체를 통한 광고만으로는 기업이 전달하고자 하는 가치를 소통하기 힘들기 때문이다.

소셜 미디어가 등장하고 참여가 확대되면서, 이처럼 소비자 일반인을 마케팅 활동에 이용하는 움직임이 활발해지고 있다. 이런 고객 참여 활동이 다양화되고 전문화되면서, 마케팅 전문회사는 양방향 소통 능력이 뛰어나고 온라인에서 그 명성을 입증받은 파워 블로거들을 기업의 마케팅 활동에 상업적으로 이용하고 있다. 아울러 파워 블로거들은 자신이 원하는 분야에서 명성을 쌓으면서 이를 기반으로 집필, 출판, 강연 등에 이르기까지 또 다른 부가가치를 창출하고 있다.

마지막으로 '입소문 효과'를 들 수 있다.

최근 스마트폰 구매 관련 소비자 조사를 보면, 구매하려는 단말기에 관한 정보를 주로 인터넷에서 얻는다는 답변이 많았다. 인터넷 쇼핑몰, 가격 비교 사이트, 포털 검색, 리뷰, 사용자 커뮤니티 등 정보를 얻는 채널도 매우 다양해졌다. TV의 경우는 15%로, 대중 매체의 영향력이 눈에 띄게 낮았다. 하지만 여전히 기업은 대중 매체를 선호하고 있다. 비용은 비싸지만 이미지 통제가 가능하고 전파성이 강하며 커버리지가 넓다는 장점 때문이다. 물론 배보다 배꼽이 더 큰 경우도 있다. 비용 대비 효과가 크지 않은 것이다.

대다수 사람들이 찾는 인터넷의 경우, TV에서처럼 사람을 확 끌어당기는 광고는 찾기 드물다. 그저 글, 동영상, 이미지 등의 원본 자료를 자신의 블로그나 카페 등에 게시하고 소셜 미디어에 링크를 걸어 전파성을 높이는 수준인 것이다.

그런데 여기서부터 댓글, 퍼가기, 링크 등의 양방향 의견 교환이 이루어진다. 도처에 분산된 네트워크에 속해 있는 개인들은 바람에 흔들리는 잔잔한 물결과도 같다. 강한 파도는 아니더라도 지속적인 전파 효과가 있다. 정보나 콘텐츠가 인기를 끌 만한 것이라면 이러한 파동은 점진적으로 강해지기 마련이다.

영화 산업에서 '입소문 효과'를 톡톡히 본 작품으로 한국 스타일의 다큐영화 〈워낭소리〉가 있다. 홍보력도 배급력도 스타 출연진도 없이, 소의 해인 2009년 초 전국에 단지 7개의 상영관에서 개봉한 이 영화는, 그런데 개봉 이후 약 2개월 동안 상영되며 200만 이상의 관객을 모았다. 1억 원이라는 저예산으로 만들어진 소규모 작품이 입소문을 타며 한국 영화계에 신선한 돌풍을 일으킨 것이다. 관객들의 호응에 따른 입소문 효과는 계속되어, 개봉 후 다섯 째 주에는 상영관 수가 218개로 폭발적으로 증가하였다. 이러한 흥행에 힘입어 일본과 미국, 캐나다 등 세계 여러 나라들에서 판권 계약이 잇따르기도 했다.

이즈음 인터넷 검색창에 가장 많이 떠돌던 단어가 바로 '워낭'이었다. 이 단어가 포함된 게시글을 산출하여 증감 추이를 분석한 결과, 1월 15일 개봉 이후 그 단어를 포함한 글이 꾸준히 증가하여 2월 16일 최고를 기록한 것으로 밝혀졌다. 입소문의 증가와 관객 숫자의 증가에 밀접한 상관성이 있음이 밝혀진 것이다. 또한 전체 게시글의 94% 이상이 블로그와 카페에서 생성된 것으로, 인위적인 마케팅이 아닌 고객 자발적인 참여가 입소문 효과를 더욱 증대시킨 것을 알 수 있다(코리안클릭 버즈워드 정보 수집 분석 인용, buzzword.co.kr).

나보다 똑똑한 우리

우리는 왜 참여하려는 것일까? 참여를 통해 얻는 것은 무엇일까?

지식은 전파되고 공유될수록 진화한다. 백지장도 맞들면 낫다는 속담처럼, 아무리 쉬운 일이라도 혼자 하는 것보다는 힘을 합해서 하는 게 더욱 효과적이다. 참여는 일의 효율을 높이고 질 높은 결과를 생산한다. 똑똑한 개인 한 명보다 나은 '우리들'의 힘. 이른바 집단지성의 힘. 이것이 참여의 효과다.

작품상 등 아카데미상 8개 부문을 석권한 영화 〈슬럼독 밀리어네어〉. 빈민가 출신의 18살 고아 자말은 거액의 상금이 걸려있는 TV 인기 쇼 '누가 백만장자가 되고 싶은가'에 참가한다. 퀴즈쇼의 모든 문제가 우연찮게도 자신이 살아온 삶과 관련되어, 그는 비교적 쉽게 문제를 풀어간다. 그리고 여러 가지 해프닝 끝에 예상을 뒤엎고 최종 라운드에 오르게 되는데 맨 마지막 문제는 그가 전혀 모르는 문제이다. 그는 전화 찬스를 활용하여 예전 여자친구에게 전화를 건다 (전화 찬스의 목적 자체는 사실 여자친구와 다시 한 번 인연을 이어가기 위해서였다). 하지만 그 여자친구는 문제의 답을 모르고 열심히 하라고만 조언해준다.

여자친구에 대한 미련이 없었다면, 아마도 자말은 다수의 관객들

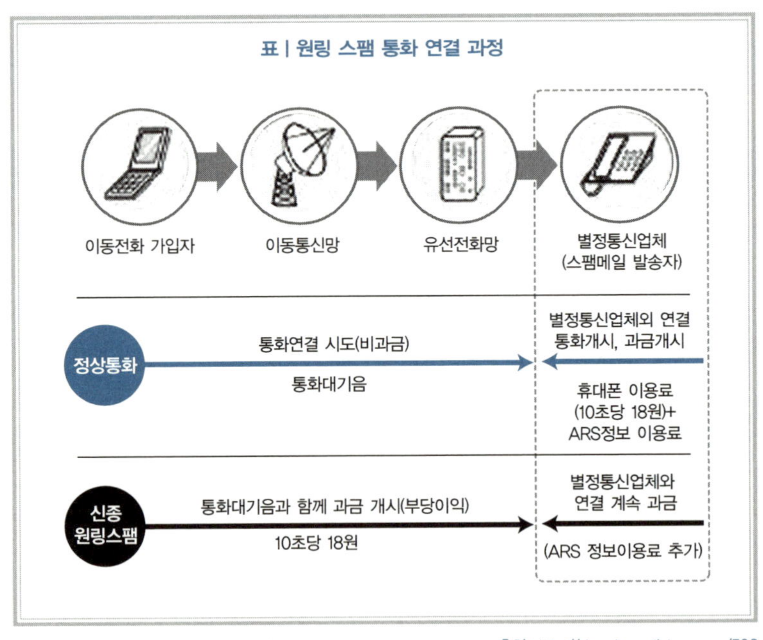

출처 : http://dongkang.tistory.com/506

이 참여하는 관객 찬스를 이용하지 않았을까? TV 퀴즈쇼에 대한 몇 몇 조사 결과를 보면, 전화 찬스로 정답을 맞히는 확률은 60%대이며, 관객 찬스는 90% 이상의 정답률을 보인다고 한다. 한 명의 뛰어난 개인보다 다수의 일반 대중이 더 지혜로울 수 있다는 사실은 여기서도 증명이 된다.

'원링 스팸'이라는 것이 있다. 휴대폰으로 전화벨이 한두 번 울린 후 끊어 부재중 전화로 남기는 수법이다. 고객이 무심코 부재중 전화번호로 전화를 거는 순간부터 쥐도 새도 모르게 10초당 18원의 요금이 부과되는데, 사용 내역이 적거나 요금이 일반 전화 요금처럼 처리되어 일반인은 구분해내기 어렵다. 하지만 자신의 폰에 모르는 사람의 부재중 통화가 남아있으면 누구나 궁금하게 마련.

'원링 스팸 번호 검색'은 이런 피해를 막을 수 있는 방법이다. 받지 못한 전화가 있을 때 이 서비스를 이용하면, 부재중 전화로 남겨진 번호가 원링 스팸인지 쉽게 확인할 수 있다.

이 많은 스팸 전화번호를 어떻게 모았을까? 집단의 힘을 이용했다. 일반 사용자들이 스팸 전화라고 생각되는 전화번호와 어떤 종류

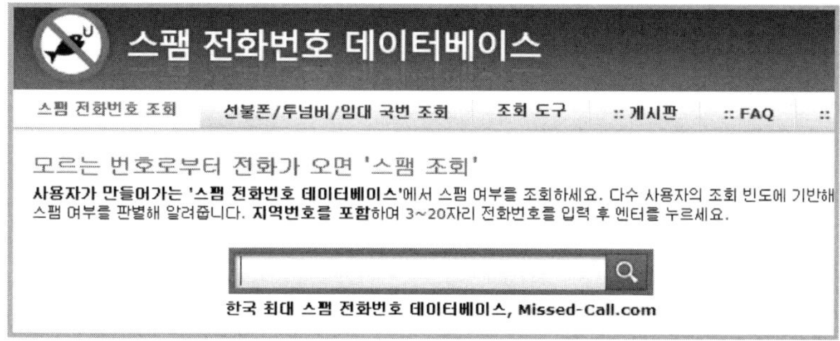

스팸 전화번호를 검색할 수 있는 사이트   출처 : http://www.missed-call.com

의 스팸인지를 함께 입력하면, 이것이 모이고 모여 엄청난 양이 된
다. 시간이 지나며 사람들이 더 많이 모여들어 스팸 전화번호를 조
회하고 또한 자신이 당했던 스팸 연락처도 입력한다.

일반인들이 자발적으로 참여하고 데이터를 모아서 유용하게 만
든 사례이다. 수익보다는 공익을 위하여 만들어지고 운영되고 있는
사이트인 것이다.

집단지성이 기업을 바꾼다

집단지성은 기업의 업무에서 어떻게 적용될 수 있을까?

일부 기업들은 집단지성을 통해 인재를 육성하고 교육한다. 마스
터카드가 2009년 도입한 '역동적 전략' 프로그램은 전 세계를 7개
의 네트워크로 나누고 각 네트워크별 전문가들을 두어 해당 지역의
기술 동향, 소비자 행동 패턴 등을 연구토록 했다. 1년에 2번씩 본
사 임원들과 함께 지식을 공유하는 것이다. 그 결과 마스터카드 경
영진들은 휴대폰을 통한 비용 지불 방식 같은 여러 가지 소비자 트
렌드를 경쟁사보다 빨리 도입할 수 있게 되었다.

시스코시스템즈는 의사결정의 속도와 품질을 높이기 위해 권한
이양과 협업을 통한 의사결정 시스템을 도입했다. 시스코의 존 체임
버스 회장은 회사의 주요 투자 의사결정에 거의 참여하지 않고, 대
신 투자위원회에 이를 맡긴다. 투자위원회 아래의 소위원회는 10억
달러의 투자 안건들을 심의하게 된다. 소위원회에는 '워킹그룹' 이

있는데, 수많은 전문가들이 단기간 동안 의사결정을 위한 검토를 하게 되는 것이다.

IBM은 이노베이션 잼(InnovationJam)을 통하여 인터넷 자유 토론의 장을 마련하고 군중의 지혜를 극대화하여 수렴했다.

이노베이션 잼은 먼저 온라인에 자유 토론 주제를 던져주는 것으로 시작한다. 그러면 전 세계에 분포된 직원들이 웹을 활용하여 제시된 이슈에 대한 문제점과 개선 방안 등 자신의 아이디어를 온라인에 서술한다. 모든 것이 취합된 2단계에서는 아이디어 선별 작업을 통하여 실용적인 아이디어를 다듬어간다. 제약 사항은 없으며 비현실적인 아이디어라도 개개인의 창의성을 인정하고 참여를 최대한 독려한다.

2006년 열린 이노베이션 잼에서는 처음으로 160여 개 국가에 흩어져 있는 IBM 직원, IBM 고객, 비즈니스 파트너 및 직원 가족들까지 참여하는 새로운 형태의 협업 이노베이션을 선보였다. 주제도 IBM의 비즈니스에만 국한하지 않고 사회적인 이슈에 시선을 돌려 환경, 건강, 삶의 질 등에 대한 다양한 아이디어가 쏟아졌다. 그 성과는 가히 놀랄 만했다.

원래 IBM은 사내 분위기부터가 다른 기업들과 많이 다르다. 상사와 부하직원이 동료라는 느낌으로 함께 일하고, 아무리 초짜 신입사원이더라도 업무에서는 늘 존중받으며, 직원들은 자신이 맡은 프로젝트에 대해서는 직급을 막론하고 상사의 간섭을 거의 받지 않는 확실한 오너십을 갖는다.

일과 삶의 조화는 IBM 조직 문화의 핵심 가치이다. 자기 일만 확실하게 처리된다면 상사나 동료의 눈치를 보지 않고 마음대로 휴가도 갈 수 있다. IT회사답게 시간과 공간으로부터 자유롭다. 1995년부터 모바일 오피스를 도입, 전체 60%에 이르는 외근 직원의 책상을 없애고 대신 최고급 노트북과 휴대폰 등을 지급한 것이다. 당시에는 "자리를 치운다"는 부정적 인상 때문에 직원들의 저항이 심했으나 그때뿐이었다. 회사는 사무실 공간이 줄어들어 경비 절감 효과를 보았으며, 직원들도 어디에서든 회사 시스템과 접속할 수 있는 가상 사무실을 갖게 되면서 출퇴근 시간이 자유로워졌고 이에 대한 만족도도 높아졌다. 직원들에게 많은 권한과 혜택을 주는 대신, 개개인의 성과에 대한 책임을 중요시함은 물론이다.

국내에도 IBM처럼 모바일 근무 환경과 문화를 도입하려는 기업들이 적지 않다. 그러나 동양적인 기업 문화와 책임·권한·성과가 명확하지 않은 점 등이 걸림돌이 되고 있다. 정착이 쉽지 않겠지만, 이야말로 집단지성이 원활하게 시행되기 위한 전제 조건임에는 틀림없을 것이다.

국내 기업들의 집단지성에 대한 의견을 들어보면, 말 그대로 웃지 못할 우스갯소리들이 많이 나오고 있다.

"박 부장. 작년에 기획하여 도입한 BSC(균형성과평가제도: Balanc-ed scorecard) 있잖아, 우리가 담당한 사내 지식 서비스가 형편없다는 말이 나오고 있어. 직원들은 자료를 공유하지도 않고 참여율도 낮다는데……. 대책 찾아보고 보고하도록 해. 그리고 집단지성이라고 요즘 새로운 개념이 나왔다던데, 그걸 우리 지식 서비스에 도입해보는 건 어때? 그게 자발적인 참여도 높일 수 있고, 사람들이 모여서 특정 주제로 토론을 벌이면 결과도 좋을 거야. 빨리 준비해봐." (대기업 운송업계 부장 M씨)

"회사에서 계속 실패한 학습 조직을 이젠 집단지성 형태로 꾸민다고 TF를 구성하네요. 자발적인 참여는 당연히 아니고요. 부서에서 몇 명씩 차출했는데 이번에는 트렌드에 밝은 신입사원을 뽑았습니다. 당연히 시스템이나 사이트에 글 올리고 운영 관리하는 것도 막내의 몫이죠. 이런 걸 회사 교육 평가에 반영하는 것도 웃기죠. 팀장님은 저한테 시켰는데 신입이 젊어서 이런 거 잘할 거라고 돌렸어요. 제가 맡았으면 또 귀찮은 일 하나 늘어날 뻔했죠. 근데 집단지성이 뭐죠?" (IT업계 차장 K씨)

"회사 업무 관련 지식을 올리는 사내 게시판이 있어요. 저희 팀에 왕고참이고 만년 차장이신 분 지식랭킹이 전 회사에서 3위라는데, 1등 하면 특별한 혜택이 있나 봐요. 승진이나 보직을 받을 수 있는 거 말예요. 그래서 그런지 날마다 자료 달라, 자료 평가 해달라고 이 사람 저 사람 못살게 굴고 있어요. 요번에 잘 도와드려서 꼭 승진되도록 해야겠어요." (제조업체 입사 2년차 Y씨)

"이번의 오픈 토론 주제는 A팀에서 정해서 해주세요. 본부장님이 신경 많이 쓰시는 거니까 댓글도 많이 달아주시고요. 부장님께서 직접 독려 좀 해주셔야 합니다. 뭐라고요? 자발적으로 맡기자고요? 부장님, 이러시면 안 되죠. 이번에 부장님 부서에서 올리신 투자건 통과되도록 제가 힘써볼 테니까 신경 좀 써주세요. 어차피 제가 예산 담당하니까 하라고 하면 다 알아서 해줘요." (대기업 계열사 A부장)

경영시스템의 일환으로 도입을 원하는 임원들과 '또 다른 일'로 생각하는 직원들. 집단지성을 바라보는 시각과 대하는 태도는 매우 다르다. 경영시스템이 점점 고도화되며 사내 지식이나 정보 관리까지 시스템화되는 이즈음에도, 자발적인 참여가 필요한 집단지성의 활성화를 위한 제반 환경은 열악하기만 하다.

업무를 위한 정보 집합소인 사내 게시판보다 인터넷 구글 검색을 통해 원하는 정보를 더 빨리 접할 수 있는 현실, 학습 조직은 새롭게 시작되는 매년 초에만 반짝 운영되는 경우가 대부분이다. 초기에 임원들은 건의 사항을 자유롭게 이야기하라고 직원들을 독려한다. 때론 익명 게시판까지 만들기도 한다. 하지만 고쳐질 수 없는 사항이나 듣기 거북한 이야기들은 묵살되거나 간과되기 쉽다. 그러다보면 실제로 사용되는 빈도가 점점 줄어들고, 활용할 수 있는 정보는커녕 가치 없는 정보조차도 줄어들기 마련이다. 결국은 직원 누구도 사용하지 않아 결국 방치되거나 형식적으로만 이용될 뿐이다.

문제는 지식경영, 집단지성을 시스템적인 요소로만 접근한 때문일 것이다. 회사의 정서적 문화 측면이 간과된 것이다.

경직된 조직 문화는 집단지성의 확산을 막는 걸림돌이다. 한국 조직 문화의 특성상 사내 인트라넷에 회사의 방향과 반대되는 의견을 개진하거나 직언하기는 쉽지 않다. 따라서 자발적인 참여와 창의성을 기반으로 하는 집단지성이 사내 인트라넷에서 잘 운영될 리 만무하다. 결국 이 프로젝트는 부가적인 일로 치부되기 십상이다.

집단지성은 경영 시스템의 혁신적인 도구로 도입되고 있다. 하지만 대부분의 기업에서 전사적 자원 관리(ERP), 제품수명 관리(PLM), 고객 관리(CRM) 등과 같은 업무 프로세스를 최적화하기 위한 하나의 시스템으로만 접근하고 있다. 기업 문화, 수직·수평적인 커뮤니케이션, 개방적인 분위기 등의 요소는 간과되기가 쉽다. 따라서 집단지성을 도입하기 위해서는 먼저 그 회사의 분위기부터 파악해 볼 필요가 있다.

집단지성 도입 성공 가능성을 가늠하기 위해서는 기업의 문화적 요소를 먼저 살펴야 한다. 자신이 속한 회사는 어느 정도인지 알아보자.

집단지성 도입 가능성 평가 (○, ×)

1. 개방적 분위기 속의 다양한 개성 의사 존중 　　　　　(　　)
2. 상호 신뢰를 바탕으로 한 비판적인 사고 가능 　　　　(　　)
3. 자발적 참여의식 　　　　　　　　　　　　　　　　(　　)
4. 참여자의 다양한 지식과 고유의 전문성 보유화 　　　(　　)
5. 조직 목표 및 Vision에 대한 공감대 형성 　　　　　(　　)
6. 의사결정의 분권 　　　　　　　　　　　　　　　　(　　)
7. 책임과 권한의 분권화 　　　　　　　　　　　　　(　　)
8. 연봉제 및 성과에 따른 연봉 차등화와 사내 공감대 형성 (　　)

집단지성은 웹 2.0시대의 최대 화두인 참여, 개방, 공유의 정신을 계승하여 탄생되었다. ○표시가 많으면 많을수록, 자발적이고 개방적인 분위기 속에서 창의적인 의사소통과 의견 교환을 통한 집단지성이 효과를 나타내기에 좋은 구조이다. 집단지성이 조직 내에서 잘 승화되기 위해서는 분산된 조직 구조를 최대한 수용하는 범위 내에서 참여자의 적극적인 참여의식을 고취시켜야 한다. 다양한 의견이 활발하게 교환될 수 있는 환경 구성이 필요하다.

대기업의 경우, 회사 내 작은 조직부터 시행해보는 방법이 있다. 일단 연구소나 전략부서 같은 곳이 먼저 시행하여 보상 시스템을 도입해보면 직원들의 참여 정도와 결과물을 파악할 수 있을 것이다. 소규모 기업의 경우, 먼저 조직과 문화를 바꾸는 노력을 기울인 뒤 전사적으로 추진하는 방법이 있다. 집단지성이 회사의 발전에 꼭 필요하다는 인식과 함께 회사의 비전 · 전략을 먼저 직원들에게 공유시키는 것이 중요하다.

✹ 집단지성을 잘 활용하기 위한 5가지 방법

① 특이한 것보다는 평범하지만 사람들의 관심을 끌 수 있는 주제를 선정하라

전문 지식을 요하거나 특이한 것보다는 광범위하게, 일상생활 또는 취미 등에서 준전문가 수준으로 접근할 수 있는 주제가 좋다. 너무 깊은 전문 지식을 요하는 분야의 경우, 관련업계 사람들은 외면할 가능성이 높고 일반인들의 참여를 이끌기 어렵다. 사람들이 모여 많은 분량으로 작업을 해야 가능하다면 집단지성을 활용하기에 딱 맞는 조건이다. Wikipedia, eBay 등처럼 사용자들이 직접 참여하여 작성된 콘텐츠를 기반으로 하는 웹 사이트가 훌륭한 예이다.

② 최고보다는 최초가 되어라

사용자의 참여를 유도하고 시장에서 흥미를 이끌어내기 위해서는 가급적이면 초기에 시장에 진입하는 것이 유리하다. 고객이 유용하거나 재미있는 자료라고 인정할 수 있을 수준의 웹 사이트를 가급적이면 빠른 시간 내에 오픈하여 사용자 기반을 늘리는 것이 성공으로 이끄는 지름길이다.

③ 대중의 참여로 네트워크 효과를 유발시키라

앱경영 세대의 인터넷은 거대한 지식의 유통 채널이다. 그리고 대중은 유통 채널에서 정보, 지식 등의 콘텐츠를 생성해줄 생산자다. 이 명제를 가장 잘 이해하고 사업에 적용한 기업이 구글이다. 앞으로는 페이스북, 트위터, 포스퀘어와 같은 SNS 서비스 회사들이 그 뒤를 이을 것이다. 구글은 뛰어난 검색 결과를 제공하기 위해 어려운 기술을 활용하지도, 아르바이트생을 써서 검색 빈도가 높은 검색어들을 임의로 조작하지도 않았다. 다만 이미 인터넷의 바다라는 망망대해를 떠도는 수많은 데이터에서 실제 사용자가 느끼기에 유용한 정보를 추출하는 방법을 만들어냈을 뿐이다. 고객이 가장 편리하고 쉽게 사용할 수 있는 사용자 조작 환경(UI ; User interface)과 인프라. 웹상의 수많은 사용자들은 자유롭게 유영하고 있다가도, 무엇인가 흥미로운 것이 있으면 먹이를 발견한 연못의 잉어 떼처럼 엄청나게 모여드는 특성이 있다. 잠재적인 네트워크 효과가 무한한 것이다. 네트워크 효과는 초기에는 쉽지 않겠지만 일단 발생하면 엄청난 힘을 발휘할 수 있다.

④ 파괴적 혁신 전략을 구사하라(disruptive strategy)

이미 사업을 하고 있다면 파괴적 혁신 전략은 별로 달갑지 않을 것이다. 기존의 사업을 파괴하다 보면 아무것도 남지 않거나 수익이 훼손되기 마련이니까.

생산 최적화 측면에서 접근한 파괴적 저가상품(low) 전략은 시장 1위 지배자만이 가능한 법이다. 글로벌 반도체 시장에서 생산량을 줄이지 않고 가격 인하를 시도하는 치킨 게임에서 삼성이 살아남을 수 있었던 것은 시장 지배자이기 때문이었다.

하지만 인터넷 비즈니스 세상에서는 룰이 좀 다르다. 야후가 구글에 의해서 무너지고 페이스북이 새롭게 등장하여 구글의 검색 시장까지를 넘보고 있다. 인터넷에서는 왜 이런 현상이 가능한 것일까? 일반 제품의 물리적인 한계와 달리, 인터넷은 아이디어와 창의성으로 비즈니스 모델 구성이 가능하기 때문이다. 구글은 1위 사업자가 제공하던 수익모델을 과감하게 무료로 제공하고, 대신 1위 사업자가 기존에 가지는 것보다는 작지만 새로운 수익 모델을 제공했다. 기존 포털이 검색 자체를 수익성 광고로 운영했던 것이 반하여, 검색 서비스는 고객에게 무상으로 제공하는 대신 검색창 옆에 조그만 광고를 별도로 삽입한 것이다.

인터넷 검색을 하다 보면, 검색한 결과가 광고거나 소위 '낚시 글' 이었던 경험이 누구나 있을 것이다. 구글 검색은, 사용자가 검색한 내용이 다른 사용자들에게 얼마나 링크가 되었는가에 따라 검색 순위가 달라진다. 그러므로 맨 상위의 글에는 일반 사용자가 가장 선호하는 내용이 들어있을 것이라고 기대할 수 있다. 이처럼 창의적인 사고 혁신으로 고객이 자발적으로 참여할 수 있는 스토리를 만드는 것이 중요하다.

⑤ 폭소노미(Folksonomy)를 제공하라

폭소노미(folksonomy)란 전통적이고 위계적인 '디렉토리' 분류 대신 수평적이고 분산화된 '태그'에 따라 나누는 분류방식으로, 사람들(folks) + 순서(order) + 규칙/법(nomos)의 합성어이다. 사람들의 반응에 따라 해당 현상에 대한 키워드(꼬리표)를 중심으로 분류한다는 의미다.

이를테면 정치, 경제, 문화로 나누는 것이 아니라 차기 서울시장 후보, 김중수 한국은행총수, 박지선 선수 등의 키워드를 기준으로 일목요연하게 정보를 모을 수 있다. 폭소노미는 구성원들이 자발적으로 개별

태그 클라우딩

정보에 의미를 부여하고 단위 정보를 체계화하여, 지금 이슈화되고 있
는 정보를 실시간적으로 전달할 수 있는 장점이 있다. 다만 어휘를 제
어하는 기준이 없기 때문에 동의어, 유의어, 다의어 등에 취약하다는
문제가 있다. 예를 들어 A라는 사람은 '김연아 = 보스턴 = 스케이트 =
엉덩방아' 라고 해석하여 키워드를 선정할 수도 있고 B라는 사람은
'김연아 = 죽음의 무도 = 심판' 이라고 해석할 수도 있다. 하지만 웹
2.0의 장점인 협업과 참여를 통해, 이런 단점은 어느 정도 보완 가능할
것이다.

수평적인 사고로 협업하라

협업에도 지양해야 할 방식이 있다. 웹 2.0 시대를 선도할 미래의 기
업이 추구해야 할 것은 '수평적 협업' 이다. 이를 위해, 이른바 Silo와
단방향성 회의 등 개선해야 할 부분들을 몇 가지로 나누어 보자.

첫째, 사일로(Silo)를 탈피해야 한다.

사일로란 원래 곡식을 저장해두는 원통형 창고를 말한다. 사일로
조직은 특정 분야에 국한된 업무만을 수행하여 부서별 전문성을 확
보하고 단위 부서별 생산성을 높이기 위해 구성되었다. 대량 생산
대량 소비 시대에는 위로부터 강한 통제에 따라 일사불란하게 움직
일 수 있는 효율성과 전문화가 적합한 방식이었다.

초일류 기업 역시 아직 이러한 사일로 구조를 갖고 있다. 상위부

서의 지시와 통제에 따라서 일하므로 조직 내부의 예측성도 높아지고 조직의 안정성도 갖추고 있는 것이다. 이런 여러 가지 장점에도 불구하고 요즘 사일로 조직의 한계가 드러나고 있다. 고객은 포화 상태이며 전문성 역시 많은 경쟁 회사들 때문에 변별력을 가지기 함들 정도다.

고객의 시선을 사로잡기 위해서는 창의성과 융합을 바탕으로 한 아이디어가 필요하다. 사내 정보의 원활한 소통, 부서·직원 간의 자유로운 교류를 통한 협업, 개개인의 자발적 창의성을 담보하는 사업 구조가 절실히 요구된다는 말이다. 사일로 조직의 경우, 동일한 사업 또는 사안에서 부서 간에 상이한 의견이 개진되었을 때 유기적인 상호작용이나 협의 조정을 가로막는 보이지 않는 장벽이 있을 수 있다. 이 때문에 상위 레벨의 조정 커뮤니케이션을 통한 해결이 필요해진다. 이러한 방법은 부서 간의 오해와 갈등을 발생시키고, 조직 전반적으로 시간과 자원의 낭비를 초래하게 된다. 게다가 상위레벨의 조정자가 조정 역할을 하나의 권력으로 생각한다면, 회사가 나가야 할 올바른 방향에 맞추어 의사결정을 내릴 가능성은 희박해진다.

조직이 위계적이고 수직적일수록 상사와 권력기관 등 '내부 고객' 만족을 위해 일하게 될 위험성이 커진다. 조직 내에 정치적 의사결정이 이루어지는 것이다. 결과적으로 조직 상층부는 고객이나 현장의 소리에 귀 기울이지 않고 환경 변화에 둔감해질 수밖에 없다.

둘째, 단방향성 회의를 지양해야 한다.

활발하고 솔직한 커뮤니케이션은 오픈 기업 문화 형성에 중요한 요소이며, 개개인의 참여 의지를 북돋는 기업 경쟁력의 원천이다. 그러나 회사 내의 대표적인 커뮤니케이션 채널인 기업 회의를 보면 안타까운 문제점을 발견할 수 있다. 업무 진행 상황 파악이나 성과 평가 등을 위한 보고성 회의, 타 부서와의 이견이나 유사 업무에 따른 전략/업무 조정을 위한 회의가 대부분이고, 상품의 구상과 기획, 제품의 스토리텔링 같은 창의적인 아이디어 회의는 매우 적다는 점이 그것이다. 대부분의 회의에서 '이야기를 많이 하는 순서'는 '회의에 참여한 사람의 직급 또는 부서 권력 순'과 대개 일치한다. 따로 발표자가 있는 경우에도 대부분 윗사람의 돌발적인 질문이나 즉흥적인 발상의 이야기로 발표가 끊기는 경우도 많다.

이때 대다수의 침묵하는 참석자들은 무엇을 할까? 창의적인 참여 활동보다는 자신과 관련된 분야와 관련된 질문에 대응할 내용을 미리 생각하거나, 자신의 가치를 윗사람들에게 증명해보일 기회를 살피면서 대화에 참여하기 마련이다. 회의 때 높은 사람이 많을수록 대화에 참여하는 사람은 더 적어진다. 이렇게 경직된 환경에서 올바른 의견 개진과 청취가 가능할까?

중요한 회의일수록 다양한 분야에서 전문가들이 적극적으로 참여하고, 의사결정자는 이러한 의견을 수렴하여 최선의 결과를 도출하고 이를 잘 실행할 수 있도록 도와주어야 한다.

물론 젊은 기업이 주를 이루는 벤처기업이나 IT기업들은 분위기가 사뭇 다르다. 적극적으로 의견을 개진하고, 직급에 따라 눈치를 보는 일도 없고, 권위적인 분위기도 없다. 참여는 자발성이 전제된다. 자발적인 참여와 열정이 없다면 기업의 미래는 불투명할 수밖에 없다. 혁신적인 아이디어와 실행력을 위해서는 우선 쌍방향 커뮤니케이션이 활발히 일어날 환경을 만드는 것이 중요하다.

셋째, 수평적 체계로 지식을 공유해야 한다.

수직적이란 가치사슬(value Chain)에서 전후방을 연결하는 것을 말하고, 수평적이란 가치사슬의 동일한 위치에 있는 것을 의미한다. 요즘 들어 기업이나 시민단체, 심지어 정부 조직들도 수평적 네트워크를 지향한다고 한다.

수평적이라고 해서 비단 조직 구성의 측면만을 이야기하는 것은 아니다. 기업 문화, 상생 협력, 리더십 등 전반적인 기업의 체질 개선이 이루어졌을 때 진정한 수평적 연결성을 확보할 수 있다. 피터 드러커는 수평적 구조의 필요성에 대해 다음과 같이 이야기했다.

"명령 계층 수를 최소화하는 것, 조직을 수평적으로 만드는 것은 합리적이기 이전에 조직 구조의 원칙이다. 모든 명령의 전달 단계마다 잡음은 두 배로 늘어나고 메시지는 반으로 줄어든다는 원칙으로 그 설명은 충분하다."

민주노총의 최세진 씨는 수평적 네트워크를 '자전거 바퀴살 조직'이라고 표현했다. 가느다란 살로 연결된 바퀴처럼 각자의 자율성을 유지하면서도 모이면 자전거를 움직이는 공동의 행동을 함께한다는 의미이다. 이러한 수평적 네트워크 조직에서도 중앙 조율 기구는 존재한다. 그러나 통제나 지시가 아닌, 여러 부서의 의견을 수렴하여 모든 사람이 공감대를 이루어 한목소리를 낼 수 있도록 그야말로 조정과 중재의 역할이 중심이 된다.

수평적인 지식 공유는 기업과 고객의 커뮤니케이션에서 중요시하는 정보의 노출도, 즉 '얼마나 많은 소비자들에게 정보를 전달할 수 있는가' 하는 문제에서는 비효율적일 수 있다. 하지만 고객 간의 커뮤니케이션에서 정보 자체의 진실적인 가치는 더 높아진다. 결과적으로 수평적 지식의 공유는 소비자들 사이에 더 강한 신념의 고리로 연결된다고 할 수 있다.

수평 조직 구조를 이루기 위해서는 기업 내부의 혁신과 중장기적 입장에서의 굳은 의지가 필요하다. 경영자는 오랜 기간 유지해온 조직 계층 대신, 함께 일할 수 있는 전문적인 팀의 구성과 빠른 의사결정을 위한 책임·권한의 이전과 같은 혁신을 받아들여야 한다. 아울러 이에 따른 새로운 평가 방법도 도입되어야 한다. 특정 분야보다는 전체 프로세스상의 다양한 일을 연계하여 수행하는 팀워크가 중시되며, 개개인의 개인기보다는 팀의 업무 수행 결과에 따른 보상이 우선되어야 한다. 아울러 팀 내부의 평가는 (팀 전체 업무에 얼마나 기여하였는가에 따라) 관리자 및 실제 업무를 같이 수행한 팀 동료 구성원들에 맡겨야 한다.

넷째, 창의적으로 상상하고 사고하라.

앱에서는 모든 정보와 지식이 실시간으로 전파되는 뛰어난 복제성을 가지고 있다. 이렇게 사람들 사이에서 검증되고 이슈화되는 정보는 꾸준히 퍼지면서 그 전문성과 정확성이 몇 배로 늘어난다. 정보의 비대칭성을 무기로 수익을 창출하는 시대는 이제 지났다.

또한 앱은 시간과 공간에 따른 가격 차별화 및 마케팅 전략도 간단히 무력화시키고 있다. 이제 특정 지식이나 정보의 암기는 더 이상 경쟁력이 될 수 없다. 진정으로 필요한 것은 지식과 정보의 바다에서 현상을 이해하고 올바른 방향을 잡을 수 있는 '지혜'다.

위키피디아에 따르면 파레토 법칙에 대해 "80대 20 법칙이라고도 하며, 전체 결과의 80%가 전체 원인의 20%에서 일어나는 현상"이라고 정의되어 있다. 예를 들어 백화점에서는 20%의 부자 고객이 전체 매출의 80%를 창출하기에, 상위 20%의 고객을 차별화하여 관리해야 할 이유가 생긴다는 것이다. 회사의 경우에는 20%의 뛰어난 직원이 기업 부가가치의 80%를, 투입된 업무시간의 20%가 전체 가치의 80%를 창출한다고 한다. 그리하여 은행이나 증권사 등에서는 '초파레토 법칙'을 적용, 80대 20이 아니라 90대 10 또는 95대 5까지의 거물 고객을 유치하려고 애를 쓴다.

미국 인터넷 비즈니스 잡지 〈와이어드〉의 편집인 크리스 앤더슨이 주창하는 이른바 '롱테일 마케팅(long tail marketing)'은 파레토 법칙의 근본 가정을 역으로 이용한 발상이다. 인터넷 쇼핑몰에서 비인기 상품이 올리는 매출의 합이 인기 상품 매출만큼 커지는 의외의 현상. 소비자 선택의 폭이 넓고 기호가 다양한 경우에 이런 현상은 더욱 두드러진다. 결국 80%의 커다란 머리에만 신경 쓸 것이 아니라 20%의 소외된 꼬리 부분에도 주목해야 한다'는 의미다. 인터넷 서점 '아마존'의 사례를 보면, 전체 매출의 57%가 1년에 한 번 팔릴까 말까 한 희귀 도서들의 매출 합계였다. 기존 대형 서점과의 직접적인 경쟁에서는 유통, 자금, 마케팅 등에서 경쟁이 안 되었던 아마존은 상대적으로 차별화가 가능한 부분에 집중했다. 유명 대학교와 관공서 도서관에서 저렴한 비용으로 판권을 사들인 뒤 온라인 상품화하고, 이를 유통 비용이 거의 들지 않은 온라인 유통망을 통해 고객에게 제공한 것이다.

구글은 20% 프로젝트 제도가 있다. 구글 개발자들은 현재의 업무를 제외한 개인 업무시간의 20%를 자신이 원하는 프로젝트에 투자할 수 있다. 매일 20분씩 사용해도 되고 일 년에 두 달을 사용해도 된다. 직원들 개개인에게 창의력을 발휘할 시간적 기회를 준다는 것은 회사로서는 매우 중요하면서도 바람직한 일이다. 최근에 나온 많은 혁신적인 서비스와 프로젝트들은 이러한 개인의 창의력을 밑거름으로 태어났다.

구글의 20% 프로젝트는 이렇게 진행된다. 먼저 한 구글 직원이 프로젝트화되지 않은 아이디어를 떠올렸다면, 사내 '아이디어 마켓'에 자신의 구상을 등록한다. 그리고 일정 숫자 이상의 직원들이 이 아이디어에 동의할 경우 '20% 프로젝트'에 선정된다. 이후 내부 직원들이 더 참여하여 이 프로젝트가 어느 정도의 성과를 거둘 것 같고 상품화 가치도 있다고 판단하면 임원 승인 후 정식으로 '80% 프로젝트'가 된다. 이때부터는 마케팅 조직도 참여하게 된다.

프로세스만 보면 다른 회사도 불가능할 것은 없어 보인다. 하지만 이를 뒷받침하기 위해서는 구글처럼 개방적이고 협업에 익숙한 문화가 선행되어야 한다. 창의적이고 자발적인 민주적 의사결정에 의해 최고의 작품이 만들어지는 것이다.

제5장

스토리, 내 손 안에 펼쳐진 새로운 세상

APPCONOMICS

미국의 대형 콜라업체 펩시는 지난 23년 동안 슈퍼볼 TV 광고를 지속해왔다. 그러나 2010년에는 돌연 슈퍼볼 광고를 중단하고 260억여 원을 들여 소셜 미디어 페이스북을 통한 광고를 시작했다. 2009년만 해도 펩시는 슈퍼볼 경기장에 신디 크로포드와 브리트니 스피어스를 등장시켜 관중들을 사로잡았지만, 올해 2010년에는 "온라인 광고"라는 결단을 내린 것이다. 펩시가 과감하게 소셜 미디어 마케팅에 투자하기로 결정한 것은 새로운 고객의 시대가 열렸다는 판단 때문이다. 하루 종일 온라인 공간에 머무는 고객들에게 기업의 메시지를 더 잘 전달하는 것은 매스 미디어 광고가 아니라 페이스북과 같은 소셜 미디어라고 판단한 것이다. 펩시의 결정은, 일반 고객 대상 광고에 있어서 그간 온라인 마케팅에 소극적으로 투자했던 거대기업들의 광고 경향 변화를 반영하고 있다는 점에서 주목할 만하다.

페이스북의 코카콜라 팬 페이지는 1,200만을 훌쩍 뛰어 넘는 팬들을 보유하고 있다. 게다가 특이한 것은, 코카콜라 팬 페이지의 운영자가 코카콜라 본사 직원이 아닌 평범한 고객이었다는 점이다. 처음에 코카콜라는 고객이 직접 개설해 운영하는 팬 페이지의 존재를 알지 못했다. 그러다가 2008년 말, 코카콜라는 그들의 팬 페이지가 미국 대통령 오바마의 팬 페이지 다음으로 큰 규모로 성장했다는 사실을 페이스북으로부터 전달받았다. 그들은 내부적으로 많은 고심을 하게 된다. 코카콜라는 결국 최초 개설자, 더스티(Dusty)와 미셸(Michae) 두 사람의 코카콜라 팬 페이지 운영을 그대로 인정하기로 결정했다. 당시에는 매우 위험한 결정이라는 우려가 많았으나, 오히려 고객에 의해 고객 의견을 경청할 수 있는 소중한 채널로 급성장하게 되었다.

나이키는 남아공월드컵 기간 동안 '트위터 툴리오 스태츄' 라는 이름의 소셜 미디어 마케팅을 진행했다. 일본의 축구 국가대표 툴리오 선수의 석상을 도쿄 중심가 나이키 매장에 설치하고, 트위터나 페이스북 등 소셜 미디어를 통해 선수에게 응원 메시지를 보내게 한

코카콜라 페이스북 팬 페이지

것이다. 생활용품 전문점 '다이소'는 소셜 미디어를 활용해 고객과 소통하고 있다. 다이소는 국내 최대의 균일가 전문 기업이지만 온오프라인에서 따로 브랜드 광고나 홍보를 하지 않는 것으로 유명했다. 그런데 최근에는 트위터를 통해 스마트한 소비에 대해 가치를 공유하고 소통을 확대하는 활동을 벌이고 있다. 다이소 제품으로 자신만의 스타일을 만드는 소비자들의 사례를 소개하고, 다양한 생활의 지혜도 공유하는 등의 홍보다. 여성 위생용품을 판매하는 P&G도 역시 소셜 미디어를 통해 자칫 민감할 수 있는 위생용품 홍보를 여성 소비자에게 자연스럽게 선보이고 있다. 여성용품 시장은 소비자가 한번 그 제품을 선택하면 다른 제품으로 바꾸는 경우가 거의 없다. 그러나 제품 특성상 소비자들의 경험담 등을 직접 듣기가 어렵다는 한계가 있는데, 그래서 P&G는 소비자들이 이야기를 할 수 있는 통로로 '빙걸닷컴'을 오픈했다. 여성으로서 드러내기 쑥스러운 주제를 자연스럽게 이야기할 수 있도록 하고, 어린 소녀들의 성장기 문제에 관해 지속적으로 흥미로운 주제를 이끌어내는 소셜 네트워크를 구성한 것이다. 브랜드 메시지를 알리며 더불어 무료 샘플을 자연스럽게 제공해 상품에 대한 경험을 제공하고 구매를 유도하는 것이 P&G의 소셜 마케팅 핵심이다.

스토리의 시대다. 주입식 막무가내 홍보와 마케팅은 더 이상 똑똑한 소비자들의 관심을 끌 수가 없다. 제품에 대한 호의를 얻으려면 스토리가 꼭 필요하다. 없는 스토리라도 만들어서 접근해야 소비자의 눈과 귀를 돌리게 할 수 있다.

공동의 감성에 접근해 친화를 이끌어낼 수 있는 키워드, 스토리.

소셜 미디어의 시대에 스토리가 없으면 살아남기가 쉽지 않다. 반대로 소셜 미디어라는 환경은, 스토리 마케팅을 펼치기에 최적의 조건이기도 하다.

▣ 마케팅이 달라지다

최고 마케팅책임자(CMO)가 괴롭지 않을 수 없는 시대다. 과거에는 마케팅 비용을 지출한 만큼 명백한 실적을 낼 수 있었다. 하지만 요즘엔 소비자의 눈길을 현혹하는 기막힌 광고 아이디어로 승부하려 해도 매출 곡선이 거의 움직이지 않을 때가 많다. 소비자 니즈가 다양해지고 소비 트렌드가 복잡하게 변해감에 따라, 시장과 고객에 대한 일률적인 접근으로는 성과를 내기 힘들어진 세상이다. 이에 따라 개인화된 타깃 마케팅, 트위터 등을 활용한 소셜 미디어 마케팅, 매장 판촉 중심의 쇼퍼 마케팅처럼 마케팅의 영역이 다양해지고 있다.

특히 소셜 미디어를 중심으로 많은 고객들이 모이고 활동하면서, 기업들은 이 매체에 주목하지 않을 수 없게 되었다. 그곳에 많은 사람들이, 잠재 고객들이 모여 활동하고 있기 때문이다. 기존의 블로그, 공식 홈페이지, 카페 등을 통해 온라인 마케팅이나 홍보를 해왔던 기업들이, 이제 소셜 미디어의 큰 가능성을 본 이후 발 빠르게 이를 마케팅 채널의 하나로 활용하고 있다. 그리고 실제로 적지 않은 효과를 거두는 중이다.

전 세계 소셜 미디어 이용자 수는 2010년 7억 명을 돌파했으며 앞으로 꾸준한 성장세를 이어갈 것으로 예상된다. 미국 네티즌의 50%, 특히 20~30대 젊은 층의 96%가 소셜 미디어를 이용하고 있다. 소셜 미디어는 현대인의 필수품인 모바일에 최적화되어 있는 매체다. 소셜 미디어가 시간과 장소에 관계없이 사람들의 생활 전반에 영향을 주는 이유가 그렇다. 기업들로서는 관심을 가지지 않을 수가 없는 것이다.

펩시와 P&G 등의 사례에서 보았듯 대기업들도 적극적으로 소셜 미디어 마케팅을 활용하고 있다. 국내 한 광고업체는 소셜 미디어를 통해 소비자 체험을 공유할 수 있는 '브랜드 체험 플랫폼'을 개발했다. 애플리케이션을 다운로드받아 브랜드 매장을 방문하면, 옷 입어보기 등 다양한 체험을 디지털 자료로 변환해 공유하게 된다. 오프라인 현장을 간접적으로 체험할 수 있는 마케팅 방법이다. 광고업체들이 소셜 미디어를 활용한 마케팅은 앞으로도 더욱 확대될 것이다.

대기업이나 광고업체뿐 아니다. 소셜 미디어를 활용하여 길거리 음식을 홍보하는 사례도 있다. 트위터에 가게의 현재 위치, 언제부터 언제까지 가게를 오픈할 것인지 등을 알려주고 가게를 찾는 손님들과 대화를 하기도 한다. 페이스북의 경우 가게의 외관이나 상품 사진 등을 올려 손님들에게 홍보한다.

뉴욕 길거리에서 아이스크림을 판매하는 '빅게이 아이스크림 트럭'은 트위터로 가게를 홍보하고 손님들과 대화하는 것으로 유명하다. 이 아이스크림 트럭의 트위터 팔로워는 8천여 명을 넘어섰으며 그 반응도 폭발적이다. 맛에 대한 이야기와 손님들과의 대화도 활발하다. 기존에는 비용 때문에 엄두도 못 냈던 길거리 음식점들이, 별다른 비용 없이 효과적으로 상품을 홍보할 수 있게 된 것이다.

미국 LA에 한인 교포가 운영하는 'Kogi BBQ(고기 바비큐)'가 있다. 이동식 가게인 Kogi BBQ는 LA 전역을 돌아다니며 장사를 하는데, 트위터를 통해 4만 명 이상의 고객에게 실시간으로 트럭이 가는 곳을 알려준다. 이를 통해 고객은 위치를 파악하고 줄을 서 음식을 기다린다. 완벽하게 트럭과 트위터만으로 성공한 케이스이다. 지역을 기반으로 하는 중소상인들에게, 이처럼 소셜 미디어는 니치 마켓을 열어주고 있다. 소규모 상인들이지만 특별 이벤트나 할인행사, 신상품 정보 등을 소셜 미디어로 제공하고 매출을 올리는 것이다. 장차 수도 없이 많은 중소업체들이 소셜 미디어를 통한 홍보를 선보이고, 몇몇은 이로써 크게 성공할 것이다.

소셜 미디어 마케팅은 어째서 효과적일까?

소셜 미디어 마케팅의 기본은 입소문이다. 물론 '입소문 마케팅'은 이미 많은 기업들이 써왔으며 지금도 쓰고 있는 기법이다. 그런데 소셜 미디어를 통하면 그 효과가 극대화된다.

소비자의 일반적인 구매 패턴을 보자. 일단은 제품을 먼저 인지하고, 그에 대해 관심을 가지게 되고, 사고자 하는 욕구(흥미)가 생기고, 이를 기억했다가 결국 구매(행동)하게 되는 것이다. 그런데 소셜 미디어를 통한 마케팅의 경우, '흥미'와 '행동' 사이에 '검색'이라는 행위가 추가된다. 행동 뒤에 체험 공유가 이어지는 패턴이다. 이같은 검색과 정보 공유의 촉매제가 바로 소셜 미디어인 것이다.

또한 소셜 미디어 마케팅은 기존의 마케팅 방법에 비해 비용이 저렴하다. 오프라인에서 상품 홍보는 시간과 비용이 많이 든다. 온라인의 경우에도, 기업의 블로그나 사이트를 홍보하려면 적지 않은 온라인 광고비용이 든다. 그러나 소셜 미디어 마케팅은 다르다. 소셜 미디어를 관리하는 담당자 정도만 있다면 얼마든지 기본적인 마케팅을 할 수 있다.

소셜 미디어 마케팅은 또한 확산 속도가 빠르다. 고객 한 명이 한 번만 클릭하면, 이 행위가 연쇄작용을 일으키면서, 손쉽게 입소문을 퍼뜨릴 수 있다. 실시간으로 전 세계의 거의 모든 이들과 소통할 수 있는 소셜 미디어의 장점은 마케팅 확산 속도를 기존보다 훨씬 빠르게 해준다.

소셜 미디어는 쉽고 가볍기 때문에 사람들의 참여율도 높고 부담이 없다. 고객을 끌어들이는 것도 별로 어렵지 않다. 고객 참여가 쉬운 이유는 참여 자체에 부담이 없고 재미를 유발하기 때문이다. 이런 점을 잘 활용해 마케팅 담당자는 소셜 미디어에 적용한 쉽고 가벼운 이벤트나 홍보 활동을 확대해야 할 것이다.

소셜 미디어 마케팅의 효과가 큰 것은 고객과의 신뢰를 바탕으로 하기 때문이다.

마케팅 전문가 세스 고딘(Seth Godin)은 마케팅의 종류를 다섯 가지로 분류하고 그 진화 방향을 언급했다. 거리 판매(Hand selling), 대중 마케팅(Mass marketing), 직접 마케팅(direct marketing), 바이럴 마케팅(viral marketing), 인정 마케팅(permission marketing)이 그것이다.

그런데 대부분 광고들이 귀찮고 불필요한 스팸 정도로 취급되는 이즈음, 실질적인 효과를 가질 수 있는 유일한 것은 다섯 번째 '인정 마케팅'이다. 인정 마케팅은 신뢰가 기반되지 않으면 실행하기 어려운 마케팅이다. 소셜 미디어를 통해 더욱 효과적으로 기획할 수 있는 마케팅이기도 하다.

소셜 미디어 마케팅은 개인의 소셜을 통해 진행되는 관계형 마케팅이다. 한번 신뢰 형성이 시작되면 의외로 쉬우면서도 더욱 강하게 마케팅을 추진할 수 있다. 포레스터 리서치의 연구 결과에 따르면, 64%의 소비자들이 온라인 사이트에서 타인의 리뷰(평가)를 원하며 이를 통해 안정감을 느낀다고 한다. 쿠마르(Kamar) 등의 연구 결과를 보면, 소비자들은 웹사이트에 다른 소비자의 리뷰가 있을 때 더 긍정적인 의사결정을 보다 쉽게 내릴 수 있으며 그 사이트를 더 유용하게 생각하게 된다고 판단했다.

인간은 다른 사람들과 의견을 함께하고 동조하면서 확신을 갖고 편안함을 느낀다. 알게 모르게 다수의 판단에 끌려가게 되는 것은 그런 이유 때문이다. 다수에 편승하는 것이 심리적 안정감을 더 느끼는 것이다. 소셜 앱은 그런 심리적 작용을 활용하는 마케팅이라고 할 수 있다.

소셜 미디어는 즉각적인 상호작용이 가능하다. 고객의 반응이 빨리 오고, 그에 따라 기업도 곧바로 대응할 수 있다. 실시간이 가능하다는 점에서 마케팅 효과가 빠르다는 장점이 있다. 그런 만큼 기업은 고객의 피드백에 빠른 대응력을 갖춰야 한다. 소셜 미디어를 이용하는 사람들의 영향력이 점차 커지고 있다. 소셜 미디어 사용자를 대상으로, 트위터 등을 통해 주로 어떤 분야의 정도를 얻고자 하는지 조사한 바 있다. 결과는 음식점(69%), 영화(57%), 기술(56%), TV프로그램(55%), 가정용품(54%), 여행(51%), 음악(43%), 자동차(39%) 순이었다. 해당 산업 분야에 종사하는 마케터라면 소셜 미디어 활용을 적극 고려해볼 필요가 있다.

그러나 소셜 미디어 마케팅은, 소셜 미디어의 특성을 잘 알고 접근하지 않으면 오히려 마케팅의 역효과–기업에 대한 부정적인 이미지 등–만을 가져올 수도 있다. 그리고 이럴 경우, 소셜 미디어는 빠르게 확산되는 특성이 있기 때문에, 기업의 부정적 이미지가 빠르게 확산될 위험성이 크다. 이런 위험성에 빠르게 대응할 체계를 갖추어야 하는 이유다.

소셜 미디어에서도 기업은 하나의 인격체로 다루어지게 마련이다. 보편적인 예의나 태도도 중요하다. 소셜 미디어 마케팅은 오프라인에 비해 고객에게 실질적인 혜택을 주기 어렵고, 온라인 특정 사이트에 비해 상품 주목도가 떨어지는 측면도 있다. 소셜 미디어 내에서도 기업들의 마케팅 경쟁이 점점 치열해지고 있다. 자신만의 특성을 살려 마케팅을 효과적으로 추진해야 한다.

🖾 소셜 미디어 마케팅 ABC

소셜 미디어가 쉽고 가볍다고 소셜 앱 마케팅까지 가볍게 여겨서는 안 된다. 그러나 일부 기업의 마케팅 담당자들은 소셜 미디어에서의 활동을 기존 마케팅의 부수적인 것으로 생각하고 소셜 앱에서의 마케팅을 적당히 처리하곤 한다. 그러나 이건 큰 잘못이다. 고객은 똑똑해졌고 온·오프라인을 넘나들며 활동하기 때문에, 소셜 미디어는 더 이상 보조적인 마케팅 수단이 아닌 것이다. 주류로 취급을 받아 마땅하다.

그렇다면 소셜 미디어 마케팅을 어떻게 해야 할까?

첫 번째로, 어떤 소셜 미디어를 고를 것인가부터 신중히 생각해야 한다. 일단 고객이 많이 모이는 소셜 미디어가 우선이다. 미국 마케팅 업계의 조사에 따르면 주요 소셜 미디어의 마케팅 사이트가 페이스북과 트위터라고 밝혔다.

올해 초 조사한 바에 따르면 조사 대상 업체 중 73%가 트위터를 소셜 미디어 마케팅에 활용하고 있다고 응답했다. 페이스북은 74%에 달했다. 우리나라에서 소셜 미디어 마케팅을 하는 대부분 기업들도 트위터나 페이스북을 활용하고 있다. 그만큼 이용하는 고객이 많은 소셜 미디어이기 때문이다.

소매업계의 불황에도 아랑곳하지 않고 성장을 지속하고 있는 일본의 유명 의류 판매업체 유니클로. 이곳은 2009년 11월 말 연휴 기간 동안 창업 60주년 기념 세일을 실시하면서 그 전날 트위터 공식 계정(@uniqlo_jp)을 발표하고 전격적으로 트위터 마케팅을 시작했다. 계정 발표 당시 어떤 정보도 제공하지 않았고 비공개 상태였으며 무엇을 할 것인지도 언급하지 않았다. 일종의 티저형 광고였다.

다음 날 세일 시작과 동시에 그 내용을 공개했고, 매장을 찾은 고객들의 모습을 트위터에 알렸다. 모여든 고객 중 트위터 사용자가 적지 않았는데, 마치 유니클로와 소비자가 같이 실황중계를 하는 것 같은 글들이 트위터에 올라왔다. 소비자를 자사 홍보원으로 활용하

는 마케팅 방법이었다. 나아가 유니클로는 온라인 사용자들에게 새
롭고 매력적인 온라인 경험을 지속적으로 제공함으로써 바이럴 마
케팅의 선두자리를 굳혔다. 유니클로는 다양한 여름 티셔츠 라인
UT의 경쾌한 CM를 퍼뜨리기 위해 〈UTWEET〉이라는 트위터와 연
동된 사이트를 구현했다. 이 사이트에서는 자신 혹은 다른 사람의
트위터 아이디를 입력하면 프로필 이미지와 트윗 내용을 CF의 한
장면처럼 볼 수 있다. 또한 〈Sportweet〉 사이트는, 트위터 아이디를
입력하면 스포츠 모델의 이미지와 함께 자신이 쓴 트윗 내용이 교묘
하게 결합되고 트윗의 체력을 측정하여 랭킹을 매겨준다. 〈LUCKY
COUNTER〉는 고객이 사이트에 참여하고 트윗하면 가격이 더욱 낮
아지는 일종의 가격 낮추기 게임이다. 유니클로는 이러한 트위터 마
케팅에서 인상적인 타이포그래피를 활용하거나 고객 참여를 끌어
낼 수 있는 다양한 아이디어를 통해 고객에게 더욱 매력적인 브랜드
로 다가가게 되었다.

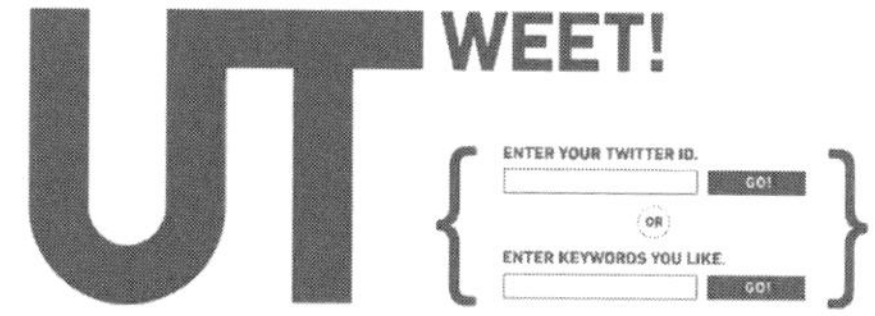

유니클로 UTWEET 사이트

여기서 중요한 것은 기업의 현재 경쟁 포지셔닝과 전략적 의도에 맞는 채널 선택이 이루어져야 한다는 것이다. 마케팅의 핵심은 결국 뺏고 빼앗기는 경쟁 시장에서 얼마나 고객의 마음을 점유하느냐이다. 시장의 리더로서 2~3위 사업자의 공격을 방어하기 위해 소셜 미디어를 활용하는 것과, 2위 사업자로서 1위 사업자를 공격하기 위한 수단으로 소셜 미디어를 활용하는 것은 분명한 차이가 있기 마련이다. 더군다나 중소기업이나 벤처의 경우는 어떨까. 이들 시장에 막 진입하고자 하는 기업들이 자사에 적합한 채널을 선택하고 마케팅을 구사하는 방식은 1위 사업자의 그것과 크게 다를 것이다. 페이스북의 팬 페이지와 트위터, 유투브, 기타 블로그를 활용하는 방식은 전적으로 기업이 현재 경쟁하고 있는 시장 상황에 달려있다.

두 번째, 소셜 미디어의 특성을 파악해서 해당 소셜 미디어에 맞는 고객 맞춤형 마케팅을 해야 한다. 소셜 마케팅 담당자는 무엇보다 소셜 미디어의 특성을 잘 알 필요가 있다.

실시간성이 강한 소셜 미디어의 특성에 맞게 이벤트를 하거나 소셜 미디어에 맞는 게임과 홍보용 플래시도 좋은 수단이 될 수 있다. 내용이 무겁거나 많은 자료와 정보가 요구되는 종류, 피드백을 하는 것이 부담되는 이벤트는 자제하는 것이 좋다. 가볍고 쉬운 소셜 미디어 특성에 맞지 않기 때문이다. 스타벅스(starbucks)가 2009년 5월에 실시한 이벤트는 트위터의 실시간성과 간단함을 잘 활용한 이벤트였다. 스타벅스는 잡지, 신문, 옥외광고와 같은 매스 미디어를 동원하여 다음과 같은 메시지를 공개했다.

'If your coffee isn't perfect, we'll make it over. If it's still not perfect, you must not be in Starbucks(만약 커피가 완벽하지 않다면 다시 만들어드리겠습니다. 그래도 완벽하지 않다면 당신은 스타벅스에 있어서는 안 됩니다)."

그리고 이 메시지가 적힌 포스터를 발견하면 사진을 찍어 트위터에 올리는 이벤트를 추진했다. 간단하지만 강렬하고, 많은 사람들이 쉽게 이벤트에 참여할 수 있어 효과가 높은 방법이었다.

세 번째, 제품의 핵심 키워드를 넣은 콘텐츠를 제작해야 한다. 제품 브랜드나 홍보하고 싶은 가치와 스토리를 잘 접목시킨 스토리가 좋다. 최근 기업 브랜드나 제품을 홍보하기 위해 앱을 제작, 소비자들로부터 좋은 반응을 얻는 경우가 많다. 게임 앱으로 재미도 주면서 기업의 이미지를 홍보하는 것이다. 소셜 게임에 함께 참여해서 고객들과 관계를 쌓아가는 것도 효과적인 마케팅 방법일 수 있다. 고객에게 지속적인 관심과 참여를 유도할 수 있으며, 여러 이용자에게 노출되기도 쉽다.

소셜 미디어에서 마케팅은 소비자에게 제품에 대한 간접 경험을 제공할 수 있다. 이것은 중요한 부분이다. 한 번 경험으로 고객의 관심을 지속적으로 끈 뒤, 긍정적인 이미지를 계속 각인시켜주어야 한다. 오프라인처럼 직접 경험이 힘들기 때문에 제품이나 서비스를 다양한 방법으로 체험시킬 필요가 있다.

광고를 하더라도 소셜 미디어를 통해서 전파되는 것이라면 TV광고와는 다른 특별한 재미가 있어야 한다. 광고(Advertising)와 엔터테인먼트가 합쳐진 의미의 신조어 애드버테인먼트. 요즘 많은 광고들이 애드버테인먼트를 추구한다. 동영상, 웹툰, 게임과 같은 엔터테인먼트적인 요소를 강화해 콘텐츠 형태의 광고를 제작하는 것이다. 광고나 홍보 영상을 고객들이 패러디하면서 더욱 인기를 얻고 인지도를 얻게 되는 경우도 있다.

모 화장품 회사는 화장을 하는 여인의 모습을 유투브 동영상을 통해 공개하면서 화장 전과 화장 후의 차이를 적나라하게 보여줘 사람들의 웃음을 자아냈다. 결과적으로 이 회사의 제품들은 큰 관심을 받게 되었다. 필립스는 이른바 '겨털녀'라는 필립스 제모기 동영상 광고를 통해 네티즌에게 필립스 제모기의 인지도를 높였다. 요즘은 동영상 편집 기능들이 쉽기 때문에 사람들은 재미있는 동영상을 어렵지 않게 제작할 뿐 아니라 유포하기도 한다. 재미있는 동영상은 입소문을 타고 금방 확산되는데, 부정적인 이미지나 단점이 배포된다면 리스크도 있을 수 있다. 마케팅 담당자는 소셜 미디어에서 자사의 제품에 대한 영상이나 콘텐츠가 부정적인 요소는 없는지 항상 모니터링해야 한다.

마지막으로, 소셜 미디어 마케팅을 할 때 중요한 것은 마케팅이 통합적으로 관리되고 추진되어야 한다. 매스 미디어, 현장 이벤트, 다양한 웹 서비스, 모바일 소셜 미디어 등에서 벌어지고 있는 기업의 마케팅이 하나의 일관된 전략과 이미지 등으로 진행되어야 한다는 것이다. 이를 IMC(Integrated Marketing Communications, 통합마케팅 커뮤니케이션)이라고 한다.

마케팅 채널이 분산되면서 어느 쪽에 더 주력할 것인지, 어떤 채널에 어떤 마케팅을 할지는 각 채널의 담당자가 정해도 좋다. 그러나 다르지 않은 목소리를 내고 일관된 이미지를 가져가는 것이 무엇보다 중요하다. 단기적인 관점이 아니라 장기적으로 브랜딩과 고객 관점에서 기업의 가치를 향상시키는 방향으로 마케팅을 진행해야 하는 것이다.

◉ 특별한 스토리로 유혹하라

우리가 인터넷에서 다양한 서비스를 이용하고 상품을 구입하는 것은 단지 소비의 차원만은 아니다. 이는 기업과 고객의 중요한 상호작용 과정의 하나다. 고객은 상품과 서비스에 대한 경험을 하고 후기도 남기고 주위 사람들에게 추천도 한다. 이렇게 고객에게 체험과 경험이 중시되면서, 서비스 속에도 기업의 정체성이 새겨진다. 이것은 마치 명품을 쓰는 것과 동일하다. 사람들이 명품을 소유하는 것은 명품을 판매하는 기업의 정체성과 이미지를 소유하는 것이다. 품질보다 훨씬 높은 가격을 주고서라도 명품을 사는 이유는 명품이 주는 하이레벨의 가치, 주위에서 인식되는 자신의 가치를 얻고자 하는 것이다. 명품을 가지고 있으면 타인뿐 아니라 자신 스스로도 높은 레벨에 올라간 것만 같은 자신감이 생기는 것. 명품 시장의 배경에는 이러한 심리적 마케팅이 자리를 잡고 있다. 명품은 명품 자체만의 정체성이 있고 그것 때문에 사람들에게 그 가치가 연결되기 마련이다.

1950년대 섹시 아이콘이었던 마릴린 먼로가 샤넬의 특정 향수만을 사용하고 잠자리에 들었다고 가정하자. 그 시대 사람들이 가지는 마릴린 먼로의 이미지는 샤넬이 주는 향수 자체의 이미지와 겹쳐지게 된다. 소비자로서는 그 상품에 대한 스토리와 환상을 가지게 되는 것이다.

이렇게 사람들은 독특하거나 고급스럽거나 특별한 스토리에 열광한다. 그리고 단순한 정보가 아닌 스토리는 좀처럼 잊히지 않는다. 마릴린 먼로의 스토리가 배어 있는 향수는 출시된 지 수십 년이 지나도 여전히 그 스토리 속에서 사람들에게 기억되고 판매될 것이다.

기본적으로 사람들은 이야기하는 것을 좋아한다. 남들에게 이야기를 들려주고 재미있는 이야기를 듣는 것을 좋아한다. 소설가 김영하는 이를 두고 '설동설'이라고 했다. 인간이 살고 있는 지구는 태양 주위를 도는 것이 아니라(지동설), 이야기를 중심으로 돈다는 것이다. 이에 대해 심리학자들은 "인간의 내적 동기는 대부분 스스로에게 들려줄, 동기의 틀을 결정하는 자신의 삶의 이야기를 이행하는 과정에서 나온다"고 설명한다.

역사라는 것도 단일한 사건들을 엮어 하나의 이야기로 펼쳐내는 것이다. 단지 전쟁이나 사건만 있다면 그건 역사가 아니고, 사람들의 기억 속에 오래 존재하지 못할 것이다.

이야기에는 시작과 끝이 있다. 인과관계가 있다. 현실 세계에서는 시작과 끝이라는 경계가 분명하진 않지만, 모든 이야기에는 경계를 가르는 울타리가 있다. 그리고 이야기 안에 들어가는 모든 사건은 원인과 결과로 연결된다.

인간의 뇌는 다양한 사건 속에서 인과관계를 만들고, 교훈을 얻고, 감정을 공유하고, 삶을 변화시킨다. 기억을 이야기의 형태로 저장하는 것이다. TV드라마의 줄거리는 줄줄 펠 수 있지만 외워야 할 영어 단어는 좀처럼 머릿속에 안 들어오는 것도, 이야기 형태가 기억에 더 쉽게 저장되기 때문이다. 오래전에 들었던 이야기나 어린 시절 있었던 사건들이 몇 십 년이 지난 후에도 생생하게 기억나는 경우가 있다. 인간의 뇌에는 스토리를 기억하는 영역이 있기 때문이다. 이는 기업들도 주목해야 하는 부분이다.

프랑스의 생수 브랜드 '에비앙'에는 특별한 스토리가 있다. 프랑스 혁명이 일어난 1789년, 눈 덮인 알프스 산맥 산자락에 위치한 에비앙이란 마을에 신장결석을 앓던 후작이 요양을 했다. 어느 날 마을 주민으로부터 약효가 있는 우물물이 있다는 귀띔을 받고 그 물을 구해 꾸준히 마셨는데, 그 후 신기하게도 병이 나았다고 한다. 크게 기뻐한 후작은 우물의 정체를 탐구하기 시작했고, 그 결과 알프스의 눈과 비가 15년에 걸쳐 녹고 어는 과정을 통해 매우 깨끗하고 미네랄이 풍부한 물로 정화되었다는 것을 알게 된다. 우물물 주인은 이 물을 팔기로 했고, 1878년 프랑스 정부로부터 공식 승인을 받아 상업화되기에 이르렀다. 이 물이 에비앙이다. 이 일화를 이용한 스토리텔링으로, 에비앙은 세계적인 먹는 샘물로 성공을 거두었다.

제품에 스토리를 만들어 입히면 그것은 '새로운 제품'이 된다. 뛰어난 이야기가 정서적으로 일체감을 일으키면서 제품에 대한 선호를 유발하기 때문이다. 심리학자 멜라니 그린은 스토리 과정에서 독자가 이야기에 매료되는 것은 현실 세계에 대해 생각하고 느낀 것을 이야기 속에서 발견하기 때문이라고 한다. 그 스토리가 현실 세계에 연결된다면 강한 파급력을 가지게 되는 것이다.

하루에도 수많은 제품과 서비스가 출시되고 정보와 광고가 쏟아져나오는 마케팅 홍수의 시대. 어떻게든 사람들의 기억에 남도록 만드는 것이 마케팅의 주목적이라면, 그 해답은 이 같은 스토리에 있을 것이다.

소셜 미디어는 기업에게 이러한 스토리텔링 기반의 마케팅 메시지를 만들 수 있는 매우 효과적인 수단이다. 다양한 종류의 제품이 여기저기 넘쳐나고 있는 오늘날, 고객은 단순히 제품을 구매하는 것이 아니다. 브랜드가 지니는 이미지 연상과 개성을 사는 것이다. 고객은 자신의 이상에 일치하는 브랜드를 구매함으로써 자아의 만족감을 느낀다. 고객에게 감동을 주는 모든 브랜드에는 스토리가 있다. 브랜드의 탄생 신화, 브랜드가 걸어온 굴곡의 역사, 그 밖에도 따뜻하고도 진지한 여러 스토리를 창조해낼 수 있다. 최고의 스토리는 오히려 고객으로부터 나오기도 한다. 좋은 스토리의 주제와 플롯을 풀어헤치면 그 속에서 고객을 찾을 수 있다. 이런 점에서 소셜 미디어들은 고객이 각박한 현실을 탈출해 자신의 꿈을 실현해가는 새로운 탐험의 동반자인 것이다.

소셜 미디어는 무엇보다도 개성과 개인의 정체성을 노출하는 매체다. 개인의 일상, 기호, 활동 등을 일일이 기록하고 공유하면서 관계를 쌓아나가는 것이다. 온라인에서 인맥과 인지도, 관계는 물론 개인의 평판도 관리한다. 자기 정체성의 표현 공간, 전문성의 실현 공간, 상호작용의 형성 공간을 통해 새로운 자신을 형성하고 또 자신만의 공간을 확장해간다. 소셜 미디어에서 우리는 자신의 존재를 인정받고 명성을 쌓고 긍지와 자부심을 느낀다. 그 안에서 개인은 자신의 일상을 거침없이 공유한다. 주로 이용하는 서비스, 맛있는 식당, 괜찮은 관광지, 주로 쓰는 상품 등이 자연스럽게 노출되고, 그에 대한 후기까지 소통되면서 소셜 마케팅이 시작된다. 이 모든 것이 기업에게는 우호적일 수도, 치명적일 수도 있다. 여기서 중요한 점은, 이러한 활동을 고객이 자발적으로 한다는 것이다. 그만큼 다른 사람들에게 진정성을 주며, 따라서 더 많은 소비자들을 설득할 수 있다.

스토리텔링은 새로운 것은 아니다. 기존에도 기업들이 광고를 하는 방식 중 하나였다. 가령 A상품은 남녀 간의 우정, 사랑에 대한 이야기를 에피소드 형식으로 광고해 사람들의 이목을 집중시켰다. 결국 소비자들은 그 에피소드가 기억에 남고, 그 상품을 쓰면서 그 장면을 연상하게 되고, 그 장면의 일부가 되는 느낌을 받는 것이다.

소셜 미디어는 이런 스토리텔링에서 더 고차원적인 레벨로 넘어간다. 소셜 미디어에서의 스토리텔링은 기업이 주는 이미지에 국한되어 있는 것이 아니다. 개인이 그 상품에 대한 스토리텔링을 직접 제작하는 것이다. 개별 고객이 스토리텔링에 참여하고 직접 만들기 때문에 내용은 더욱 진실하며 스토리의 내용도 다양해진다. 그러나 기업이 제어할 수 없는 부분이기 때문에, 때로는 부정적인 스토리텔링이 만들어지기도 한다.

그렇다면 기업은 어떻게 해야 할까?

소셜 미디어에서의 스토리텔링은 고객의 참여를 확대시키는 방향으로 진행하되, 기업이 고객에게 전달하고자 하는 가치를 스토리텔링을 통해 예시하는 방법이 좋다. 소셜 스토리는 고객과 함께 만들어가는 것이다. 얼마 전 삼성은 소셜 미디어를 통해 '두근두근 투모로우’라는 환경 캠페인을 벌였다. 소셜 미디어로 봉사활동 등을 유도하면서 자발적인 고객의 목소리와 참여를 이끌어낸 것이다. 소셜 미디어에서의 스토리텔링. 앞으로 기업들이 주목해야 할 최고의 마케팅 방법이다.

APPCONOMICS

변화, 지금 당신이
세상의 중심이다

APPCONOMICS

도시철도공사의 기계 점검 소속 A씨. 매일 아침 사무실로 출근하면 점검표와 사다리 등 장비를 들고 현장으로 출동해 시설물 점검을 하는 것이 늘 똑같은 일과다. 관할구역을 돌며 오류가 있어 보이는 지점과 오류 내역을 점검표에 기록하고 오후 4시쯤 복귀하면, 그때부터 점검표에 기록된 데이터를 컴퓨터에 입력해야 한다. 그런데 상세한 사항이 기억나지 않거나 실수로 빠뜨리는 경우도 종종 있었다.

하지만 얼마 전부터 스마트폰을 업무에 활용하면서, A씨의 직장 생활은 크게 변화했다. 오전에 점검을 시작할 때, 그 내역을 점검표 대신 스마트폰으로 기입하게 된 것이다. 현장에서 즉시 말이다. 처음에는 스마트폰이 낯설고 입력 방법이 생소하여 시간이 많이 걸렸으나 이제는 이것만큼 편한 게 없다. 이젠 데이터를 입력하기 위해서 사무실로 복귀하지 않아도 된다. 대신 그 시간에 평소에 관심이 많던 신사업 분야 TF에 참여하고 있다. 기계 점검만 하는 따분한 생활에서 잠시 벗어나 새로운 일에 참여할 수 있고, 미래를 준비한다는 점에서 요즘 A씨는 회사 생활이 더없이 즐겁다.

주말에 간만에 가족들과 나들이를 가던 도시철도공사 경영지원
팀 소속 B씨. 길에서 큰 낭패를 만나고 말았다. 타고 가던 지하철이
불시에 멈춰서고 만 것이다. 무슨 일이 난 것일까? 쫓아가 보니 지
하철 시설물이 고장이 난 것 같다는 현장 직원들의 대답이었다. 즉
시 스마트폰을 꺼낸 B씨는 시설물 바코드와 고장 부위를 찍어서 전
송했다. 바로 고장 신고를 접수한 것이다. 스마트폰을 이용한 점검
시스템이 구축되기 전 같으면 "내 일이 아니니까……"라고 넘겼을
지 모를 일이다. 그러나 지금은 굳이 장비의 명칭이나 위치 등을 몰
라도 고장 접수가 가능하도록 환경이 변화했다. 그리하여 바로 지금
처럼, 시설 점검과 관련 없는 부서에서도 현장 활용하게 된 것이다.

얼마 전만 해도 상상 속에서나 존재했던 일들이 점점 현실화되고
있다. 보이는 곳, 보이지 않은 곳에서의 변화가 생각보다 빠르게 진
행되고 있다. 세상이 왜 이처럼 변화하는가? 무엇이 세상을 변하게
하는가?

불합리를 개선하려는 사람들의 끊임없는 의지가 모바일 시대를
만났다.

세상의 놀라운 변화는 이로써 출발했다.

손 안에서 이루어지는 모바일 오피스

깨끗해지는 사무실, 독인가 약인가?

첨단의 모바일 기기들이 우리의 삶 속에 빠르게 들어오고 있다. 일

터와 집의 구분이 모호해졌다. 언제 어디서나 모바일 오피스가 실현되고 있다. 과거의 사무실은 어땠는가? 다양한 업무용품이 여기저기 공간을 차지하고 있었다. 사무실 전화, 개인용 프린터, 모니터와 키보드와 데스크톱, 책꽂이, 팩시밀리, 선풍기, 휴지통, 업무에 필요한 파일 박스와 이를

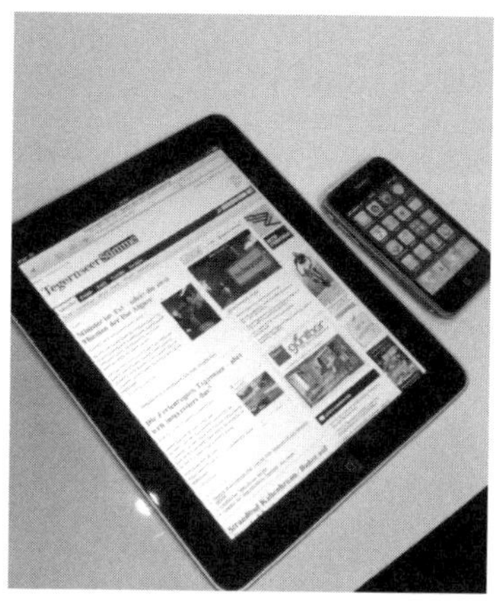

모바일 오피스의 대표주자 아이폰과 아이패드

보관하는 캐비닛까지. 오래 근무한 사람은 짐의 가짓수가 더 늘어나기 마련이었다. 타 근무지로 발령이라도 나면 수십 개의 박스에 서류, 책, 각종 집기류, 액자, 화분까지 옮겨야 했다.

최근 모바일 오피스에는 이런 기구들이 사라졌다. 근무하는 사무실에서 눈에 띄는 개인 사무용품이라면 달랑 2단짜리 캐비닛, 책상과 의자 정도. 공용 프린터와 복사기가 있으며 사무용품은 정해진 곳에서 갖다 쓰고 다 쓴 뒤 제자리에 갖다 두면 된다. 심지어 개인 책상 없이 아무 책상에나 앉아서 일해도 되는 사무실도 있다. 개인용 PC만 있으면 모든 업무 처리를 할 수 있기 때문이다. 이메일이나 시스템으로 업무를 처리하는 이즈음엔 일의 속도도 상당히 빨라졌다. 무엇보다 업무를 위해 필요한 사람들이 항상 모바일 상태에서 접속되어 있어 필요할 때 언제든지 소통을 할 수 있다는 점이 주목할 만하다.

모바일 오피스의 이러한 장점에도 불구하고 아직은 직장인들의

반대의 목소리 또한 크다. 지난 7월 직장인 1,100명을 대상으로 조사한 결과, 직장인 65%가 스마트폰을 통한 업무 처리를 반대하고 있었다. 반대 사유로는 30%가 스마트폰이 업무에 적합하지 않아서, 28%는 업무 환경이 제대로 갖춰진 후에야 가능해서, 또한 7%의 응답자는 스마트폰으로 일을 한다면 업무가 과중해질 것 같아서 반대한다고 했다. 반면에 스마트폰으로 가장 많이 하는 일은 이메일을 통한 업무 처리 21%, 인터넷 검색 65%, 트위터와 같은 SNS 6%, 교통 정보 파악 5% 정도로, 아직 앱이 업무용으로 제대로 활용되지 못하고 있다는 결론이었다.

그럼에도 스마트폰 보급에 따른 일상 변화는 지난 10년 인터넷의 보급에 따른 사회적, 개인적 삶의 변화보다 훨씬 빠르고 급격하게 진행되고 있다. 그 변화의 물결은 우리네 일터에서도 신속한 영향을 미치게 될 것이다.

모바일 오피스, 쉽고 꼭 필요한 것부터!

초창기 모바일 오피스는 보안 이슈, 근로자들의 환경 부적응, 인지도 부족 등으로 VPN(가상화 네트워크로 정보가 암호와 함께 전달되어 보안성이 높은 네트워크)을 통한 단순 사내망 접속 정도에 그쳤다. 국내에서 이메일과 전자결재를 중심으로 한 모바일 오피스가 본격적으로 소개된 것은 채 1년이 안 된다.

최근 스마트폰이 대중화되면서 기업들은 업무 효율성 증대를 위해 전문 부서별 특정 업무까지 포함하는 모바일 오피스 구현에 노력을 기울이고 있다. 이에 따라 모바일 오피스 구축이 한층 탄력을 받

모바일 BI(Business Intelligence) 구현 예시

고 있다. 통신사나 네트워크 설비 업체들도 모바일 오피스의 성장 가능성을 주목하는 중이다. 성장의 한계에 봉착한 국내 통신 시장과 IT 산업에 또 다른 블루오션이 되기를 기대하는 것이다.

모바일 오피스는 '유무선 통신망의 연동과 기업 업무 환경을 온 라인상에 가상화하여 언제 어디서나 업무를 위한 실시간 소통이 가 능한 환경을 구성하는 것'이 핵심이다. 이로 인해 직원들 간의 의사 소통이 원활해지고, 담당자가 부재중일 때 발생한 돌발 사태에도 신 속하게 대처할 수 있으며, 출장이나 외근 중인 경우에도 업무 처리 나 결재가 가능하여 전체적으로 업무 속도를 빠르게 해준다.

보험이나 연금 같은 상품 세일즈의 경우, 고객을 만나고도 계약 절차가 번거롭거나 상품 내용을 이해하기 어렵다는 이유로 몇 번씩 이나 찾아가 만난 고객을 끝내 놓치기 십상이다. 이런 경우 고객을 만나는 자리에서 모든 것을 결정할 수 있는 환경이 필요하다. 국내 에서는 미래에셋생명, 한화손보 등 보험업체가 스마트폰과 휴대용

프린터를 활용해 현장에서 즉시 계약서를 작성하고 고객의 서명을 받을 수 있게 했다. 기존의 계약 체결 과정에서 사무실을 들락거리며 서류를 챙겨야 했던 영업 관행을 완전히 바꾼 것이다.

무대 조명, 음향 등을 전문적으로 다루는 미국의 엔터테인먼트 기술 기업 PRG는 '언제 어디서나 의사소통이 가능한 모바일 원격회의 시스템'으로 고객의 불만을 잠재웠다. 생방송으로 보여주어야 하는 콘서트, 뮤지컬 등의 무대 공연은 사소한 실수에도 흐름이 끊어지고 불만을 제기하는 특성이 있기 마련. PRG은 무대 공연 중 발생하는 각종 사건 사고를 사전에 해결하기 위해 2008년 모바일 원격회의 시스템을 도입했다. 그리고 고객의 불만과 각종 사건의 원인 등에 대해, 현장 직원이 모바일 단말기를 이용해 즉시 본사 담당자와 원격회의로 공유한 뒤 협의를 거친 후 바로 처리했다.

도시철도공사는 시설물 유지관리 시스템을 스마트폰으로 구축해 큰 호응을 얻었다. KT와 협력하여 스마트폰을 통한 업무 처리가 가능한 지하철 유지관리 시스템을 구축한 것이다. 또한 공사는 전 직원에게 스마트폰을 지급, WIBRO/3G망을 통해 시설물 유지관리 업무를 실시간으로 처리하게 하였다.

이 결과 도시철도공사는 설비 고장이 40% 감소되고 통신비도 함께 절감되는 효과를 얻었으며, 축소된 운용 인력을 신기술 개발에 활용하여 회사의 미래가치도 높일 수 있게 되었다. 재무적인 효과 또한 컸다(투자비용 102억 원-단말 할부, 데이터 요금 5년 치-에 직접 운영비 절감 284억 원, 간접적 미래 혁신 가치 1,100억 원, 추가적인 사회적 편익 증대 3천 242억 원).

PRG나 도시철도공사의 사례에서 보듯, 모바일 오피스를 구현하기 전까지는 무엇이 개선될지, 동일한 업무를 모바일 체제로 바꾸면 어떤 장점이 있을지 경영진조차도 예측하기가 쉽지 않다. 내부 자료 및 기밀 사항 같은 보안 이슈가 예민하거나, 이질적인 스마트폰 사용과 작업 환경 변화로 직원들이 받는 초기 스트레스를 보상해줄 혜택이 없다면 모바일 오피스 구축은 큰 어려움에 봉착하게 될 것이다. 따라서 초기에는 IT부서가 아닌 CEO를 주축으로 시작하는 것이 좋다. 그리하여 모바일 오피스 이후 변화하는 업무 방식과 근무 장소, 직원 개개인의 역할에 대해 큰 틀에서 결정하고 모든 부서에 단계적으로 도입하는 방식이 필요하다.

주로 이메일과 전자결재 등 그룹웨어 업무를 위해 도입되어 온 모바일 오피스는 점차 활용 범위가 넓어지고 있다. 기간계 또는 정보계 업무까지 그 영역까지 확산되는 분위기이다. 이미 모바일 오피스를 도입한 기업들의 경우, 후속 프로젝트를 통해 모바일 오피스의 적용 범위를 점차 넓혀가고 있다. 특히 기업의 주요 경영성과 정보를 제공하는 비즈니스 인텔리전스 영역 모바일화를 통해, 실시간으로 경영진에게 주요 의사결정 정보를 제공할 수 있게 되었다. 임직원들은 스마트폰으로 언제든지 BI 애플리케이션에 접속해 주요 실적과 예측 정보를 다양한 형태의 그래프와 대시보드로 제공받을 수 있다. 주요 상품의 일별 월별 판매실적, 매출, 이익, 기관별 실적 및 예측 정보 등을 제공하는 BI는 모바일 오피스로 구현할 때 업무 효율성을 크게 향상시킬 수 있는 중요한 수단이 될 것이다. 경영진은 모바일 BI를 통해 경영에 대한 주요 성과 정보를 실시간으로 제공받고 언제 어디서든 신속한 의사결정을 내릴 수 있을 것이다. 또한 직원 역시 시간과 공간의 제약을 뛰어넘어 언제 어디서나 KPI(핵심성과지표) 달성 상태와 해당 실적을 모바일상에서 확인할 수 있다.

최고 경영 책임자를 포함한 전 임직원들이 얼마나 신속하게 경영 정보를 분석하고 이에 따른 전략적 의사결정을 내리느냐는 이제 기업 생존에 절대적인 요소일 것이다. 이런 점에서 24시간 접속 가능한 모바일 BI 도입은 기업의 생존과 지속 성장에 필수적인 과제다.

일본의 모바일 오피스

일본 내 기업 고객 수는 1,454만 명이고 기업용 스마트폰 가입자 수는 약 121만 명으로 전체 기업 고객 중 8.3%의 낮은 점유율을 차지하고 있다. 단말별로는 기존 대기업 고객을 중심으로 한 Windows Mobile폰이 65만(54%), 심비안 단말이 25만(21%), 차세대 스마트폰인 아이폰은 출시 2년 만에 15만 기업 고객 가입자를 확보하고 있다. 장차 아이폰 3GS의 저가 판매 및 아이폰4의 등장으로 기업 시장에서 아이폰의 니즈는 계속 증가할 전망이다. 아울러 2009년 4만 대 선에 머문 안드로이드폰도 올해는 사양과 사용성이 개선되어 도입을 검토하는 기업들이 늘고 있다.

일본의 한 설문조사에 따르면, 스마트폰을 도입해 활용하거나 검토 중인 중소기업이 약 22%에 달하고 있다. 사무실에서 일상적인 업무 수행을 위한 A4나 B5 크기의 노트북을 제외하면 스마트폰의 인기가 가장 높다. 서브노트북, 소형노트북 Mobile Thin Client는 스마트폰의 기세에 밀려나는 느낌이다.

지금까지 일본은 대기업 고객을 중심으로 한 NTT그룹(일본 최대의 통신회사)이 맞춤형 솔루션과 SI를 연계하여 소프트웨어를 제공하며, VPN과 3G폰으로 모바일 오피스 환경을 제공하는 방식이었다. 이런 상황에서 신규 통신 사업자인 E-Mobile이 무선데이터 시장에서 중소기업을 공략, 약 64만의 기업 고객을 확보하는 성과를 보였다. 이에 자극 받은 소프트뱅크사는 강력한 아이폰의 브랜드 인지도와 기존 영업망을 적극 활용, 중소기업 대상의 무선 시장 공략으로 전략 방향을 수정하고 있다. 취약한 솔루션 역량은 협력사와 제휴를 통하여 해결하고, 아이폰 자체를 기업용 솔루션의 플랫폼으로 포지셔닝하는 것이다.

한 중소기업용 패키지 SW업체는 아이폰 전용 토털솔루션 '간단 SaaS'를 출시하여 1만여 기업에 서비스를 제안했다. 기업에서 자주 쓰는 간단한 솔루션들을 패키지화한 것으로, 상품별 월 500~3,000엔만 지불하면 초기 비용 없이 손쉽게 쓸 수 있어 중소기업에게 특히 인기가 있다.

유명한 일본 최대 의류 유통업체 '패스트 리테일링'은 의류의 제작, 생산, 유통까지를 수직 계열화하여 최신 트렌드를 반영한 우수한 제품을 적기에 공급하고 있다. 매출 6,850억 엔으로 명실상부한 일본 1위 업체이며 종업원 수만 1만 1천 명이 넘는다.

2010년 3월 본사를 동경으로 이전한 패스트 리테일링은 직원 1,200명에게 아이폰3GS를 지급하여 정보 공유의 단말로 활용하도록 했다. 그리고 일단은 기업용 Web Mail 및 스케줄 확인, 사원 정보 주소록 열람 등 간단한 기능 정도만을 구현하여 외부에서도 이용

가능하도록 했다. 패스트 리테일링에 아이폰을 판매한 소프트뱅크는 아이폰 판매와 함께 패스트 리테일링 본사 내 Wi-Fi 환경 구축과 주요 거점을 연결하는 망구축, FMC 서비스, TV회의 서비스 등도 같이 제공하고 있다.

일본 요코하마 상과대학은 소프트뱅크와 협력하여 전 재학생 및 교원 1,700명에게 아이폰3GS를 무상으로 지급하고, 이러닝(e-learning) 솔루션 제공은 물론 학교 내 Wi-Fi 환경도 구축하겠다고 발표했다. 이러닝 솔루션은 소프트뱅크의 클라우드 서비스를 활용한 서비스다. PC와 아이폰이 연동하여 언제 어디서든지 수강이 가능하고 학습 이력 및 각종 학사 관리 등이 수월해진 것이 가장 큰 장점이다. 특히 통학 시간에 수강할 수 있다는 것에 만족도가 높다.

이처럼 가까운 일본에서는 스마트폰을 이용하여 간단한 패키지형 솔루션과 결합하는 SMB(Small & Medium business) 시장이 새롭게 급부상하고 있다. 통신사들은 취약하던 솔루션 제휴를 통해 핵심 솔루션 패키지에 집중하고, 기업용 솔루션 시장에서의 에코시스템 형성도 가능해 보인다.

스마트폰의 혁신 이미지 도입이 기업 가치 향상에 더 크게 기여할 수 있다는 측면을 일본 CEO들도 인식하기 시작했다. 이런 기회를 잘 포착한 소프트뱅크가 고객에게 아이폰과 클라우드(가상 PC환경 등)를 제공, 실질적인 가치 창출에 기여하고 있다. 이 분야의 꾸준한 확대가 예상된다.

⊡ 앱경영 시대, 리더의 자격

 인간 사회에서 리더는 언제나 있어왔다. 그리고 리더에게 요구되는 자질은 시대에 따라서 계속 변해왔다.

 경영 환경이 복잡해지고 이해관계가 수없이 얽히면서, 리더는 기존에 중요하게 여겨졌던 냉철한 판단력이나 추진력과는 다른, 새로운 능력이 필요하게 되었다. 앱경영의 시대, 모바일 경영의 시대에 요구되는 리더의 자질은 무엇보다도 '소통의 능력'이다.

 소통하는 리더는 직원과 회사, 이해관계자와 관계를 맺고 끊임없이 일어나는 충돌과 갈등을 현명하게 해결할 능력이 있는 사람이다. 리더가 강력한 리더의 지위를 통해 부하 직원을 제압하고 부하 직원들의 관계에 압력을 넣는 시대는 지났다.

월드컵 16강의 리더십

2010년 남아공 월드컵, 대한민국의 사상 최초 원정 16강을 이뤄낸 허정무 호와 캡틴 박(주장 박지성)의 소통 리더십이 화제였다. 그라운드에 선 박지성은 공격과 수비 모두에서 영리하고 침착한 플레이로 위기를 극복하고 기회를 만들어 찬사를 받았다. 또한 그라운드 밖에서는 다소 권위주의적이던 과거의 축구대표팀 주장과는 달리 '소통'을 최우선으로 한 부드러운 카리스마로 선수단을 이끌었다. 선수들의 이야기를 경청해 코칭스태프에게 전달하고, 어려운 상황에 처한 선수에게는 경험담을 들려주며 사기를 북돋은 박지성만의 리더십. 주장을 맡은 그는 감독과 코칭스태프와 선수간의 수직적인 소통에서도 훌륭히 가교 역할을 하며 팀을 하나로 결속시켰다.

허정무 감독 표 소통과 긍정의 리더십도 돋보였다. 그리스와의 일전을 3일 앞둔 시점에, 그는 선수들에게 뜻밖의 휴식을 주었다. 덕분에 선수들은 여유 있는 하루를 보내며 큰 대회 첫 경기에 대한 부담감을 떨쳐낼 수 있었다. 또한 그리스전을 하루 앞두고 진행된 전력 분석 시간에는 아예 코칭스태프가 참여하지 않았다. 딱딱한 분위기 대신 선수들만이 동등한 입장에서 자유스럽게 의견을 나눠보라는 의도였다. 이날 선수들은 누구 하나 할 것 없이 적극적으로 토론에 참여해 의견을 주고받았다. 그 결과 그리스의 고공 공격을 손쉽게 막아내며 짜임새 있는 플레이로 2대 0 완승을 거둘 수 있었다.

카리스마, 열정, 헌신 등 사람을 강하게 잡아당길 수 있는 리더십이 과거의 키워드였다면, 이제는 소통과 긍정의 리더십이 주목받고 있다. 온 국민이 목표했던 원정 16강 달성의 심리적인 부담감을 떨쳐내고 역량 높은 선수를 조직화하기 위해 허정무 감독이 택한 것은 특유의 부드러운 리더십이었다. 선수 개개인의 자율적인 능력을 극대화하고 선후배 사이의 적절한 조화를 위해 자율적인 문화를 택한 것이다. 경기 3일 전 선수들에게 주어진 휴식에 대해, 신문들은 반신반의하는 기색이었다. 만약 그리스 전에 패배했다면 뼈아픈 오명을 얻었을 수도 있는 도박이었다.

영화 〈아바타〉에서도 소통·교감이라는 주제가 등장한다. 서로 교감해야만 탈 수 있는 커다란 새 이크란의 이야기나 마을의 큰 나무 아래 나비족의 염원이 하나로 모이는 장면 등이 그러하다.

모바일의 시대, 소셜 미디어의 시대에는 기업 내 직원들 사이의 교감이 중요하다. 또한 고객과의 교감을 통한 소통이 중요하다. 이성적이고 냉철한 리더보다, 소통과 참여를 이끌고 감성적인 세심함까지 놓치지 않는 리더가 필요한 것은 이 때문이다.

리더는 조직원들의 인식과 행동을 어떻게 관리할 것인가에 대해 고민해야 한다. 이를 위해서는 소통이 필수적이다. 그러나 대부분의 리더들은 이렇게 투덜거린다. 소통을 위해 직원들에게 몇 번이나 설명했건만 잘 받아들여지지 않는다고. 소통은 그런 것이 아니다. 일방적인 것이 아니라 상호작용이다. 그리고 많은 노력과 시간을 투자해야 한다. 자신의 핵심 가치를 설명하는 것으로 소통이 끝났다고 생각하는 많은 리더들. 그러나 중요한 것은 그 가치를 팀원이 어떻게 이해했는지 들어보는 것이다. 왜 그 가치가 중요한지, 그를 위해 어떻게 해야 할지를 서로 소통해야 하는 것이다.

실패한 리더, 성공한 리더

휴렛패커드(HP)의 전 CEO인 칼리 피오리나는 소통의 부족 탓에 실패한 CEO로 알려져 있다. 사실 HP는 설립 당시부터 경영자와 직원 간에 소통과 협력을 중시하는 조직 문화가 성숙해 있었다. 이는 HP가 이뤄낸 수많은 혁신들의 바탕이기도 했다. 하지만 칼리 피오리나가 CEO로 선임된 후, HP의 조직 분위기는 급속도로 냉각되기 시작했다. 자유롭고 격식 없는 브레인스토밍은 점차 사라졌고, 그 자리에 정형화된 보고나 회의만이 늘어났다. CEO는 직원들과의 소통을 등한시하고 주요 투자자들에게 사업 계획을 설명하는 데에만 집중했다. 또한 창업자 가문의 반대에도 불구하고 컴팩과의 합병을 독단적으로 강행했는데, 그 과정에 대규모 구조조정을 추진함으로써 직원들의 심각한 반발을 사게 되었다.

결국 칼리 피오리나는 CEO 자리에서 물러날 수밖에 없었다. 리더는 팀원을 이끌고 나가야 한다. 이때 조직의 목표와 가치 등에 대한 소통은 필수적인 요소다. 피오리나의 실패는 조직 내부의 소통이 얼마나 중요한지를 보여주는 단적인 예이다.

리더는 조직의 핵심 가치를 일관되게 말해야 한다.

마트를 경영하는 CEO가 종업원들에게 요구하는 가치는 무엇일까. 친절? 빠른 계산? 편의? 그러나 빠른 계산에 몰두하는 종업원이 친절한 미소를 짓기란 불가능하며, 고객 편의를 모두 봐주면서 빠른 계산을 하는 것도 쉽지 않은 일이다. 팀원에게 요구하는 가치가 모두 충족되기는 힘들다. 어떤 가치는 충돌되기도 하며, 가치 실현을 위해 우선순위를 정할 필요가 있다. 서로 충돌되는 가치가 요구될 때 팀원은 혼란을 느끼게 된다. 리더는 핵심가치를 명확히 하고, 일관되게 소통해야 한다.

참여와 협업을 통한 성과가 중시되는 이즈음, 리더 밑에는 수많은 Self 리더가 필요하다. Self 리더는 실질적인 리더 아래 참여자들을 이끌고 지휘하는 자발적 리더다. 참여를 활성화하기 위해서는 Self 리더가 팀원 간의 대화, 중재, 협력을 이끌어낼 수 있어야 한다. 종사자들의 전문 분야가 달라서 접근하는 방식과 해당 지식 이해도의 차이가 클 경우에는 잘 설명하고 이해시키는 노력도 선행되어야 한다.

리더는 수많은 참여자 중에서 각기 다른 분야의 Self 리더를 발굴할 줄 알아야 한다. 그리고 이들이 전문가적인 입장에서 각각의 참여자에게 다가갈 수 있는 환경을 조성해야 한다. Self 리더와 참여자 사이에 관계의 선순환 구조가 이루어지면 참여자 개개인의 네트워크가 넓혀질 수밖에 없다. 서로 관계를 맺고 의사소통을 할 수 있도록 이끌어야 하는 것이다.

리더십을 비롯한 기업의 조직 문화는 기업을 움직이는 핵심 경쟁력이다.

기업 문화는 구성원과 회사 조직 체계 등이 서로 영향을 미치며 복합적으로 만들어진다. 하나의 기업 문화가 정착하기까지 시간이 오래 걸리고, 변화시키기도 쉽지 않으며, 타 기업이 모방하기도 힘들다.

소셜 미디어 경영이 성공하기 위한 중요한 열쇠 역시 이 같은 기업 문화다. 조직의 문화는 구성원이 만드는 것이다. 앱경영에서 조직 문화의 키워드는 참여, 개방, 소통이며 이를 기반으로 하는 문화 조성이다.

구글, 애플, IBM, P&G 등 개방을 통한 혁신으로 성공한 기업들의 기업 문화를 벤치마킹하기 위해 수많은 기업들이 그들을 연구하고 직접 방문하기도 한다. 그러나 큰 성과를 얻지 못하는 경우가 많다. 구글과 같은 혁신 기업을 막상 벤치마킹해도, 사실상 눈에 드러나는 것들은 별로 배울게 없다고 느껴질 뿐이다. 그러나 혁신적인 기업들의 성공 이유는 기업 문화에 있으며 그것은 한눈에 드러나는 것이 아니다. 사규에 정해진 것도 아니고 하루 이틀 방문해서 관찰한다고 알 수 있는 것도 아니다.

국내 기업의 한 사업 담당자는 회사의 경쟁력을 높일 수 있는 혁신적인 제휴 기술을 발견하고 들떠있었다. 그러나 막상 회사에 보고하자 내부 R&D 부서에서 "그런 기술 정도는 얼마든지 개발할 수 있다"며 부정적으로 반응했다. 제휴를 하고자 했던 업체의 기술력을 믿지 못한다는 것이었다. 기술과 관련한 지식이 부족했던 사업 담당자는 결국 외부 업체와 제휴를 포기했다. 이런 현상은 기업에서 흔히 있는 일로 NIH(Not Invented Here)신드롬이라고 부른다. 기업 자체에서 추진한 혁신이나 기술이 아니면 정서적 거부감 때문에 혁신을 추진하는 데 걸림돌이 되는 것이다. P&G는 이런 태도를 고쳤기 때문에 성공했다. 유명한 'PFE(Proudly Found Elsewhere)' 문화가 그것이다.

조직의 가치는 결국 문화와 시스템, 그리고 사람이다.

성숙하지 못한 기업일수록 사람에 대한 의존도가 높다. 반면에 선진적인 기업은 시스템을 더 중요하게 생각한다. 조직 문화를 탓할 때, 보통 시스템보다 사람을 탓하기 쉽다. 사람이 기본 단위인 것은 틀림없는 사실이기 때문이다. 그러나 조직 문화는 전문가가 아니라 조직에 속한 사람들이 만들어가는 것이다. 인사나 성과 제도는 기업의 문화를 만들기에 충분한 시스템이다. 팀 단위로 성과를 산출한다면 사람들은 개인보다 팀 위주의 성과를 위한 문화를 창조해낼 것이다. 개인 단위로 성과가 맞춰진다면, 팀보다는 개인적인 문화가 더 확산될 것이다. 물론 하루아침에 이런 문화가 정착되는 것은 아니다. 제도나 시스템은 기업 문화의 방향을 제시하는 역할을 하고, 구성원은 그 방향에 맞게 스스로를 변화시키기도 하면서 적응한다. 그렇게 기업의 조직 문화는 만들어지는 것이다.

모바일 경영, 놀이와 일의 경계를 넘나들다

스마트폰의 더욱 강력해진 엔터테인먼트 기능에 많은 사용자들이 크게 호응하고 있다. 재미있는 게임이나 생활형 앱들. 요즘은 엔터테인먼트와 결합한 스포테인먼트(스포츠+엔터테인먼트), 인포테인먼트(인포메이션+엔터테인먼트) 등이 유행이다. 엔터테인먼트는 목적이 될 수도 있고 수단이 될 수도 있지만 참여를 이끌고 동기를 유발하는 것임에는 틀림없다. 앱경영에서도 엔터테인먼트가 접목될 수 있다. 노력하는 사람이나 똑똑한 사람이 즐기는 사람을 이길 수는 없다는 말처럼, 일과 즐거움도 뗄 수 없는 관계이다. 그래서 'FUN 경영'이라는 말도 나오는 것이다. 구성원들의 자발적 참여와 소통이 필요한 앱경영에서 즐거움은 필수다.

모바일 오피스와 스마트폰 등 IT기기의 발달로 어디에서든 일을 처리할 수 있는 현재의 환경에서는 일과 개인생활이 모호해지는 경향이 있다. 모바일 기기는 일의 효율을 높여줄 뿐 아니라 트렌드에 뒤지지 않고 소통하기 위해 필수적인 기기이다. 분위기 딱딱한 사무실에서 창조적인 아이디어가 나오기는 힘들다. 일이 즐거울 수 있기 위해서는 여러 요소가 작용해야 하겠지만 무엇보다 내 일에 집중할 수 있는 환경이 중요하다. 신속한 업무 처리를 위한 인프라가 구축되고, 불필요한 회의가 없어지며, 언제 어디서든 업무에 필요한 사람들을 접촉할 수 있는 환경 말이다. 업무상 비생산적 요소들은 사실 많은 노력 없이도 간편하게 해결될 수 있다. 그로 인해 일에 좀 더 집중할 수 있으며 '나'를 중심으로 일을 처리할 수 있다. 근무 시간은 비슷해도 생산적인 일을 하는 시간은 더 늘어나는 것이다. 이에 따라 업무를 지원해주는 Staff 부서의 역할은 점점 줄어들고 이를 위한 불필요한 노력을 쏟을 필요도 없게 된다. 가장 핵심적인 일에 더 집중할 수 있는 것이다.

앱경영에서는 조직 구성원들 개개인의 직무, 직급, 직책, 소속 단위가 중요하지 않다. 그 경계가 사라지고 있는 것이다. 신제품 개발이나 기획, 혁신처럼 비정형화된 미션을 누구나 맡을 수 있다. 타 부서의 문제를 다른 시각에서 바라보고 해결책을 제시해줄 수도 있다. 직급이나 소속을 벗어나 창조적인 교류가 일어난다면, 이야말로 새로운 아이디어와 혁신의 가능성으로 이어질 것이다.

모바일 Business Model

> 모바일 기반 사업 모델 : 사업 모델 재정비, 모바일 서비스 추가로 고객 편의 증대, 유연한 가격 책정으로 고객 비용 절감, 신사업 모델 개발로 고객에게 새롭고 풍부한 경험 제공, 첨단 기술을 활용하는 새로운 앱 비즈니스

애플리케이션 시장이 확장됨에 따라 개발자들도 전 세계 시장을 대상으로 앱스토어에 자신의 아이디어 상품을 제공할 수 있다. 유통 수수료가 거의 없으므로 1인 창업도 가능하다. 적은 개발비로 다수의 사용자에게 저렴하게 공급할 수 있다는 것이 앱스토어의 장점이다.

모바일 기반 수익 모델은 다음과 같이 크게 4가지로 나눌 수 있다.

첫째, 일반 기업이 모바일 앱을 통해 자신의 인터넷 웹 서비스를 확장하는 경우다. 사업 다각화를 위해 동일 서비스, 신규 시장에 확장하는 전략이다. 소액 결제, 펜션, 호텔, 항공기 예약, 모바일 쇼핑 등의 상거

래가 여기에 해당된다. 한국에서도 다음(쇼핑 노하우), CGV(영화 예매), 아시아나항공, 대한항공 등이 시작하고 있다.

둘째, 오프라인에서 판매되는 음악, 책, 게임, 영상물 등이 앱을 통해 애플리케이션 스토어에서 판매되는 경우이다. 저작권 관련물이 대부분 5달러 미만이라 일반인들이 구매하기에 부담이 적다. 오래되어서 저작권료는 적으나 판매가 일부 있을 수 있는 롱테일형 상품 역시 여기에 적합하다.

셋째, 자사의 서비스를 무료로 제공하는 대신 화면의 일부에 광고를 노출시키는 경우다. 고객이 해당 서비스에서 검색한 것과 유사한 상품이나 서비스에 대한 광고가 될 수도 있고 위치 기반 서비스인 경우에는 해당 지역 내의 광고가 될 수 있다. 요즘은 서비스를 이용하면서 수집한 데이터를 기반으로 고객 맞춤 광고도 제공되고 있다. 예를 들자면 게임의 경우 무료 제공하는 대신 게임 실행 전에 10초 정도의 광고를 시청해야 한다. 광고 시간을 기다리기 싫다면 상용버전을 구매하면 된다.

넷째, 타 산업과 연계해 전혀 새로운 비즈니스를 창출하는 경우다. 스마트폰의 특징인 위치 기반 서비스와 광고, 게임을 결합한 서비스도 유행이다.

사례 1 | 세카이카메라 바쿠하츠 카붐 DDN-100720-7.PDF 소설 + 위치정보 + AR
사례 2 | CGV앱의 경우 앱을 통한 예매, 영화 차트 검색, 극장 검색, 포인트/쿠폰 내역 확인이 가능하며 증강현실을 활용하여 CGV극장과 타사의 극장까지도 확인이 가능하게 구현
사례 3 | 증강현실을 활용한 광고 서비스 구글 고글(Google Goggle)로 책이나 건물, 음식점 등을 스마트폰의 카메라를 통해 촬영하여 찾아주는 서비스. 건물이나

음식점을 촬영할 때에는 GPS를 활용하여 그 음식점의 정확한 위치까지 덧붙여서 검색해 정확한 정보를 준다. 아직 한국에서의 서비스는 없는 듯.

사례 4 | 온라인 결제 업체인 Paypal paypal mobile. 가볍게 접촉(bumping)시키기만 하면 더치페이 및 계좌 송금이 가능한 모바일 결제 애플리케이션

스마트 정부

정부도 이제 스마트폰을 활용한 스마트 정부로 탈바꿈하고 있다. 이는 시대의 트렌드이기도 하지만 국민이 원하는 서비스를 언제 어디서나 제공할 수 있는 정부의 필수적인 역할일 것이다. 예전처럼 관공서에서 서류 하나 떼는 데 몇 시간이나 기다리는 등 불친절했던 공공 서비스는 이제 점점 사라지고 있다. 대한민국은 이미 UN 전자 정부 평가에서 1위를 차지할 만큼 스마트 정부로서 위상이 높다. 또한 IT강국답게 차세대 전자 정부를 향한 스마트 정부 액션 플랜도 지속적으로 수립되고 있다. 이사, 결혼 등 집안 대소사가 있을 때마다 관공서에 가서 많은 서류를 냈던 것도, 이제 방문 없이 인터넷에서 처리할 수 있다. 국토해양부는 각종 부동산 민원서류를 하나로 통합하는 부동산 공부 일원화 사업을 추진할 계획이다.

해외에는 영국 법무부가 후원하는 'Fix My Street' 라는 공공서비스가 있다. 모바일 인터넷, 위치 기반 서비스, 민원센터 등이 결합한 서비스다. 일반인이 위치 정보, 사진이 포함된 민원 정보를 공무원에게 모바일로 전송하면 즉시에 해결할 수 있는 정보를 다시 받을 수 있다.

미국 여러 주 정부에서도 스마트폰, 지리정보시스템(GIS) 등을 이용해 범죄 예방, 긴급 구조 등의 실시간 민원서비스를 제공하고 있다. 오클라호마 카운티의 경찰은 스마트폰 '블랙베리' 로 FBI의 국가범죄정보

센터(NCIC)에 접속해 각종 범죄 정보를 얻는다. 순찰 중에도 정보 수집이 가능해지면서 업무 처리가 신속·정확해졌다고 한다. LA에서는 GIS를 이용한 쓰레기 수거 시스템을 개발해 수거 인력이 지도를 보면서 일일이 찾아가는 번거로움을 없앴다. 수거 인력은 PDA로 도로 교통 상황, 교통사고 정보까지 제공받아 최단 시간에 쓰레기를 수거할 수 있게 됐다. 미국 금문교 교통관리국은 상습 교통체증 지역인 금문교의 차량 통행 흐름을 개선하고 35명에 달하는 징수원의 비용을 줄이기 위해 무인 요금징수 시스템 '패스트랙'을 도입했다. 비디오 캡처로 통행 차량을 인식하고 이 데이터를 바탕으로 톨게이트 비용을 해당 운전자나 자동차 소유 회사에 우편으로 청구하는 방식이다.

제7장

앱경영 시대를 준비하라

APPCONOMICS

🔲 앱경영 로드맵

앱경영으로 가치사슬을 전환하라

불황기일수록 혁신이 필요하다. 소비자들의 소비 행태가 변하고 있다. 불황기의 소비자들은 경제적 불확실성으로 인해 소비 지출에 대한 판단 기준을 강화하기 마련이다. 저비용 고효율 제품과 서비스에 대한 니즈는 주로 불황기에 나온다. 기존에 없던 새로운 패러다임의 상품도 마찬가지다. 불황기 때 고객의 니즈를 즉시 파악하고 신속하게 대응하는 기업만이 성장의 기회를 잡을 수 있다.

불황기일수록 기업에는 철저한 비용 절감이 요구된다. 이 시기의 기업들이 새로운 마케팅 기법을 시도하고 내부 지원 프로세스의 전면 쇄신을 추진하는 것은 그래서다. 기존 매체와 마케팅 기법을 그대로 유지한 채 단순히 마케팅 비용만 절감한다면 기업은 극심한 경쟁 환경에서 뒤쳐지게 될 것이다. 성공하는 기업들은 비용 절감을 뛰어넘어 새로운 마케팅 기법을 창출한다. 트위터, 페이스북, 링크드인 등 소셜 미디어를 활용한 다양한 쌍방향 마케팅 기법이 이런 맥락에서 활발히 시도되고 있다. 모바일 기술과 소셜 네트워크 서비스를 활용한 광고, 온라인 이벤트 등 다양한 쌍방향 마케팅 기법은 이미 그 효과가 입증되고 있다. 비용 절감과 고객의 니즈 파악이라는 두 마리 토끼를 잡는다는 점에서 말이다.

기업의 지원 활동 변화도 이러한 관점에서 이해할 수 있다.

기업이 부가가치를 창출하기 위해 우선적으로 효율화를 추구하는 영역은 인사, 구매, 재무회계 등 지원 성격의 프로세스다. 사내 커뮤니케이션의 중심인 그룹웨어를 모바일로 전환하는 모바일 오피스는 이처럼 지원 활동의 효율화에 그 초점이 맞추어져 있다.

2008년 사상 최대의 금융위기를 뚫고 급속도로 성장한 제품과 서비스는 바로 아이폰, 앱스토어, 안드로이드, 트위터와 페이스북과 같은 모바일 또는 소셜 네트워크 서비스들이다. 이들 애플과 구글 그리고 트위터와 페이스북은 불황기 소비자의 요구 변화를 예측하고 기업의 혁신 방향에 부합하는 혁신적인 비즈니스 모델을 만들었다. 앱경영이 추구하는 모든 변화들은 바로 불황기에 맞서는 혁신에의 노력에서 그 출발을 찾을 수 있다.

기업은 앱경영을 어떻게 도입해야 할 것인가?

앱경영은 앱을 통해 기업 가치사슬의 대전환을 기획하고 실행하는 데 그 목적이 있다. 이른바 앱 트랜스포메이션(Transformation)이다. 이 거대한 전환은 스마트폰과 태블릿 같은 복합적이고 지능적인 스마트 모바일 단말의 보급을 통해 사람과 사람, 사람과 콘텐츠, 콘텐츠와 콘텐츠를 연결하고 확산하는 소셜 서비스를 통해 시작되었다. 세상은 이제 모바일과 소셜을 향해 가고 있다. 이 두 가지 급류는 IT의 변화를 뛰어넘어 기업, 나아가 사회 전반에까지 새로운 흐름을 만들어내고 있다. 모바일과 소셜 서비스의 강력한 결합으로 태어난 '실시간 연결성'은 우리 시대 새로운 변화의 출발이다. 앱 트랜스포메이션이란 앱을 통해 기업의 업무 환경부터 상품과 서비스, 나아가 고객의 태도까지 폭넓게 바꾸는 이른바 가치사슬의 혁명이다. 스마트 단말을 활용하여 시공간 제약이 없는 업무 환경을 구현하는 것, 고객에게 가치를 극대화할 수 있도록 비즈니스 프로세스를 개선하는 것, 새로운 상품과 서비스와 비즈니스 모델을 개발하는 것, 나아가 시장과 산업의 재편을 선도하는 것, 이 모두가 앱 트랜스포메이션의 효과다. 기업뿐 아니라 산업과 사회 전반에 영향을 미치는 거대한 전환인 것이다. 앱 트랜스포메이션은 이처럼 한 시대의 종언이자 새로운 서막을 알리고 있다.

앱경영이 실천해가는 기업 가치사슬의 혁신은 전략, 기획, 인사/교육, 재무 등 지원 성격의 프로세스와 기업의 R&D, 제조/생산, 마케팅, 영업, 고객 서비스 등 본원적 프로세스를 포괄한다. 앱을 통한 가치사슬의 혁신은 기업 내외부의 소통 확산과 비효율성을 제거하는 방향으로, 나아가 고객 가치를 극대화하는 방향으로 진행되어야 한다.

앱 트랜스포메이션은 기업 내부 효율성 제고와 고객/시장 가치 증대라는 두 가지 측면에서 설명될 수 있다. 앱경영은 스마트폰, 태블릿 등의 모바일 도구를 가지고 소셜 네트워크 서비스라는 새로운 공간 속에서 펼치는 기업의 혁신 전략이다. 기업 내부로부터 혁신을 단행하고 외부로부터 학습하고 진화하는 하이브리드 혁신 전략인 것이다.

스마트폰과 소셜 미디어 확산이라는 환경 변화에 대해, 남이 하니까 나도 한다는 식의 무분별한 대응은 실패로 끝나기 쉽다. 기업의 현재 상황에 대한 명확한 진단과 앱경영 도입을 위한 전략적 목적을 분명히 설정한 뒤, 기업의 가치사슬의 혁신이라는 측면에서 어떻게 단계적으로 앱경영을 도입할지 의사를 결정해야 한다. 앱경영은 표준화된 세트 메뉴가 아니다. 내 자신의 건강과 입맛에 따른 커스터마이징 메뉴다.

먼저 내부 효율성 측면에서는 모바일 기술을 통해 내부 커뮤니케이션 효과를 높이고 업무의 신속성 증대를 위한 모바일 오피스 도입과 업무용 애플리케이션 도입을 들 수 있다. 기업에서 소요되는 막대한 지원성 운영비를 효율적으로 개선하기 위한 일련의 노력, '인사이드 아웃' 혁신이 그것이다. 앱경영은 효율성 개선에서 나아가 이른바 실시간 기업(Real Time Enterprise)의 완성이라고 할 수 있는 것이다.

먼저 모바일 오피스는 이메일과 일정관리, 주소록, 결재 등 기본적인 그룹웨어 기능부터 사내 지식관리 영역까지 확장된 기업 커뮤니케이션의 강력한 툴로 활용되고 있다. 사내 공통 업무 및 커뮤니케이션의 중심인 그룹웨어의 모바일화를 통해 업무의 신속성은 물론 업무 공간의 확장을 이루는 것이다. 개별 기업은 물론이고 그룹 차원에서 모바일 오피스를 도입하는 기업들도 늘고 있다. 효성그룹은 국내 기업 최초로 아이폰4를 기반으로 한 모바일 오피스를 구축했으며, SK그룹에 이어 재계 두 번째로 그룹 차원의 모바일 오피스를 전면 도입하고 있다.

　기업 내부 효율성 측면에서는 모바일 오피스에서 한 걸음 나아가 다양한 업무의 모바일화를 빼놓을 수 없다. 스마트폰이 등장하기 전에 PDA 등을 활용하여 수행했던 업무 영역들이 이제는 스마트폰과 앱으로 대폭 개선되어 적용되고 있다. 서울도시철도공사는 2010년 1월 '지하철유지관리시스템'이라는 스마트폰 업무 환경을 구축한 이후 운행시설 점검과 유지보수 업무에 쓰는 시간을 대폭 줄이고 문제 발생 시 신속한 대응을 강화하고 있다. 기아와 GM대우 등 자동차 기업들도 영업 사원의 고객관리를 위해 스마트폰을 지급, 이동 중 업무 처리 속도를 개선하고 있다.

　두 번째 고객/시장 측면. 기업이 고객들의 가치 향상을 위해 제공하는 애플리케이션 영역과 새로운 수요 창출을 위한 다양한 융합 서비스 등이 해당한다. 특히 제조업이나 B2B기업보다는 소비재 기업이나 금융, 엔터테인먼트 기업에서 그 활용 범위가 무궁무진할 것으로 예상된다. 고객/시장 측면에서의 혁신은, 우선 기업이 고객에게 모바일 서비스를 제공함으로써 고객 편의를 극대화시키는 노력이 포함된다. 금융기관들은 스마트폰을 통한 모바일 서비스 제공을 발빠르게 준비하는 중이다. 우리은행, 국민은행, 하나은행, 신한은행 등 시중은행들은 앞다투어 모바일 뱅킹 애플리케이션을 기본으로 아파트 시세나 대출 조회, 가계부 등 특화서비스까지 제공하고 있다. 증권사들 역시 증권 거래 애플리케이션을 제공하고 있다. 일정 거래 규모 이상의 고객들에게는 스마트폰 자체를 무료로 지급하기도 한다. 고객에게 스마트폰용 애플리케이션을 제공함으로써 고객 가치 향상을 추진하는 기업들이 적지 않다.

또한 소비자의 욕구나 소비 습관의 본질적인 변화를 사전에 예측하고 이에 기반한 전략을 재수립하는 작업이 요구된다. 이른바 '아웃사이드 인' 혁신이다. 고객과의 지속적인 소통으로 고객 니즈를 실시간 모니터링하고 고객 니즈를 극대화시킬 수 있는 다양한 융·복합 서비스의 개발, 이를 뒷받침하는 강력한 혁신 체계가 그 핵심이다.

기업이 고객 가치 강화 차원에서 제공하는 모바일 서비스는 단지 편의 정보에 그치는 것이 아니다. 한 고객의 경험은 모바일 앱의 활용 차원에서만 끝나지 않는다. 모바일 앱을 통해 체험한 가치들은 소셜 네트워크를 통해 타인과 공유된다. 서비스 저변이 지속적으로 확대되는 것이다. 고객에게 제공되는 새로운 경험은 소셜 공유를 통해 자생적으로 진화를 거듭함으로써 새로운 가치를 창출하곤 한다. 기업이 제공하는 모바일 앱은 바로 이러한 선순환 구조를 목적으로 해야 한다. 이를 위해서는 자사만의 서비스에 국한하지 말고 다양한 소셜 네트워크 서비스를 활용해야 할 것이다. 아마존에서는 페이스북과 서비스를 결합, 페이스북 내 고객 정보를 기반으로 음악과 영화 콘텐츠를 추천해주고 있다. 기업이 고객에게 제공할 서비스는 기존의 자사 중심 사고에서 벗어나 철저히 고객 관점에서 가치를 극대화할 수 있는 방향이어야 한다. 기업이 개방을 추진하거나 외부 개방 서비스를 적극 활용하는 첫 번째 이유는 바로 고객 가치다.

미국 대선 딩시 오바마 캠프에서 소셜 미디어 전략을 기획했던 마이클 슬래비(Michael Slaby) 에델만 수석부사장에 따르면, "소셜 미디어라는 수단에 주목하기보다는 그것을 통해 전달하고자 하는 가치를 먼저 분명히 알아야" 한다. 우리가 누구이며 우리가 이루고자 하는 가치가 무엇인지, 최상층 지도부에서부터 트위터를 모니터하는 인턴 직원까지 분명히 알아야 한다는 것이다. 스마트폰이든 소셜미디어든 그 자체에 환호할 것이 아니다. 진정으로 이루고자 하는 가치가 무엇인지 분명히 보여주어야 한다. 가치가 드러나지 않으면 수단도 무력해진다. 앱경영이란, 가치가 기획되고 생산되고 소통되는 공간을 만드는 과정이다.

전략적 목적은 망각한 채 새롭고 화려한 수단과 기술에만 몰두해서는 안 된다. 앱경영은 단순한 기술이 아니다. 전략적 차원에서의 큰 그림에 따라 움직여야 한다. 모바일 오피스 도입에 앱경영 전략의 부합성 여부부터 면밀히 검토해야할 것이다. 업무 효율성 향상뿐 아니라, 궁극적으로 앱을 통한 기업 가치사슬의 트랜스포메이션을 이루어내야 한다. 이를 위해 명확한 전략적 목적을 설명하고 이에 따라 단계적으로 도입하는 것이 바람직하다. 앞서 설명했듯 기업 내부 효율성 측면의 앱경영 도입이 우선할 수 있을 것이다. 물론 모바일 업무 환경 자체도 조직 문화의 변화, 비즈니스 프로세스 개선, 정책/제도의 변화, 성과 체계 개선을 수반하지 않고서는 제대로 정착할 수 없다. 이를 위해 파일럿 프로젝트로 도입하면서 다양한 측면에서의 임직원의 변화 관리에 주력해야 한다.

고객/시장 측면의 앱경영 도입은 더욱 어렵고 힘든 과정이 될 것이다. 앱경영의 핵심은 생산자 중심의 기업 내 정보 공유와 빠른 소통에 따른 효율성 제고가 아니다. 고객 관점에서의 가치 향상이다.

고객에게 제공하는 모든 모바일 서비스는 고객 일상생활에서의 행동 방식을 변화시킬 수 있는 고객 가치를 지향해야 한다. 이를 위해 근본적으로 새로운 시각이 필요하다. 앱경영의 도입은 고객의 눈으로 세상을 이해하고 고객의 라이프스타일 변화를 분석하는 작업부터 시작되어야 한다. 그리고 고객 피드백에 따라 고객 니즈를 반영, 고객과 함께 새로운 융합형 가치를 개발하는 과정으로 나아가야 한다. 새로운 융합형 상품과 서비스는 기업과 고객이 함께 창조하는 가치의 축적이다. 이를 위해 개방형 혁신 체계로 나아가는 한편, 앱경영을 지속적으로 확대 재생산하는 노력이 필요하다.

고객 중심의 가치 융합

최근 급속도로 확산된 스마트폰과 소셜 미디어는 비용 절감에 시달리는 마케터들에게 새로운 기회를 제공하고 있다. 24시간 온라인 상태에 있으며 웹사이트 접속은 물론 각종 애플리케이션을 활용해 다양한 편익을 누릴 수 있는 스마트폰. 마케터들에게는 바로 이러한 스마트폰이 더 이상 좋을 수 없는 최대의 디지털 마케팅 도구이다. 이제 디지털 마케팅의 앞날은 마케터들이 스마트폰 애플리케이션을 어떻게 활용하느냐에 달렸다.

이제 고객들은 과거와는 달리 스마트폰으로 상품과 서비스를 사전 검색하고, 소셜 네트워크를 통해 상품에 대한 의견을 친구들과 주고받은 뒤 구매를 결정하곤 한다. 마케터에게 중요한 것은 상품의 구매 시점이 아니라 구매로 이어지는 모든 단계, 구매 후 평가로 이어지는 과정에 대한 고객과의 연결 고리이다.

고객과의 소통 없이 판매에만 급급하다면 과거 마케터와 다를 바가 없는 것이다. 물론, 앱스토어나 안드로이드 마켓에 있는 많은 애플리케이션들이나 소셜 미디어상에서 떠도는 이벤트/프로모션을 보면, 아직까지는 구시대적 마케팅 전략에 머물고 있는 것처럼 보인다.

소셜 공간과 마케팅을 결합하는 데에 있어 가장 핵심적인 요소는 모바일의 실시간성이다. 실시간으로 고객의 니즈를 파악하고 즉각적으로 대응하는 것이 그 핵심이다. 고객 상황에 제대로 대응하지 못한다면 스팸이 되고 만다.

성공적인 소셜 미디어 마케팅을 수행하기 위해 기업은 체계적인 접근과 철저한 방법론을 적용해야 한다.

첫째, 소셜 미디어 마케팅 조직을 신설하고 고객의 니즈에 대해 파악하고 분석하는 단계가 선행되어야 한다. 소셜 미디어 지식이 있는 전담팀이 있어야 하며, 수립된 소셜 미디어 운영 가이드라인에 따라 운영돼야 한다. 신설 조직은 소셜 네트워크상에서 회자되는 주제와 실시간으로 변하는 고객들의 이슈를 철저히 분석할 줄 알아야 한다. 잠재 고객의 니즈에 대한 이해나 실시간 이슈에 대한 명확한 분석이 없다면 아무리 화려한 이벤트를 기획해도 실패할 수밖에 없을 것이다.

블로그나 페이스북, 트위터 등에 나타나는 고객의 반응은 얼핏 무질서하고 통제 불가능한 것처럼 보인다. 하지만 지속적인 탐색과 모니터링을 통해 핵심 고객을 분류하고 채널별 고객의 특성을 파악한다면 이에 대한 체계적인 대응 전략을 세울 수 있다.

둘째는 마케팅의 목표를 설정하는 단계이다. 소셜 공간에서 고객의 행동에 대해 이해했다면 다음으로 할 일은 소셜 미디어 마케팅을 통해 달성하고자 하는 목표를 설정하는 단계이다. 기업들은 어떠한 목적을 위해 소셜 미디어를 활용할 것인지를 명확히 하고, 이러한 목적을 바탕으로 각 가치사슬에서 고객와의 접점을 어떻게 확대하여 기업과 고객의 가치를 향상시킬 것인지에 전략을 구체화해야 한다. 소셜 공간에서의 디지털 마케팅은 특정 고객군별로 DM을 중심으로 하던 과거 전통적인 마케팅 기법과는 활동 자체가 다르다. 소셜 공간에서는 고객 불편을 수렴하고 개선 활동을 하는 행동부터 각종 이벤트 공지, 잠재 고객을 대상으로 한 수다스러운 댓글도 일종의 마케팅 활동으로 간주할 수 있다. 따라서 마케팅 목표 자체가 명확하게 설정되지 않는다면 무분별한 마케팅 활동이 이루어질 가능성이 높다.

셋째는 회사의 공식적인 소셜 미디어 계정을 만들고 본격적인 고객 커뮤니케이션 활동을 수행하는 단계이다. 계정은 일단 만들면 오픈되는 것이므로, 계정을 생성하기 전에 운영을 위한 세부적인 전략이 반드시 세워져 있어야 한다. 고객과의 대화 방식, 고객에게 제공할 콘텐츠, 이벤트/프로모션 기획, 고객 반응에 따른 개선, 파워유저 케어 모델, 목적에 따른 채널 활용법 등 세부적인 운영안이 마련된 후에 비로소 계정을 오픈해야 한다는 것을 잊어서는 안 된다.

계정을 만든 이후 기업은 어디에서부터 시작해야 할까? 우선 듣기이다. 소셜 미디어에 참여한나는 섯이 무조건 트위터에서 무언가 말해야 한다는 것을 의미하지는 않는다. 다양한 검색을 통해 매달 자사와 경쟁사의 이슈에 대해 사람들이 어떤 이야기를 나누고 있는지 살펴보아야 한다. 소셜 미디어상에서 소비자 목소리에 귀를 기울이기 시작했다는 것은 마케팅에서 커다란 의미를 갖는다.

마지막은 지속적 모니터링과 피드백 단계가 필요하다. 마케팅에서 고객 소통이란 일회적으로 상품을 파는 것뿐 아니라 고객 가치를 지속적으로 유지하는 것까지가 포함된다. 고객의 사소한 불편과 불만이라고 하더라도 그 파장은 실시간성으로 인해 막대한 영향력을 끼칠 수 있다. 기업 디지털 마케팅은 지속적으로 고객의 목소리에 귀를 기울이면서 고객 피드백을 꾸준히 관리해야 할 것이다. 트위터로 고객 소통을 하고 있는 대부분 기업들의 경우, 실제로 고객 불만에 대응하는 것에 대부분의 시간을 할애하고 있다. 이를 위해서는 관련 분야의 영향력 있는 파워 유저들은 물론 일반 사용자들까지 양자 간 팔로잉(Following) 또는 친구 등록을 통해 우호적이고 긍정적인 관계를 맺고 그 네트워크를 확대해나가야 한다.

현장과 가치를 공유하고 실천하라

앱경영의 실천은 현장 직원의 공감에서 시작된다.

최고의 앱경영 전략을 세웠지만 정작 실천이 뒤따르지 않는다면 어떻게 할 것인가? 일선 직원들이 발 벗고 나서지 않는다면 앱경영 자체가 무용지물이 될 수밖에 없다. 현장 직원이 기업의 전략에 대한 이해가 충분하지 않을 경우, 아무리 소통을 강조해도 무위에 그칠 것이다.

우선 인식해야 할 것은 전략의 수립과 실행이 별개의 과정이 아니라는 것이다. 지금까지 대부분의 기업에서는 특정 전략 부서에서 전략을 수립하고, 소수의 임원이 의사결정한 후, 이 전략이 위계적 조직 구조를 거쳐 전달되고 실천에 옮겨졌다. 이러한 전략 과정의 분리는 전략 실행을 어렵게 만드는 요소였다. 하지만 앱경영은 기업 내부에서의 전면적 커뮤니케이션이 전제되어야 한다. 그게 아니라 면 애초에 출발 자체가 불가능하다. 앱경영의 방향을 도출하고, 플 랜을 만들고, 실행해나가는 일련의 과정 자체가 사내의 열린 소통 으로 이루어져야 한다.

앱경영의 변화를 만들어가기 위해, 조직 구성원들은 기업이 추구 하는 핵심 가치를 공유해야 한다. 기업의 핵심 가치란 기업이 내부적 으로 외부적으로 미션을 수행하고 생존과 번영을 지속하게 하는 일 련의 공유가치다. 핵심 가치는 구체적이고 실천적일수록 공감하기 쉽다. 추상적인 구호로 제시되는 가치는 소멸하기 쉽다. 기업 내에서 행동의 변화를 이끌어낼 수 있는 공유가치를 통해 조직 구성원들의 공동 행동이 만들어진다. 기업 문화란 기업 핵심 가치를 공유하고 실 천하는 일련의 공동 행동의 과정과 그 결과물이라 할 수 있다.

앱경영은 기업의 핵심 가치를 구성원들과 공유함으로써 힘을 얻 는다. 앱경영은 무엇보다도 소통에서 시작해서 소통으로 끝이 난 다. 조직 구성원과의 소통은 앱경영의 가장 중요한 출발이다. 직원 들은 또한 기업의 핵심 가치를 실천하도록 권한과 책임을 부여받아 야 한다. 기업의 핵심 가치를 공감하고 이를 중요시하는 직원일수록 자신이 속한 기업의 훌륭한 아이콘이 될 수 있다. 이로써 구성원들 은 기업의 스토리와 일치하는 가치를 고객에게 전할 수 있다.

모든 직원들이 기업의 핵심 가치를 자신의 가치로 만든다면, 기업은 직원들에게 더욱 큰 권한을 부여하고 리더십 자체도 공유할 수 있게 된다. 가치 공유가 뛰어난 기업은 탈중심적이고 현장 중심의 신속한 의사결정을 통해 고객에게 더욱 빨리 다가갈 수 있다. 기업은 가치의 강력한 공유를 통해 하나가 아닌 수많은 리더를 갖게 되는 셈이다. 한 명의 위대한 리더가 아닌, 기업의 핵심 가치를 공유하는 수많은 현장 직원들의 열정과 자발적인 참여를 통해서만 앱경영을 실천할 수 있다. 영향력 있는 리더 한 명은 변화의 만병통치약이 아니다. 밖에서는 어미 닭이, 안에서는 병아리가 동시에 쪼아야 부화한다는 사자성어 '줄탁동시(啐啄同時)'처럼 리더와 구성원들이 동시에 움직여야 한다. 모든 조직 전반에 변화의 불꽃이 들불처럼 타오를 수 있도록, 조직 구성원의 모든 층위에서 변화를 이루어야 한다.

앱경영은 리더의 지시만으로는 이루어지지 않는다. 리더가 앱경영의 세부적인 지침들까지 지나치게 정리해서 지시하면 실패로 끝날 가능성이 높다. 오히려 앱경영의 비전과 목표점을 설정하고 세부 실천 방안은 실제 구성원들이 만들어나가는 방식이 좋다. 리더는 목표는 제시하되 '어떻게'는 지시하지 않아야 한다. 이른바 '오픈 리더십'이다. 리더가 유일한 의사결정자일 필요는 없다. 세계적 네트워크 기업 시스코는 내부 조직의 네트워크가 탄탄하고 이를 기반으로 하는 수평적 협업과 신속한 의사결정 체계가 기업 문화로 깊이 뿌리내려 있다. 본사 중심의 상명하달식 위계적 의사결정 구조가 아니다. 전 세계 곳곳에 퍼져 있는 최전선의 현장 조직에서 의사결정 권한을 갖고 적시에 의사결정을 할 수 있다. 수평적 협력의 가치는 구성원 누구나 기업의 미래를 구체화하도록 돕는다. 이러한 환경에서 직원들은 도전적이고 창의적인 아이디어를 제시하게 된다. 이로써 기업들은 점차 공동체로 진화해가며, 결국 구성원 전체의 공익이 극대화될 수 있다.

'오픈 리더십'을 위해, 리더는 지향점만 던지고 구성원 각자는 목표를 최대로 달성할 수 있는 방안에 대해 각자 생각해야 한다. 현장의 조직 구성원은 경영진이 생각하지 못한 참신하고 강력한 해결책을 제시할 수도 있다. 특히 고객 접점을 담당하는 영업과 마케팅 현장에서 무궁무진한 아이디어가 나올 수 있다. 창의적인 아이디어란 고객의 문제를 해결하기 위한 총체적인 과정에서 발생하기 마련이다. 앱경영이 만들어 나가는 혁신이란 사지선다형이 아니라 주관식 문제다. 최상층 경영자의 단독 결정에 따른 경영 방향이 아닌, 현장 구성원의 아이디어가 동반 진행되는 일련의 혁신 과정인 것이다.

경영진이 현장의 실천 방안들을 세부적으로 제시해주지 않는다면, 무엇이 직원들의 행동을 이끌 것인가? 결국 핵심은 앱경영의 지향점에 대한 조직 구성원 간의 완벽한 소통이다. 현장에서 앱경영의 필요성과 방향성에 대해 공감하고 이를 실행을 할 수 있는 구조를 만드는 것이 무엇보다도 중요하다. 기업이 지향하는 앱경영의 가치와 현장 일선에서 벌어지는 다양한 업무들과의 끊임없는 소통을 통해 각자가 앱경영을 실행할 수 있는 환경을 갖추어야 할 것이다.

소통을 모니터링하고 지속적으로 변화하라

한편 트위터나 페이스북과 같은 실시간 소셜 공간에서는, 기업에 대한 부정적인 언급 한마디가 순식간에 기업을 위기상황으로까지 몰고 갈 수 있다. 최근 트위터 사용자가 급격하게 증가하며, 기업에 대한 불만 불평이 스마트폰을 통해 순식간에 퍼지는 엄청난 파급력을 선보인 적도 있다. 특히 부정적인 이미지일수록 그 확산 속도는 빠르고 참여자도 많아진다. 이벤트의 부정적 효과가 급속도로 퍼져 마침내 이벤트를 도중에 중단해야 했던 도미노피자의 트위터 마케팅 사례를 보자.

2010년 7월 도미노피자는 1,901명 이상이면 2만 원을 할인해주는 등 팔로워 숫자에 따른 할인 이벤트를 내놓았다. 그러나 피자 이벤트를 통해 할인을 받으려는 일부 트위터 사용자들이 소위 '묻지마 팔로잉'과 '맞팔 강요'로 타임라인을 도배하고, 좀비 계정을 여러 개 만드는 등 소란 아닌 소란을 일으키며 일명 '피자의 난'을 불러 일으켰다. 기존 트위터 사용자들로서는 눈살을 찌푸리지 않을 수 없었다. 게다가 인기 사이트 디시인사이드의 피자갤러리에 팔로워를 늘리는 비법까지 소개되면서 파장이 더욱 커지게 되었다. 트위터에 온통 도미노피자 도배글이 올라가는 바람에, 결국은 도미노피자를 비판하는 트윗 글이 쏟아지기 시작했다. 결국 도미노피자는 사과 메시지와 함께 이벤트를 조기 종료할 수밖에 없었다. 도미노피자는 수천 개의 쿠폰을 발급해주고도 트위터리안에게 쓴 소리를 들으며 이미지에 타격을 입고 말았다.

여기에서 우리가 받아들여야 할 교훈은, 트위터에서는 팔로워 수와 이벤트 참여자 수로 홍보 효과가 나타나지 않는다는 점이다. 도미노피자가 자사에 관해 언급되는 현황을 모니터링하면서 부정적

언급들이 확산되는 사태를 사전에 파악했더라면 이런 부작용을 최
소화할 수 있었을 것이다. 소셜 미디어의 효과에 대한 모니터링은
단순히 팔로워 수의 증감을 확인하는 차원이 아니다. 트위터 스피어
(Twitter Sphere) 등을 활용하여, 소셜 공간에서 실질적으로 양산되고
파급되는 영향력을 실질적으로 모니터링할 필요가 있는 것이다.

소셜 미디어 효과 모니터링은 간단한 직업이 아니다. 자사와 연
관된 비즈니스 키워드를 언급하는 메시지들을 빠짐없이 경청하고,
이를 개선하기 위한 일련의 프로세스가 정착되어야 한다.

트위터 이전 시대에는 기업의 비즈니스 키워드와 연관되는 영향
력 있는 블로그들을 찾아내거나 대형 포털에서 연관어 검색을 통해
모니터링해왔다. 특히 온라인에서 특정 키워드가 발견될 때마다,
이를 이메일 등으로 공지해주는 서비스(Google Alert 등)를 통해서 상
황을 파악하고 대응하면 되었다. 언론을 통해 보도자료를 배포할 때
나 대형 포털을 중심으로 한 블로그에서라면, 검색엔진에 반영이 되
고 이것이 다른 블로거들에 의해 이슈로 발전하기까지, 몇 시간이나
마 대책을 세우고 대응할 여유가 있었다. 하지만 오늘날 스마트폰과
소셜 미디어의 시대에, 기업에 대한 긍정적ㆍ부정적 메시지는 발생
과 동시에 실시간으로 온 세상에 공유된다. 실시간 모니터링과 즉각
대응이 제대로 이루어지지 않는다면 누군가에 의해 촉발된, 특정 기
업의 서비스 및 제품에 관한 부정적 의견이 리트윗(Re-tweet)을 통해
다른 사람들의 추가 의견과 새로운 정보들까지 덧붙여져 확산될 것
이다. 이때 소셜 공간을 통해 원 보이스로 즉각적인 대응을 해야 한
다. 그러지 못한다면 부정적인 메시지들이 한없이 복제 확산되고,

기업의 피해는 이루 말할 수 없이 커질 것이다. 따라서 소셜 미디어 모니터링은 단순 마케팅 효과 분석 차원을 넘어, 전사 위기 경영의 일환으로 격상해서 추진해야 할 필수적인 업무라고 할 수 있다.

지금은 변화의 시대다. 올해는 지난해와 다르고 오늘은 어제와도 너무 다른 시대다. 한 치 앞을 예상할 수 없을 만큼 급변하는 글로벌 경제. 하루가 다르게 변하는 기업 경영 환경.

변화의 시대에 살아남는 자는 강한 자가 아니라 잘 적응하는 자이다. 비즈니스 세계의 지형은 끊임없이 변화한다. 경쟁사들은 더 많아지고 경쟁 강도는 더욱 심해진다. 이러한 사실을 깨닫지 못하거나 변화에 적절히 대처하지 못한다면, 기업은 결국 소멸하고 말 것이다.

한 번의 대규모 혁신 이후 관성에 빠져 현실에 안주하는 자는 도태될 수밖에 없다. 시대의 변화에 따라 끊임없이 기업의 변화를 반복하는 노력만이 기업을 살릴 수 있다. 앱경영 역시 IT와 미디어 환경 변화에 따른 하나의 지침서일 뿐만 아니라 시장 변화에 유연하게 대응하기 위한 변화 관리 프로그램이다.

변화를 추진하려면 우선 사람들을 안락한 의자에서 끌어내려야 한다. 현실이 안정적이라고 느끼는 순간 도태된다는 사실을 끊임없이 주지시켜야 한다. 우물쭈물하다가는 모든 것이 무너진다. 현실을 있는 그대로 바라보고 절박한 위기의식을 전사적으로 공유하는 것이 무엇보다도 중요하다. 변화의 방향과 목표를 뚜렷하게 하는 것이 변화의 출발일까? 그렇지 않다. 장밋빛 미래나 거룩한 비전 제시보다는 우선 변화를 준비시켜야 한다. 변화의 필요성을 충분히 이끌어내고 위기의식과 긴박감을 느끼게 해야 한다. 바로 이것이 변화의 출발점이다. 대기업일수록, 성공 체험을 가진 기업일수록, 큰 변화를 시도할수록, 변화에 대한 사전 준비가 철저해야 한다. 변화 초기에 추상적인 비전에만 너무 집착하면, 거센 저항에 직면하면서 변화가 실패할 수 있다.

위기를 실감하지 못하는 상황에서 어떻게 위기의식을 심어주느냐 하는 것은 쉽지 않은 일이다. 이를 위해서는 관점을 전환할 수 있는 강력한 이슈 제기가 필요하다. 현재 기업이 미래에 얼마나 성장할 것인지, 우리 기업에 인재들이 끊임없이 몰려오고 있는지, 바뀐 시대를 얼마나 실감하고 있는지 문제를 던지면서 위기감을 공유하도록 해야 한다. 물론 위기의식만으로는 부족하다. 위기의식 고취는 희망의 메시지로 보완되어야 한다. 지금부터 노력한다면 얼마든지 미래를 만들어갈 수 있다는 자신감. 이로써 위기의식은 진정한 공감대를 형성할 수 있다.

앱경영으로 인한 변화는, 한번 일어나기 시작하면 걷잡을 수 없이 파괴력이 커질 수밖에 없다. 기업이라는 조직은 하나의 거대한 시스템이다. 수많은 개체가 서로 맞물려 돌아가고 있는 생태계와도 같다. 순환 피드백을 이루는 생태계에서 하나를 바꾸면 다른 부분이 영향을 받지 않을 수 없다. 특히 내부로부터의 혁신과 고객으로부터의 혁신이란 것은 기업이 가지고 있는 모든 업무 프로세스와 맞닿아 있다. 시스템만 바꾸면 프로세스가 어긋나고, 제도만 바꾸면 시스템이 돌아가지 않는다. 상품 개발부터 마케팅, 현장 영업 프로그램, 내부 구매 물류 정책, 심지어 내부 인사제도까지 정렬하여 한 방향으로 바꾸어야 한다. 변화에 우선순위는 있어도 변화의 추구는 특정 영역에만 국한될 수 없다. 앱경영은 한번 시작되면 궁극적으로 경영의 패러다임 전체를 바꾸는 경영 혁신으로 이어져야 한다.

이를 위해서는 철저한 단계별 준비가 필요하다. 위기감을 불러일으키고 기업의 핵심 가치를 공유하고 실행하는 단계별로 업무를 추진해야 한다. 구체적인 성과를 낸 후에도 이를 지속적으로 반복해서 변화의 문화 자체를 정착시켜야 한다. 조직에서의 변화란, 뿌리째 뒤흔들지 못한다면 늘 원점으로 돌아가려 하는 성질이 있다. 이를 막기 위해서 아무리 급하고 아무리 시간이 걸리더라도 변화를 위한 기업의 핵심 가치가 쉼 없이 공유되어야 한다.

변화를 정착한다는 것은, 변화의 결과가 아니라, 변화의 과정 자체가 하나의 습관이 되어야 한다는 의미다. 개개인의 습관이 모여 조직문화를 이룬다. 거대한 기업의 체계가 하루아침에 바뀌지는 않는다. 변화를 위한 장기간 인내력에 혁신 피로는 누적될 수 있을 것이다. 그러나 이를 극복할 수 있는 최상의 방법은 변화를 멈추는 것이 아니다. 그 피로도마저 뛰어 넘는 변화의 습관을 정착하는 일이다. 변화의 작은 성과라도 축적하여 확산할 수 있는 혁신의 불씨를 살려가야 한다. 작은 성과라도 사례를 공유하고 좋은 관행이 있으면 이를 적극적으로 확산시켜야 한다. 성과의 크고 작음에 흔들리지 말고 지속적으로 변화할 수 있도록 조직의 DNA 삼는 노력이 필요할 것이다.

앱경영을 통한 혁신은 특정한 일부 기업만 할 수 있는 일은 아니다. 변화를 만들어나가는 것은 특별한 영웅만이 하는 일이 아니다. 그 주인공은 평범한 우리 자신일 수 있다. 위기의식과 희망을 양 손에 쥐고 기업의 가치를 공유하며 이를 실천해나가는 열정, 단기성과에 굴복하지 않고 지속적으로 변화를 만들어나가는 끈기.

이러한 힘들이 앱경영을 눈앞의 현실로 이루어낼 것이다.

◉ 앱경영 인프라

앱경영 IT 프레임워크의 구성

앱경영을 위해, 기업은 봇물처럼 쏟아지는 스마트폰들 가운데 무엇을 인프라로 선택할 것인가? 이야말로 어쩌면 기업의 앱경영 경쟁력 확보에 가장 중요한 고민거리일 것이다.

기업의 모바일 환경이 사내 업무용뿐 아니라 고객들을 위한 서비스 영역까지를 포함한다는 점을 고려했을 때 아이폰, 안드로이드폰, 윈도우폰, 태블릿 등 다양한 단말 환경을 사전에 분석해봐야 한다. 먼저 IT 요건에 대한 체계적인 접근이 필요하다. 스마트폰의 종류와 OS(Operating System, 운영체계) 선택부터 모바일 연동 방식, 연동 대상 기업 시스템 범위, 모바일 확장 가능성 등.

앱경영의 IT 프레임워크는 크게 단말, 애플리케이션, 모바일 플랫폼, 연동 시스템 등 4단계 층으로 구분해볼 수 있다.

먼저 고객과의 접점이 되는 단말의 층, 즉 프레젠테이션 층이다. 스마트폰과 태블릿 PC 등이 바로 프레젠테이션 층이라고 할 수 있다. 프레젠테이션 층에서는 OS와 단말의 기종 선택이 가장 중요하다. 모바일 오피스를 도입하고 있는 기업들 가운데 어떤 기업들은 특정 OS를 기본 단말 플랫폼으로 선정하기도 하고 어떤 기업은 다

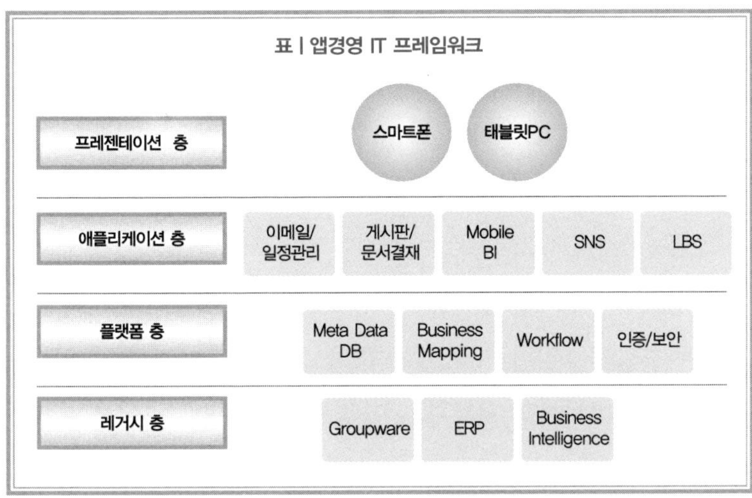

양한 종류의 스마트폰 사용자들을 고려해 여러 OS를 지원하는 정책을 펴고 있다.

모바일 오피스가 단일 OS만 지원할 경우, 선택할 수 있는 단말 기종이 제한될 수는 있지만 원활한 시스템 관리와 프로그램 업데이트 버전 배포가 편리하며 적은 비용으로 관리가 가능하다는 장점이 있다. 주로 애플 iOS(아이폰 OS), 구글 안드로이드, MS 윈도우폰 OS를 중심으로 임직원의 스마트폰 선호도와 기업의 시스템 특성에 따른 선택이 될 것이다. 스마트폰과 함께 태블릿 PC를 모바일 단말로 도입할 경우, 스마트폰과 동일 OS를 지원하는 것이 관리 운영상 바람직할 것이다.

두 번째는 애플리케이션 층이다. 애플리케이션은 각 단말을 통해 사용자에게 구체적인 기능을 제공하는 단계이다. 우리가 스마트폰에서 구동하는 다양한 앱들이 바로 여기에 해당한다. 기업의 애플리케이션 층에는 모바일 오피스 외에 다양한 업무용 프로그램이 포함될 수 있다. 모바일화의 대상이 되는 프로그램은 공통 업무에 해당하는 모바일 오피스나 ERP 외에도 산업별로, 기업별, 부서별로 특화된 업무 프로그램들이 많이 있을 수 있다. 각각의 프로그램은 기능별로 독립적으로 설치될 수 있고, 통합된 형태로도 제공될 수 있다.

기업에서 활용하고 있는 수많은 업무 프로그램들을 어느 영역까지 어떤 단계별로 모바일 환경에서 제공할 것인지는, 애플리케이션 층에서 결정해야 한다. 모바일 오피스 도입 이후 스마트폰 사용자의 피드백을 고려하여 순차적으로 업무 프로그램의 모바일화를 추진하는 것이 바람직할 것이다.

세 번째는 기존의 레거시 시스템 기능을 모바일 환경으로 변환해주는 모바일 플랫폼 층이다. 여기에서는 스마트폰 또는 태블릿 PC로 제공되는 앱을 개발하고 연동하고 테스트하며 배포 및 업그레이드를 통합적으로 관리하게 된다. 앱 개발을 위한 개발 툴킷을 제공함으로써 신속한 앱 개발을 지원하는 것이 가장 중요하다. 여기에 레거시 시스템과의 연동 모듈을 제공함으로써 다양한 변환을 지원하는 기능까지 포함된다. 동일 컨텐츠에 대해 단말 OS별 모바일 앱을 제작하고 관리할 경우, 개발 비용이 상승하고 프로그램의 업그레이드 등 관리 어려움이 있을 수 있다. 따라서 얼마나 유연하게 다양한 단말 OS를 지원할 것인지도 중요한 문제다. 결국 다양한 단말 OS 환경을 지원하고 레거시 시스템 간의 표준 연계를 제공할 수 있는 모바일 플랫폼 환경을 구축하는 것이 바람직할 것이다.

마지막으로 레거시 층이다. 실제 기업에서 운영하는 시스템 중에서 스마트폰 등 단말로 연동하고자 하는 시스템이다. 모바일 환경으로 지원해야 할 시스템의 우선순위를 정하려면 해당 시스템의 사용자 수, 현장 업무 효율성 제고, 의사결정 신속성, 고객 가치 기여도, 전략적 방향성 등을 고려해야 한다. 모바일 오피스가 가장 우선적으로 도입되고 그 다음으로 현장 업무를 지원하는 시스템의 모바일화가 적용된다. 그리고 경영진의 의사결정을 지원하기 위한 각종 경영 통계 분석 정보 등을 모바일로 제공할 수 있다.

스마트폰의 현재와 미래

대부분의 스마트폰이 윈도우 모바일 OS를 기반으로 판매되었던, 아이폰 출시 전까지의 스마트폰을 1.0세대 스마트폰이라고 부르기로 하자. 이때도 음악, 동영상 등 멀티미디어 재생 기능과 스케줄 관리, 문서 작성/뷰어, 인터넷 등을 PC처럼 자기 마음대로 탑재할 수 있는 콘셉트는 지금과 동일했다. 하지만 결과적으로 1.0세대는 일반 대중에게까지 널리 활용되지 못하고 일부 소수의 마니아층과 비즈니스용 등 특수한 용도에 제한되었다. 여러 가지 이유가 있겠지만 단말을 포함해 C(Contents), P(Platform), N(Network), T(Terminal)의 가치사슬의 상호작용이 미약했던 점 때문이라고 분석된다.

1.0과 2.0세대의 차이점은 무엇일까?

콘텐트는 사용자가 직접 사용하면서 유용함을 느낄 수 있는 가장 중요한 요소이다. 1.0세대에는 이러한 콘텐트가 체계적으로 정리되어 제공되지 못하였다. 사용자들은 여기저기 스마트폰 관련 카페에서 자료를 찾아 프로그램을 설치하고 자신만의 스마트폰으로 만들기 위해서 설정을 바꾸는 등 손품을 많이 팔아야 했다. 또한 잦은 오류로 스마트폰이 다운되어서 작동하지 않거나 여러 개의 프로그램을 설치하여 속도가 느려진 경우에는 PC처럼 포맷(초기화)을 하고 다시 프로그램을 설치해야만 했다. 웬만한 지식과 끈기가 없는 사람은 다루기가 쉽지 않았다.

현재는 어떠한가? 아이폰 애플리케이션은 이미 수십만 개 수준이고 안드로이드 애플리케이션도 급속도로 뒤를 쫓아가고 있는 상황이다. 콘텐트가 부족하다는 것은 이제 더 이상 할 수 없는 이야기다. 다만 어떤 환경에서 어떤 콘텐트가 유용하고 그 콘텐트에 어떤 속성과 기능이 있는지에 대한 학습만이 필요하다. 학습이 없이는 스마트폰은 그냥 휴대폰일 뿐이다.

네트워크 측면에서도 차이가 분명하다. 현재의 2.0세대 스마트폰은 사용할 수 있는 무선망(3G 데이터, Wi-Fi)이 제대로 구비되어 있다. 고가의 스마트폰 가격을 단말 약정 요금제 형태로 3G 네트워크도 자유롭게 이용할 수 있다. 동영상같이 대용량이 필요한 경우에는 가까운 커피숍, 지하철 라운지 등을 활용하면 된다. 잠깐 머물면서 스낵이나 커피를 즐길 수 있는 휴식공간이 점차 많아지고 Wi-Fi 인프라를 구축하는 것이 고객을 끌 수 있는 가치라고 인식하게 되면서, 이동 중에도 Wi-Fi를 사용할 수 있는 지역이 점차 확대되고 있다.

가격에 대한 부분 또한 다르다. 단말의 경우 원래 스마트폰은 Wi-Fi 모듈, 고화소 카메라, GPS 모듈의 탑재가 권장된다. 다양한 프로그램의 원활한 구동을 위해서 CPU와 대용량 메모리 등을 갖추게 되므로 일반 피처폰에 비하여 고가로 판매할 수밖에 없었다. 특히 2000년대 중반까지, 스마트폰은 다양한 기능을 위한 추가적인 부품 때문에 일반 피쳐폰의 가격과 디자인을 절대 따라올 수 없다고 단말 업계 전문가들은 잘라 말했었다. 사용하기 쉽지 않은 기능에, 가격은 비싸고, 디자인조차 세련되지도 않은 단말을 누가 살 것인가? 이처럼 스마트폰 1.0세대는 단말 시장에서 별 위력도 발휘하지 못한 채 암울한 나날을 보내야 했다. 그러나 스마트폰 2.0세대에서는 모든 것들이 달라졌다. 각종 센서와 GPS 등으로 단단히 무장한 스마트폰은 디자인에서도 일반 피쳐폰과 구별할 수 없을 만큼 세련되어졌다.

폰 하나로 전 세계 스마트폰 시장을 호령하고 있는 애플 아이폰과 가장 빨리 애플의 아성을 따라잡고 있는 구글의 안드로이드 운영체제를 사용하는 안드로이드폰을 간단히 비교해보자.

아이폰 시장이 생각보다 거대해지면서, 경쟁관계인 구글의 안드로이드 OS도 진화를 거듭하고 있다. 단말 제조사도 신통치 않았던 MS 윈도우 모바일 이후, 소스코드가 공개된 안드로이드 OS 기반의 스마트폰 개발에 박차를 가하고 있다. 2009년과 2010년의 상황을 보면 아이폰이 스마트폰의 높은 기준을 제시하며 안드로이드폰에게 따라오라고 강요하고 있는 것처럼 보인다. 아이폰의 감성적인 품질은 소비자의 마음을 끌어당기며 애호가를 양산하고, 안드로이드폰은 화면 크기를 키우고 특수 기능을 탑재하며 경쟁을 하드웨어 사양 쪽으로 돌리고 있다. 신기술 적용 시기가 점점 앞당겨지며 단말 제조사들이 생사를 가리는 경쟁을 벌이는 가운데, 소비자들은 단말 제조사들의 다양한 선택의 기로에 서게 되었다. 자신에게 어떤 단말이 알맞은지, 이 시대의 아이콘이라고 할 수 있는 아이폰 4와 비교해보도록 하자.

하드웨어 사양과 기능을 중심으로 한 평가만 가지고는 어떤 단말

표 | 아이폰4, 갤럭시 S, 넥서스원(구글폰) 하드웨어 사양 비교

비교항목	아이폰4	갤럭시S	넥서스원
제조사	애플	삼성	HTC
OS	ios 4.2 (2010.11)	안드로이드 2.2 (2010.11)	안드로이드 2.2
CPU	A4 1GHz	SSPC110 1GHz	QSD8250 1GHz
RAM	512MB	512MB	512MB
액정종류	레티나 디스플레이 (LGD–IPS Panel)	슈퍼 아몰레드	아몰레드(Super TFT–LCD로 이원화)
해상도	960×640(3.5인치)	800×480(4.0인치)	800×480(3.7인치)
내부저장공간	16GB, 32GB	8GB, 16GB	512MB
외장메모리지원	불가능	가능	가능
센서	3축 자이로스코프, 조도, 가속도, 지자기, 근접	조도, 가속도, 지자기, 근접	조도, 가속도, 지자기, 근접
카메라플래시	LED	없음	LED
두께	9.3mm	9.9mm	11.5mm
크기	115.2(L)×58.6(W)	122(L)×64(W)	119(L)×59(W)

이 좋은지 판단하기 어렵다. 사용 후기나 영업 사원의 말만 듣고 구매하는 것도 위험성이 크다. 직접 전화를 하거나 애플리케이션 하나하나를 사용해보기 전에는 미묘하게 느껴지는 편리함이나 감성 품질의 차이를 느낄 수 없다. 인터넷의 유명 블로그나 카페 사용 후기도 특정 단말사의 바이럴 마케팅으로 사용되는 경우가 있으며, 인기 있는 블로거는 자신의 유명세 때문에 특정 단말의 좋고 나쁨을 직접적으로 표현하지 않는 편이다.

자동차 잡지를 보라. 소개된 자동차가 나쁘다는 말은 거의 언급이 없다. 판매 사원의 경우에도 자신의 이익(단말기 판매 수수료)의 많고 적음에 따라서 추천해주는 단말이 달라진다. 예를 들어 A단말을 판매할 때 십만 원의 이익이 생기고 B단말을 판매할 때 이십만 원의 이익이 생기는 경우에는 당연히 B단말을 먼저 고객에게 제시하고 B단말의 장점을 강조하기 마련이다. 단말 구매자가 아무 생각도 없이 매장에 들어가서 "어떤 단말이 제일 잘 팔려요? 나에게 맞는 제품을 추천해주세요"라고 한다면, 이 질문이 판매 사원에게는 "어떤 단말을 팔면 돈을 제일 많이 벌어요?"라고 들릴 수밖에 없다.

고객 입장에서 직접 판단하기 어렵다면, 일반적으로 국내에서 장기간 많이 팔리는 단말을 고르는 것이 비교적 안전하다. 그만큼 평가가 좋았고 입소문을 탄 제품이라는 의미이니 말이다.

스마트폰에서 빼놓을 수 없는 것이 Wi-Fi 접속이다. 3G의 비싼 요금을 고려할 때 Wi-Fi 접속이 필수적이다. 요즘은 이 서비스가 커피점, 카페, 휴게실 등에서 무상으로 제공된다. 아이폰4나 안드로이드폰 모두 최신 Wi-Fi 기술(802.11b/g/n)을 지원한다.

현재 시장 전체적인 분위기를 보면, 스마트폰이 일반 휴대폰에 비해 상대적으로 고가이며, 2년 데이터 요금제를 약정해야 저렴하게 구입할 수 있다. 무선데이터 사용의 필요성을 전혀 느끼지 못하는 사람들에게는 부담이 될 수도 있다. 하지만 2011년부터는 점차로 중저가 모델의 스마트폰이 활성화되고, 2014년경에는 일반 휴대폰은 거의 없어진다는 것의 업계의 대체적인 전망이다. 따라서 3만 원대의 저렴한 요금제가 보급될 경우, 조만간 휴대폰을 교체하려 한다면 스마트폰을 구매하는 것이 효과적일 것이다.

스마트폰과 센서

터치폰과 스마트폰을 이야기할 때 빼놓을 수 없는 것이 각종 센서들. 어떤 것들이 있을까?

1. 조도 센서

어두운 곳에서는 LCD 화면을 밝게 하고 밝은 곳에서는 어둡게 해주는 등 주변 환경에 따라 화면 밝기를 최적으로 조절하는 센서다. 눈의 피로감을 줄이고 전력 소모를 20~40% 줄일 수 있다. 스마트폰은 화면이 크기 때문에 전력 소모가 심한 편이다. 이 기능을 활성화하여 전력 소모를 줄이는 것이 필수라고 할 수 있다.

2. 근접 센서

통화하기 위해 휴대폰을 귀에 가까이 가져가면 LCD 화면이 자동으로 꺼지는 등, 귀나 광대뼈 부분의 화면 터치로 인한 휴대폰 오동작을 방지하는 기능이다. 또한 통화 도중 키 입력이 필요해서 귀에서 멀어지면 LCD 화면이 자동으로 켜지며 사용자의 조작을 좀 더 편리하게 도와준다.

3. 가속도 센서

물체의 가속도, 중력 등을 감지하는 센서다. 순간적인 충격 감지 기능이 있어 자동차의 에어백, 디지털 카메라의 손떨림 방지 기능에 사용되어 왔는데 경량화와 저전력화의 구현으로 스마트폰에서도 널리 사용되고 있다. 주로 고도화된 입력 장치로 응용되는 데, 예를 들어 스마트폰에서 자동차 게임을 하는 경우 좌우 키 입력이나 좌우 터치 입력 방식 말고도 휴대폰 자체를 왼쪽 오른쪽으로 기울여서 방향을 조정할 수 있다.

4. 지자기(지구자기) 센서

휴대폰에서 방위를 감지하는 데 사용하는 센서다. 주로 디지털 나침반 기능을 구현하는 데 사용되며 스마트폰에서는 지자기 센서와 GPS의 위치 정보와 결합하여 증강현실 애플리케이션을 구현하는 데 활용이 된다. 자동차 내비게이션에 주로 활용되는 GPS는 사용자가 어디에 있는지 정확한 위치를 알아내는 데 사용되고, 지자기 센서는 사용자의 정확한 방위(동서남북)를 알 수 있다. 따라서 위치와 방위를 알면 내가 위치한 곳으로부터 특정 방향에 특정 건물과 특정 음식점이 있다는 것을, 그로부터 내가 얼마나 떨어져 있는지도 알 수 있다.

5. **위성항법장치(GPS)**

위에서 언급한 것과 같이 자동차 내비게이션에서 주로 사용되는 장치이다. 지하철에서 도보로 특정 위치를 찾아갈 때 유용하게 활용된다. 강남역 인근에 위치한 '토즈' 라는 세미나 장소를 찾아가는 경우를 생각해보자. 강남역에 내린 사용자가 스마트폰으로 구글 지도 애플리케이션을 구동시키고 토즈를 검색한다. 이때 GPS가 자동으로 켜지거나 사용자의 조작으로 켜야 한다. 잠시 후 토즈의 위치가 검색되고 내 위치는 진행 방향에 따라 화살표로 계속 표시가 되어 쉽게 찾아갈 수 있다.

6. **중력 센서(G 센서)**

전자기기에 탑재되어 중력이 어느 방향으로 작용하는지를 탐지하고 그 상황에 맞춰 기기 사용자의 편의를 돕는 부품이다. 스마트폰에 탑재되어 기기를 세로로 길게 들고 있을 때는 세로로 긴 화면을 사용자가 볼 수 있고, 기기를 돌려 가로로 길게 들면 화면이 자동으로 90도 회전되며 넓은 화면을 보여주게 된다.

모바일 클라우드로의 진화

아이폰을 필두로 스마트폰에 대한 관심이 폭발적으로 증가하면서 기업 고객의 관심도 점차 높아지고 있다. 실제로 기업 사장이 개인 용도로 스마트폰을 구입한 것을 계기로, 회사 전 직원이 같은 물건을 구입하는 경우가 적지 않다고 한다. 기존의 기업 시스템 모바일 환경이란 외부에서 PDA 등 기업용 특화 단말을 사내 시스템에 접속하기 위한 도구에 불과했다. 그러나 개인 단말이면서도 기업 업무에 유용한 프로그램을 설치하고 사용할 수 있는 스마트폰의 등장은 모바일 업무 환경의 확산을 급속하게 바꾸어놓고 있다.

현재는 기업의 업무 환경이 모바일 컴퓨팅으로 이동하고 있는 시대다. 그런데 모바일 단말에도 단점이 있으니 태생적으로 용량의 한계를 지닌다는 것이다. 단말 용량의 한계를 극복하기 위한 대안으로 클라우드(Cloud) 환경 활용이 떠오르고 있다. 클라우드는 구름(인터넷) 속에 숨겨진 복잡한 IT 인프라를 뜻하는 용어다. 사용자 입장에서는 이처럼 복잡한 IT 인프라 구조에 대해 고민할 필요도 없다. 인터넷 공간의 가상 컴퓨터에 접속해 프로그램과 서비스를 사용하기만 하면 된다.

모바일 클라우드 컴퓨팅은 사용자들의 모바일 단말기를 통해 쉽고 편리한 컴퓨팅 환경을 제공할 수 있다. 스마트폰은 물론이고 이동성을 갖는 다양한 기기들 즉 노트북과 넷북, 태블릿 PC 등 모두를 포괄할 수 있는 것이 이 모바일 클라우드다. 다시 말해 모바일 클라우드란 다양한 모바일 단말기를 통해, 클라우드로부터 서비스를 지원받는 모델이라고 할 수 있을 것이다.

클라우드 컴퓨팅이란 (하드웨어 서버나 스토리지 등 IT 자산을 구입하여 응용시스템을 구축하는 대신) 각종 소프트웨어와 데이터 저장 공간 확보에 있어 가상의 온라인 공간(클라우드)을 임대해 사용하는 인터넷 기반 컴퓨팅 서비스이다. 기업에서 활용하는 정보의 양이 기하급수적으로 늘어나고 네트워크에 접속되는 단말의 종류와 양도 폭발적으로 늘어나고 있다. 그로 인해 기업으로서는 고용량 데이터 저장장치와 고성능의 데이터 처리장치가 필요하게 되고, IT 예산은 지속적으로 증가하게 되었다. 이것이 클라우드 컴퓨팅을 등장시킨 배경이다.

이제는 복잡한 서버 환경은 필요없다. 클라우드 서비스에 접속할 수 있는 노트북 PC나 스마트폰, 태블릿 PC와 같은 단말만 있으면 된다. 시스템 구축을 위한 대규모 투자 없이 전기나 가스처럼 응용 서비스를 신청하고 사용한 만큼만 돈을 내는 구조, 즉, IT자원과 서비스도 '소유'가 아닌 '임대'로 전환되는 개념이다.

클라우드 컴퓨팅이 보편화되면 기업 입장에서는 서버나 스토리지 등 고가의 IT 자원을 직접 소유할 필요가 없을 것이다. 스마트폰이든 노트북 PC든 인터넷만 접속되면 얼마든지 기업의 업무 프로그램에 접속할 수 있기에 굳이 고사양 컴퓨터를 구입하거나 SW를 업그레이드할 이유도 없다. 또한 사용한 서비스의 양만큼 비용을 지불하기 때문에 총 투자비용의 합리적인 효율성을 가져올 수 있다.

기업 사용자건 개인 사용자들이건 이제는 모바일 클라우드 서비스를 점점 더 자유롭게 이용할 수 있을 것이다. 개인 목적으로 자기가 필요로 하는 프로그램을 구매해 PC에 설치해서 사용하는 것이 아니라, 이제는 사업자가 제공하는 클라우드 서비스를 이용하면 된다. 별도의 저장 공간과 관리가 필요없을 뿐 아니라 통합된 서버에 자신의 작업 환경까지 모두 보존할 수 있다. 그리하여 지금까지와는 달리 하나의 단말에서 사용하던 애플리케이션과 데이터를 동일하게 다른 단말에서도 사용할 수 있게 된다. 이제 누구든지 클라우드 서비스를 통해 여러 단말 사이에서 동일한 경험을 유지할 수 있게 된다는 의미이다.

모바일과 클라우드의 조합은 앞으로 더욱 주목받게 될 시장이 될 것으로 예측된다. 모바일과 클라우드의 커다란 급류를 타고, 미래는 점점 더 커다란 구름 속에서 급변하는 개인의 라이프스타일과 기업의 업무 방식을 경험하게 될 것이다.

앱, 라이프스타일을 송두리째 바꾸다

앱은 '연결'이다

앞서 여러 차례 설명했지만, 애플 아이폰이 세계인들의 라이프스타일을 바꾸게 된 주원인은 애플리케이션이란 존재다. 제조사 애플은 간단하고 직관적인 사용법을 가진 기기를 개발해서 내놓았을 뿐이다. 나머지 부분은 앱 개발자가 개발하고 사용자가 직접 고른 앱을 통해서 여러 가지 기능을 갖춘 디바이스로 저절로 발전된 것이다.

앱스토어에는 현재 약 30만 개에 달하는 앱들이 산재해 있다. 이 가운데 실제로 사용자들에게 선택받는 앱은 매우 적다. 사람들이 선호하는 앱은 단순한 기능 한두 가지만을 가진 것이 아닌, 다양한 기능을 한꺼번에 가지면서도 자신의 분야에서 탁월한 성능을 가진 앱이다. 이러한 앱 중에서도 몇몇은 사용자의 생활에 밀착하여 '한번 사용을 시작하면 떼어두기가 힘들 정도'의 편의를 제공하고 있다. 항상 웹과 연결되며 사람의 몸에 가장 가깝게 위치하는 스마트폰, 그 속에의 앱들에 주목할 필요가 있는 것은 그 때문이다.

앱은 단순히 위젯 형태로 구성되어 스마트폰 사용자가 그 기능을 실행해 이용할 때까지 기다리는 게 아니다. 오히려 다양한 전 세계 사용자들의 생활패턴을 수집 분석하고 이를 바탕으로 각 개인에 맞는 편의를 제공하고자 끊임없이 노력한다. 보다 공격적이고 보다 적극적이다.

결국 앱은 개인 비서이다. 개인 스케줄 관리를 해주는 것은 물론 건강관리, 개인 교사, 개인 회계사, 개인 통역사 등 혼자서 할 수 없으며 귀찮고 어렵고 중요한 일들을 챙겨주는 역할을 대신 해주니까. 앱은 개인 비서로서 24시간을 대기하고 있으면서 내가 필요하면 언제든지 나타나 불편함을 해결해준다. 밤새 몇 시간을 잤으며 얼마나 숙면을 취했는지, 몸매관리를 위해 운동은 얼마나 해야 하고 식단은 어떻게 꾸려야 하는지, 오늘 해야 할 중요한 일은 무엇인지를 알려준다. 가정교사가 되어, 어제에 이어 어떤 공부를 어떻게 해야 하는지를 알려주기도 한다. 개인 회계사가 되어 가계부 관리, 보험 상품 및 금융 상품 관리를 해주기도 한다. 똑똑한 비서 한 명보다 더 다양하고 어려운 일들을 실수 없이 해내는 게 바로 앱이다.

사람에게 누구보다 가까이 밀착하여 그 사람을 가장 잘 이해하고 보좌해주는 것, 그 속에서 새로운 가치를 만들어내는 것이 앱의 역할이다. 그렇기 때문에, 앞으로 더 많은 사람들이 24시간 앱과 함께하며 늘 연결되어 있기를 바랄 것이다. 앱의 가치는 지속적인 연결에서 생성되기 때문이다.

'연결'이라는 의미에서 새로운 가치를 만들어내는 시초가 되는 앱. 이를 통해 발전하는 것은 또한 연결이다. 개인과 개인의 연결, 개인과 그룹의 연결, 그룹과 그룹의 연결이다. 또한 오프라인이 온라인으로, 온라인이 오프라인으로 유기적으로 이동하고 연결될 수 있도록 해주는 것도 바로 앱의 역할이다. 다시 말해 오프라인과 온라인, 개인과 개인, 개인과 단체의 교류가 매우 수월하게 이루어질 수 있도록 소통해주고, 그 속에서 새로운 가치가 만들어질 수 있도록 하는 기폭제 역할을 앱은 하고 있는 것이다. 앱의 세상에서, 인간은 '사고하기에 고로 존재하는' 것이 아니라 '연결되어 있기에 고로 존재하는' 방향으로 진화하고 있는 것이다.

◆ 앱티즌의 행동 패턴

- 신문이나 뉴스를 스마트폰으로 읽는다.
- 궁금한 것이 생기면 바로 인터넷을 검색해본다.
- 버스나 지하철 안에서 웹서핑을 하면서 시간을 활용한다.
- 스마트폰으로 이메일을 실시간으로 확인한다.
- 스마트폰으로 찍은 사진을 페이스북이나 블로그, 미니홈피에 바로 올린다.
- 원하는 제품이 어디가 가장 싼지 검색한다.
- 주위의 맛집을 스마트폰으로 검색해 찾아간다.
- 영화 예매 시 인터넷이나 스마트폰으로 내가 앉을 좌석을 정한다.
- 보고 싶은 TV 프로그램은 방송시간과 상관없이 내가 원할 때 본다.
- 대중교통(지하철, 버스 등) 이용 시에 스마트폰으로 게임이나 다른 무엇을 하고 있다.
- 재미있는 TV를 보다가 외출해야 하면 이동하면서도 본다.
- 나의 위치와 주위 상황(교통 등)을 소셜 미디어를 통해 생방송하듯

알려준다.

- 모르는 길은 주변 사람에게 묻는 대신 내비게이션이나 전자약도를 통해 찾아간다.
- 메모하기 힘들 때, 음성으로 바로 저장한다.
- 전화하면서 대화를 녹음하거나 저장하기도 한다.
- 내가 필요한 자료를 음성으로 찾기도 한다.
- 스마트폰으로 캠코더처럼 동영상을 찍어서 메일로 보낸다.
- 은행에 가기보다는 인터넷이나 스마트폰으로 처리하는 것이 대부분이다.
- 내가 가지고 있는 주식이나 부동산의 시세 정보를 스마트폰으로 받아본다.
- 나의 하루 스케줄에 대해 시간 단위로 알림서비스를 받는다.
- 전혀 모르는 사람과도 이야기를 잘 나눈다.
- 내가 기자가 되어 기사를 쓰거나, DJ 또는 VJ가 되어 방송을 하기도 한다.
- 집 안에서도 스마트폰으로 통화한다.
- 관심 분야에 대한 전문적인 정보를 얻고 배운다.
- 사회적으로 중요한 사건에 대해 다른 사람들이 어떻게 생각하는지 궁금해한다.
- 사람들이 좋아하는 나의 모습이 어떤 것인지 확인하고 싶어한다.
- 애인이나 친구의 현재 위치 정보를 실시간으로 받아볼 수 있다.
- 내가 좋아하는 연예인이 어디서 무엇을 하는지 확인한다.
- 연예인이나 성공한 사람들의 생활에 관한 이야기를 즐긴다.

- 나의 블로그를 통해 다른 사람이 나의 생활을 방송 시청하듯이 볼 수 있게 하고 싶다.

- 내 생활을 다른 사람들에게 지속적으로 알리고 싶다.

- 언제 어디서나 스마트폰이나 디지털 디바이스를 통해 내 컴퓨터에 있는 정보에 엑세스한다.

- 새로 나온 첨단 제품은 남들보다 먼저 써본다.

- 다른 사람들은 잘 모르는 특이하고 재미있는 제품이나 서비스에 관심이 많다.

- 애플리케이션이나 모바일 콘텐츠를 구입하는 데 비용을 지불한다.

- UCC 사이트에 나의 모습을 찍어 올린다.

- 고장이 나지 않았어도 주기적으로 스마트폰이나 디지털 디바이스 등을 바꾼다.

- 하루에도 수십 번 일정한 간격으로 스마트폰을 통해 소셜 미디어에 새로 올라온 글을 확인한다.

- 늘 휴대하고 다니는 디지털 디바이스가 최소한 두 개 이상이다.

변화하는 Life style

모바일 디바이스의 보급은 우리의 일상적이고 습관적인 행동들 하나하나를, 근본부터 변화시키고 있다.

저녁 시간이 되어 만난 친구들이 레스토랑에 들어섰다. 그들은 무슨 일을 할까? 일단 자리에 앉아 점원을 부르고, 글자와 작은 사진이 있는 메뉴판을 한참 들여다본 후, 음식을 주문할 것이다. 식사를 마치고 나면 카운터로 가서 음식 값을 지불하고 영수증을 받는다. 너무도 당연한 일이다.

모바일 디바이스는 이러한 습관적 행동을 어떻게 바꾸어놓았을까?

레스토랑의 네트워크에 연결된 태블릿 디바이스는 인터랙티브한 메뉴판인 동시에 주문과 결제까지 원격으로 처리하는 역할을 하게 된다. 따라서 손님이 주문한 메뉴를 손으로 받아 적고, 주방에 전달하고, 계산대에서 계산을 담당하는 직원이 사라지게 될지 모른다.

실시간 약속이 가능해지면서 기존의 약속과 관련된 전화, 메모, 랜드마크 등의 습관적 요소들도 사라지고 있다. 모바일 디바이스는 사람들의 라이프스타일을 급격히 디지털화시킨다. 여기에서 '디지털화'라는 단어는 도구적인 의미뿐만이 아니다. 생활 속에서 발생하는 여러 가지 사건들을 처리하는 방식까지도 이에 포함된다.

사람들 간의 만남을 예로 들어보자. 모바일 디바이스를 사용하는 사람들의 만남은 매우 빠르고 즉흥적인 성향을 보인다. 과거에는 사람을 만나려면 상대방에게 전화를 걸고 대화를 통해 약속 장소를 정한 후 확실한 랜드마크 앞에서 만나서 진짜 장소로 이동하는 과정을 거쳤다. 그러나 모바일 디바이스를 사용할 경우, 약속 장소가 정확히 찍힌 위치 정보를 상대방에게 전송하면 끝이다.

모바일 디바이스가 보편화될수록 프라이버시는 사라진다. 모바일 생활에 익숙해진 사람들이 더 많은 경험과 인간관계를 위해 자신의 정보를 스스로 공개하기 때문이다. 소셜 네트워크에 자신이 올리는 이야기가 '진짜'임을 뒷받침하려면 기본적으로 필요한 것이 실제 이름의 공개다. 자신과 비슷한 취미, 업무에 속한 사람들과 관계를 맺고 싶다면 당연히 자신의 취미와 직장명 등을 공개해야 한다. 모바일 디바이스를 통한 연결은 가상의 존재가 아닌 실제 사람에게만 허용되며, 자신이 어떤 사람임을 밝혀가는 수많은 과정 속에서 개인 정보가 공개되는 것이다.

현재와 전혀 다른 미래의 도래

앞으로 변화하게 될 또 한 가지를 말하자면, 소비생활에서의 불편한 과정들이 모두 사라질 것이라는 점이다. 사람들의 습관은 그들의 생활에서 주로 사용되는 제품에 따라 변화한다. 물론 아무 제품이나 다 해당하는 것은 아니다. 혁신적으로 널리 사용될 수 있는 제품들만이 많은 이들의 습관을 바꿀 수 있다.

모바일 디바이스는 이런 조건들을 모두 뛰어넘고 있다. 게다가 소비 시장에 폭넓게 적용되면서 소비자들의 행동 방식에 상당한 변화를 불러올 수 있다.

소비 활동의 여러 단계들은 이미 과거에 비해 많이 줄어들었다. 매장 위치를 찾는 행위가 스마트폰을 사용한 한 번의 증강현실 맵 검색으로 끝나고, 매장 안에서는 태블릿 디바이스를 통해 제품의 조회와 주문, 결제를 빠르게 처리할 수 있다. 이것은 앞에서 제시된 레스토랑의 예처럼 소비자가 거치는 동선의 단축으로 이어진다.

특히 태블릿 디바이스가 소비 시장에서 많이 활용될수록, 소비자들은 더 짧게 움직이고 더 적게 선택할 수 있게 된다. 이에 따라 결제 수단이 간소화되거나 사라지는 것에도 주목할 필요가 있다. 아직 법적 절차와 규정으로 인한 조율이 필요한 상황이지만, 모바일 디바이스에 칩 형태로 신용카드를 넣는다면 긴 시간 동안 인류와 함께 해온 지갑이 사라질 수도 있다. 그 뿐만이 아니다. 미래에는 기존의 정보 검색과 기록에 사용되던 많은 것들이 사라지게 될 것이다. 특히 전자사전과 메모장, 필기도구들은 더 이상 찾아보기가 어렵게 될 것이다.

모바일 디바이스들은 기본적으로 웹 연결성을 가지고 있다. 또한 각 국가들의 무선 인터넷망 확장 정책은 사람들이 어디에서나 모바일 웹을 사용할 수 있도록 배려한다. 주머니 속의 스마트폰, 가방 속의 태블릿 디바이스 모두가 모바일 웹을 담고 있는 셈이다.

웹을 항상 휴대하는 것은 커다란 백과사전을 휴대하고 있는 것이나 다름없다. 어떤 궁금증이 생겼을 때 주변의 지식에게 의존하지 않고 즉시 웹을 검색하여 답을 찾아낸다. 거의 실시간으로 갱신되는 뉴스를 보며 세상의 흐름을 읽고, 필요한 정보를 발견했다면 웹 링크 주소를 저장하거나 소셜 네트워크로 퍼뜨린다. 이로써 개인 간의 정보 격차, 국가 간의 정보 격차가 사라진다.

모바일 검색이 활성화될수록 더욱 많은 사람들에게 정보의 혜택이 돌아간다. 선진국과 저개발국을 구분하는 한 가지로 정보 격차를 들 수 있는데, 저개발국들에게 무선 인터넷망을 지원하고 마을 단위로 스마트폰 하나씩만 보급해도 이 격차를 크게 줄일 수 있다. 궁극적으로는 정보 사용의 평등화라는 관점에서 모든 이들에게 모바일 디바이스를 보급하고 누구나 최신 정보를 얻을 수 있도록 해야 한다. 선진국 기업에게는 시장을 크게 확대할 수 있는 기회가 될 것이며, 저개발국들은 이로써 세계 경제에 동참하며 발전해나갈 수 있다.

또한 모바일 디바이스는 사람들에게 불편과 제약을 주었던 많은 것들을 사라지게 한다. 늘 곁에 두고 필요한 기능들을 제공받으며 많은 분야에서 응용할 수 있는 모바일 디바이스로 인해, 사람들을 둘러싼 환경들이 점점 간결해지고 있다. 때로는 시간, 공간, 언어의 장벽을 넘어서 더욱 활발한 교류를 돕기도 한다.

모바일 디바이스로 인해 사라지는 일상 습관과 소비 행태, 라이프스타일은 또 다른 형태로 진화될 것이다. 더욱 빠르게, 감성적으로, 다양한 방식으로 변화하게 될 것이다.

✴ 스마트폰 시대, 남녀가 선호하는 애플리케이션들

스마트폰을 사용하는 앱티즌들은 모바일 디바이스 속에 갖가지 앱을 담으며 동시에 자신의 삶을 꾸며간다. 무수히 쏟아져 나오는 앱들. 어떤 것을 선택해 어떻게 활용하느냐가 개개인의 경쟁력에 영향력을 미치는 시대다.

3차 혁명이라고 일컫는 스마트폰이 세상의 중심에 선 오늘날. 사람들은 스마트폰을 어떻게 사용하고 있을까? 얼리어답터 혹은 트렌드세터가 되기 위해 스마트폰을 줄 서서 예약하고 발 빠르게 구매하던 시대는 이미 지났다. 이제는 스마트폰의 스마트한 유용성을 실생활에서 체험하는 세상, 스마트폰에 의한 스마트폰을 위한 세상이다. 어떤 앱과 결합되느냐에 따라 전혀 다른 용도의 디바이스가 될 수 있는 스마트폰의 특성을, 사용자들은 십분 활용할 필요가 있는 것이다.

스마트폰 세대의 남자와 여자들은 각각 어떤 앱을 선호할까?

한 여성지의 조사에 따르면, 남자들은 자동차나 스포츠 등 '정보성'

애플리케이션을 주로 이용하는 반면 여자들은 패션, 사진, 사주풀이 등 재미 위주의 앱을 선호하는 것으로 나타났다.

여성들에게 인기가 높은 앱 분야 중 하나가 바로 뷰티와 패션이다. 수많은 패션 브랜드 관련 뉴스와 신상품 정보를 한번에 얻을 수 있는 앱들이 많이 있다. 대표적인 패션 앱 중 하나인 '엣진'. 뷰티, 패션 분야의 정보와 팁 등을 재미있게 볼 수 있어 여성들에게 인기가 높다. 입점 브랜드도 구찌나 버버리, 코치 등 명품 브랜드부터 에스티로더, 랑콤, 키엘, 바비브라운 등 뷰티 브랜드에 이르기까지 다양하다.

이른바 '사주 어플'도 여성들에게 인기다. 스마트폰 이용자들 사이에서 '용하다'고 소문난 앱 '지피지기'는 개인 사주부터 일일 운세, 토정비결, 궁합은 물론 해몽까지 볼 수 있다. 또 사주를 보고자 하는 사람의 신상 정보를 '지인 목록'에 등록해두면 상대방 사주도 봐줄 수 있어 친구들과 함께 즐기기에 좋다. 정보가 많은 대신 유료다. 기능은 간단하지만 무료로 사주를 봐주는 앱들도 많다.

다양한 사진 연출을 도와주는 무료 카메라 앱도 주목을 받고 있다. 폴라로이드 특유의 분위기를 만들어주는 'Polarize'. 촬영한 사진을 폴라로이드용 흰색 틀에 넣어서 볼 수 있게 해준다.

정보성 앱을 주로 선호하는 남성들의 경우 스포츠, 게임, 증권 등의 앱을 즐겨 찾는 편이다. 야구 중계나 증권 정보를 실시간으로 확인하는 앱이 인기를 끌고 있다. KBO 프로야구 앱은 프로야구 시즌 야구 마니아들에게 매우 유용한 애플리케이션이다. 국내 프로야구 경기를 실시간 문자 중계로 즐길 수 있는 것은 물론 팀별 경기 일정, 승패 여부, 실시간 순위 등을 확인할 수 있다.

실시간으로 변하는 주식과 주택 시세를 차트 등 그래픽으로 한눈에 알아볼 수 있는 애플리케이션도 바쁜 직장인들에게 유용하다. 삼성증권의 '증권정보 POP'은 주가지수와 종목별 정보 등 증권 관련 소식을 비롯해 국내외 지수와 종목에 대한 일자별 차트를 무료로 제공한다. 삼성앱스에서 무료로 다운 가능하다. 이토마토의 '증권통'도 안드로이드 마켓용 증권 정보 애플리케이션이다. 이메일로 로그인 인증만 거치만 실시간으로 주식 시세와 증권 뉴스, 기업 정보를 열람할 수 있다.

게임 또한 남성들의 스마트폰에서 절대 빠질 수 없는 애플리케이션이다. 여성들이 '위룰', '위팜', '갓핑거'처럼 농작물과 동물, 마을을 키우는 소셜 게임을 좋아한다면 남성들은 스포츠 게임이나 그래픽이 화려한 게임들을 좋아하는 편이다.

컴투스가 내놓은 아이폰과 안드로이드용 야구 스포츠 게임인 '홈런배틀3D(HOMERUN BATTLE 3D)'는 작년 6월 애플 앱스토어에 첫 서비스를 시작한 후 전체 유료 게임 순위 5위(북미 기준)에 올랐고, 애플이 발표한 30대 베스트 게임에 선정되는 등 인기몰이를 하고 있다.

✺ 모바일 시대로 인해 사라질 것들

당신은 이 시대의 흐름을 정확히 파악하고 있는가? 그렇다면 스마트폰을 전화기로 생각하거나 태블릿 디바이스를 노트북에서 키보드만 뺀 물건이라고 생각해서는 안 된다.

모바일 디바이스들은 지금까지 발전해온 디지털 기술과 사람들의 끊임없는 요구들이 축적되어 탄생한 문명의 결정체다. 필요한 것만으로 가득 채워진 올인원, 쉽게 사용할 수 있는 구조, 늘 웹과 연결되어 정보를 제공하고 다른 사람들과 교류할 수 있도록 하는 개방성까지. 이들을 모두 갖춘 모바일 디바이스는 인류로 하여금 새로운 습관, 새로운 서비스를 이끌어냄과 동시에 다음과 같은 것들을 사라지게 할 것이라고 메타트렌드연구소는 밝혔다.

- 가전제품, 자동차 등 생활 속 디바이스들의 복잡한 버튼이 사라진다. 유사한 기능들은 서로 통합되고 제품의 외형과 유저 인터페이스는 더욱 단순해진다.
- 사무실의 서류 작업을 담당하던 모든 것들이 사라진다. 더 깔끔하고 차분해진 사무실 풍경 속에서 태블릿 디바이스로 업무, 회의를 처리한다.
- 가상과 현실의 경계가 사라진다. 위치 정보는 모바일 웹의 개체들에게 현실성을 부여하고 증강현실은 가상의 것들을 현실로 소환해낸다. 가상의 것들이 생활 속으로 녹아들기 시작한다.
- 언어, 거리의 장벽이 사라진다. 글로벌 커뮤니케이션이 가속화된다.
- 세대 차이가 사라진다. 누구나 쓸 수 있는 모바일 디바이스로 인해 세대 간의 교류가 활성화된다.
- 라이프스타일 속의 일반적 습관들이 사라진다. 디지털화되어 더 간단하고 빠른 형태로 변화한다.
- 사람들 모두가 웹을 휴대하게 되면서 정보 격차가 사라진다. 표지판이 사라지며 숫자들이 검색어로 대체된다.
- 일방적, 간접적이던 교육 방식이 사라진다. 체험과 교류를 중시하는 새로운 교실로 전환된다.

부록

APPCONOMICS

스마트폰 시대에 꿈꾸는 우리의 미래

표현명 KT 사장

바야흐로 스마트폰의 시대다. '피처폰'이라고 불리는 일반폰들은 시장에서 입지가 크게 줄어들고 있으며, 그 속도가 점차 빨라지는 분위기다. 그래서 요즘 업계에는 "졸면 죽는다"는 구호가 나돌고 있다. 시장과 고객의 요구가 너무 빨리 변하기 때문에 눈 깜빡하는 순간에 그것을 놓칠 수 있다는 경고의 문구인 것이다.

과거 일반폰은 CDMA 기술을 적용했었다. 그리고 퀄컴이라는 회사가 핵심 칩을 만들었다. 그 칩으로 만든 폰들은 들어가는 콘텐츠에 굉장히 많은 제약이 있었다.

요즘 스마트폰을 두고 '내 손 안의 PC'라고들 이야기한다. PC에서 가장 중요한 것은 운영체계(Operating System), OS다. PC가 주로 마이크로소프트의 윈도우즈 OS를 쓰듯, 스마트폰에도 OS가 있다. 애플의

‘OSX’가 있고 최근에 삼성전자가 발표한 ‘바다’라는 OS도 있으며 마이크로소프트의 ‘Window Mobile’도 있다. 물론 구글의 ‘안드로이드’ OS도 있다. 스마트폰은 이런 운용체계를 사용하는 컴퓨터인 것이다.

ICT 산업이 급속하게 변화하고 있다(ICT는 예전 IT(Information Techno-logy) 산업에서 한 단계 발달한 Information Communication Technology 또는 Information Communication Transaction 산업을 의미한다).

1981년, IBM은 세계 최초로 퍼스널 컴퓨터를 출시했다. 비슷한 무렵 마이크로소프트는 “모든 가정과 책상에 컴퓨터를 두게 하겠다”는 포부를 밝혔다. 비슷한 시기에 비슷한 꿈을 꿨던 것이다.

25년 후, 전 세계 PC 숫자는 10억 대를 돌파했다. 그리고 1981년 같은 꿈을 꾸던 두 회사의 운명은 크게 갈렸다. IBM은 PC 부분을 중국 레노보사에 매각했고, 반면에 마이크로소프트는 시가 총액이 한때 2,630억 달러(세계 3위)에 오를 만큼 성장한 것이다.

IBM과 다른 마이크로소프트의 성공 비결은 무엇이었을까?

첫째, 하드웨어가 아니라 소프트웨어를 팔았다.

둘째, 표준을 장악했다. Window라는 운영체계를 내세워 PC를 아주 저렴하게 공급할 수 있었고, 결국은 전체 시장의 94%를 차지하게 되었다.

셋째, 인터넷 시장에 뛰어들었다. 지금 우리가 인터넷 검색을 할 때 공짜로 제공받고 있는 익스플로러는 개발비 14억 달러가 들어간 것이다.

이 세 가지 이유로 마이크로소프트는 IBM과 길을 걷게 되었다.

성공과 실패, Open에 달려 있다

그런데 천하의 빌 게이츠도 완벽하지는 않았다. 2009년에 이르러서 마이크로소프트의 시가 총액이 2004년 대비 38% 하락했다. 요즘 IT 업계에서 시가 총액이 가장 큰 기업은 마이크로소프트가 아니라 애플이다. 전세가 뒤집힌 것이다.

마이크로소프트가 부진에 빠진 이유가 무엇일까?

첫 번째, 인터넷 검색 시장을 등한시했다.

전 세계에서 검색 시장을 가장 크게 장악한 곳은 구글이다. 구글은 한국, 중국, 일본, 러시아를 제외한 전 세계 검색 시장에서 1위를 차지하고 있다. 인터넷 검색 시장에서 연 평균 60% 성장하는 곳이 바로 구글이다.

두 번째, 스마트폰 기반의 소프트웨어 선점에 실패했다. 유선 인터넷에서는 윈도우라는 세계 최고의 OS로 시장을 장악했지만, 새로운 스마트폰 시장에는 제대로 대비하지 못한 것이다.

앞서 밝힌 것처럼 마이크로소프트도 스마트폰 OS인 윈도우즈 모바일(Window Mobile)이라는 것이 있었다. 그러나 이것이 통신사업자와 제조업체, 고객 모두에게 인기를 얻지 못했다. 반면에 미래를 예측하고 스마트폰 기반의 소프트웨어를 미리 준비한 애플은 2005년 대비 시가 총액을 다섯 배나 성장시켰다.

2001년, 소니의 안도 회장은 "기기와 콘텐츠가 언제 어디서나 연결할 수 있는 유비쿼터스 밸류 네트워크(ubiquitous value network)를 만들 것"이라고 밝혔다. 소니가 만드는 모든 디바이스에 별도의 USB 같은 걸

꽂아서 서로 네트워크 접속하게 만든다는 구상이었다. 그런데 이즈음 소니의 실적은 바닥을 치고 있다. 너무 하드웨어, 특히 저장장치 쪽에 집중하고 신경을 쓴 것이다.

중요한 건 소프트웨어다.

스마트폰의 80%는 소프트웨어라고 한다. 우리나라 역시, 우려스럽게도 소프트웨어 역량이 다소 부족하다.

마이크로소프트가 하락한 세 번째 이유로는 폐쇄적인 비즈니스 모델을 들 수 있다.

이제 오픈의 시대다. 혼자 하는 게 아니라 여러 제조사, 협력사가 같이 가는 오픈 시스템이 대세다. 그러나 마이크로소프트는 이를 놓쳤다.

애플은 달랐다. 아이튠과 앱스토어를 생각해보라. 아이폰의 경우, 애플은 기본적으로 개발자들한테 SDK(Software Development Kit)를 오픈했다. 최소한의 요건만 맞추어 내놓으면 시장이 바로 열리도록 말이다. 그 결과 아이폰 자체가 마켓 플레이스(market place)가 되었다.

우리나라에서 모바일 게임 1위를 달리는 업체 컴투스. 예전부터 세계시장에 진출하려고 무척 애를 썼는데도 쉽지 않았다고 한다. 예를 들어 중국에 진출해보려고 해도, 그곳에 가서 통신사업자를 만나기가 쉽지 않고 어렵게 만났다 해도 거래가 성사되기는 하늘의 별 따기였다. 그런데 이 업체가, 작년부터 해외시장에서 30억 매출을 달성하는 등의 성과를 올리고 있다. 올해 컴투스의 목표는 1백억 원이라고 한다.

어떤 묘안이 있었을까? 아이폰이 해답이었다.

애플이 제시하는 요건에 맞추어 개발한 게임을 애플리케이션으로 만들어 앱스토어에 올리고, 고객이 그 상품을 다운로드받을 때마다 (유료일 경우) 개발자가 수익의 70%를 갖고 가는 구조. 물론 30%는 애플의 몫이다.

오픈 시스템. 열린 시장. 스마트폰과 함께 시작된 새로운 패러다임이다. 소니는 바로 이 같은 메가트렌드를 놓치고 만 것이다.

마이크로소프트와 IBM과 소니의 사례, 또한 새롭게 치고 올라오는 애플과 구글의 사례. 여기서 IT 메가트렌드의 세 가지 변화를 발견할 수 있다.

첫째, 디바이스 중심의 하드웨어에서 콘텐츠 중심의 소프트웨어로 패러다임이 바뀌었다.

둘째, '나 혼자, 내 회사 단독'이라는 폐쇄적인 비즈니스 모델 구조로는 실패할 수밖에 없다. 이제는 오픈 시스템(open system), 에코 시스템(eco system)의 시대다.

셋째, 옛날의 통신시설이 가구단위 집 전화가 아니라 휴대폰, 스마트폰처럼 개인 베이스로 바뀌고 있다. 유선에서 무선으로, 픽스드(fixed)에서 모바일로의 전환이다.

콘텐츠 중심의 소프트웨어와 오픈 시스템, 그리고 모바일. 이 세 가지 변화를 관통하는 핵심이 무엇일까? 바로 스마트폰이다. 스마트폰은 이 세 가지를 다 만족하는 상황에서 활발하게 시장을 형성해나가는 중이다.

기업의 생존부등식이라는 게 있다. 고객이 얻는 가치(Value)가 지불한 가격(Price)보다 크고 가격은 원가(Cost)보다 커야 한다는 것이다. 명품이 팔리는 이유는 소비자가 "지불할 만한 가치가 있다"고 느끼기 때문이다. 그래서 같은 종류의 상품보다 다섯 배, 열 배 비싸도 팔리는 것이다. 몇 배나 비싼 가격을 지불하지만 고객은 특별한 만족을 느끼고, 그로 인해 재구매로 연결되는 구조다.

기업의 생존부등식은 모든 기업에 다 적용된다.

일반폰으로 인터넷을 사용하는 서비스를 생각해보자. 고객 입장에서 보면, 회사나 집에서는 한 달에 2만 원가량 들이면 인터넷을 마음껏 쓸 수 있는데, 조그만 휴대폰으로 힘들게 접속해서 인터넷을 쓰는데도 이게 한 번에 몇 만원의 요금이 나온다. 고객으로서는 얻는 가치에 비해 가격이 너무 큰 셈이다.

무선 비즈니스에서 '음성 통화' 쪽은 우리나라가 전 세계적으로 훌륭한 실적을 올리고 있다. 그러나 '무선데이터' 사업의 경우 거의 실패했다고 봐도 무방하다. 기업의 생존부등식을 만족시키지 못해 재구매로 연결되지 않았던 것이다. 이제는 철저한 반성의 시간을 갖고, 스마트폰에서는 생각을 완전히 바꾸어야 한다.

스마트폰의 4가지 성공 조건

스마트폰은 어째서 일반폰보다 비쌀까? 애플리케이션이 있기 때문이다. 폰 가격에 애플리케이션 값이 포함된 것이다.

지금까지 전 세계에서 개발된 애플 애플리케이션은 27만 개 정도라고 한다. 지금 삼성과 팬택도 스마트폰 시장을 잠식하려고 애를 쓰고 있는데, 문제는 애플리케이션이 모자라다는 점이다.

왜 전 세계가 아이폰에 열광할까? 바로 애플리케이션 때문이다. 고객 입장에서는 별 희한하고 재미있고 유용한 애플리케이션들이 참 많다. 게다가 이런 애플리케이션의 80%가 공짜라니, 고객이 열광할 수밖에 없는 것이다.

애플이 만드는 아이폰의 원가는 그렇게 높지 않다. 필자의 판단에는, 부품 가격을 모두 합쳐 189달러 정도면 될 것이다. 그러나 애플은 그보다 훨씬 비싼 가격을 붙여서 팔 수 있었다. 27만 개 애플리케이션을 구축해 놓으니 가치가 확 올라간 것이다. 가치가 올라가면 가격이 비싸도 팔리게 마련이다.

아이폰에서 영업이익률은 40%다. 27만 개 애플리케이션 중에서, 유료 애플리케이션의 경우 판매수입 70%는 개발자한테 주고 30%만 가져가는데, 거기서 나오는 돈은 영업이익의 1%밖에 안 된다. 결국 애플의 정책은 철저하게 기기를 비싸게 파는 것이다. 하지만 그만큼 가치를 얹어서 팔기 때문에 비싸도 잘 팔리고 있다.

애플은 아이팟 터치에 이어 아이폰, 아이패드로 이어지는 히트 상품들을 줄줄이 내놓고 있다. 이제 iTV가 나오고, 그 다음은 iCAR가 나올 것으로 예상된다. 자동차도 50% 이상은 이미 IT화되고 있다. 결국 애플은 디바이스를 팔아 돈을 벌겠다는 생각인 것이다.

구글은 어떠한가? 구글은 폰 만드는 데 별 관심이 없다. 구글은 검색시장으로 돈을 벌었다. 인터넷만 연결하면 공짜로 검색할 수 있는데 무슨 수익이 생길까 싶지만, 광고료가 만만치 않다. 구글에 들어가 검색을 하면, 내가 주로 찾아보는 검색어와 관련된 광고가 뜨게 되어 있다. 고객 입장에서는 그 광고를 클릭하기가 쉽고, 결국 구글은 검색하는 고객한테서가 아니라 광고주한테서 돈을 받는 것이다.

그런 구글이 유선뿐 아니라 무선, 즉 모바일에서도 사업을 벌이고 있다. 모바일 광고 비즈니스를 위해 모바일 광고회사를 인수한 것이다. 그리고는 안드로이드라는 OS를 아무나 쓸 수 있게 오픈했다.

국내에서는 삼성이 '바다'라는 스마트폰 OS를 별도로 개발했다. 그러나 다른 제조사들은 준비가 많이 안 되어 있었고 결국 공짜인 안드로이드 OS를 채택했다. 안드로이드를 쓰는 순간, 모바일 검색을 시작하면 바로 구글이 뜨게 되어 있다. 구글의 전략은 많은 사람들로 하여금 안드로이드를 쓰게 만드는 것이었다. 광고 비즈니스 모델을 가지고 돈을 벌겠다는 복안인 셈이다.

일반폰 시대에서 스마트폰으로 시대로 바뀌었다. 마차 시대에서 자동차 시대로 바뀐 것이다.

일반폰 시대에는 단말기 라인업(line-up)에 따라 고객이 움직였다. '가로본능폰'이 나오면 거기에 열광하고, '권상우 300만 화소폰'이 나오면 또 거기에 열광하는 식이었다. 소비자가 폰 안의 콘텐츠를 따져가며 제품을 결정하는 방식이 아니었던 것이다.

그러나 스마트폰은 이와 다르다. 첫째, 단말기가 중요하고 둘째, 통신 인프라도 중요하며 셋째, 애플리케이션의 질과 양이 중요하다. 그리고 넷째, 요금이 너무 비싸서는 안 된다. 일반폰 시대에서는 한 가지, 단말기만 좋으면 됐지만 스마트폰 시대에는 네 가지가 잘되어야 고객의 사랑을 받을 수 있다.

앞에서 일반폰에서 스마트폰으로의 변화를 마차 시대에서 자동차 시대로 바뀐 것과 같다고 했다. 단말기는 자동차에 비유할 수 있다. 벤츠냐 BMW냐 소나타냐의 문제다. 그러나 자동차만 좋아서 될 일이 아니다. 도로가 좋아야 한다. 통신사업자가 통신 인프라를 탄탄하게 만들어줘야 하는 것이다. 그런데 고속도로를 잘 깔아놓고는 서울에서 부산까지 톨게이트 비용을 2백만 원쯤 받는다면, 이건 아니 될 말이다. 무선데이터 통신 요금을 더 낮춰야 한다는 말이다.

그 다음은 콘텐츠다. A라는 백화점을 새로 지었다. 그 옆에는 20년 전에 지은 B백화점이 있다. B백화점은 외관은 오래되었지만 명품에서 값싼 학용품까지 없는 물건이 없다. 그런데 새로 화려하고 번듯하게 지은 A백화점에는 없는 물건이 너무 많다. A백화점과 B백화점, 어느 곳이 더 장사가 잘될 것인가? 바로 이것이 콘텐츠, 애플리케이션의 힘이다.

삼성경제연구소(SERI)가 작년에 10대 히트상품을 발표했다. 1위가 막걸리였고 2위가 신종플루 대응 상품, 3위 김연아, 4위 LED TV, 5위가 스마트폰이었다. 금년에는 아마 스마트폰 1위를 차지할 것이다.

1980년대 중후반, 거의 무전기 같은 투박한 휴대폰이 부자들의 자랑거리이던 시대가 있었다. 이후로 휴대폰은 플립형, 폴더형, 컬러폰, 카메라폰, 슬라이딩폰, 터치스크린폰 등을 거치며 엄청나게 진화했다. 현재 스마트폰은 전 세계적으로 연간 2,460만 대의 시장규모를 가지고 있다. 처음 스마트폰이 폭발한 중심에는 아이폰이 있었고, 그 직후에는 블랙베리가 많은 관심을 모았다.

앞서 말했지만 스마트폰은 내 손 안의 PC다. 넷북은 이동 중에 쓰기가 편하지만은 않다. 차를 타고 가다가 무엇이 떠올라 인터넷에 접속하려면, 일단 넷북의 전원을 켜고 부팅되기를 기다려야 한다. 그런데 스마트폰은 항상 '접속 중(always on)'이다. 언제든지 인터넷에 접속되어 있어서, 신용카드 대신 인터넷 결제에 쓰이기도 한다. 필자는 그래서 요즘 PC를 거의 사용하지 않고 있다. 쓸 필요가 없어진 것이다.

스마트폰은 얼마나 보급될까?

2009년까지 스마트폰은 국내에 50만 대가량 보급되었다. 2010년 초 기자회견장에서, 올해에만 스마트폰 450~500만 대 정도가 새롭게 보급될 것이라고 전망했더니 모인 이들이 다들 갸우뚱하는 분위기였다. 그러나 결과는 그 전망을 넘어설 예정이다.

시장조사기관 가트너는 스마트폰 평균 가격을 230달러로, 2014년에 전 세계 휴대폰 가입자들 가운데 스마트폰 비중이 50%가 될 것이라고 예상했다. 또한 <조선일보>의 조사에 따르면 2014년이면 국내의 모든 휴대폰이 사실상 스마트폰으로 바뀔 것이라 했다. 피할 수 없으면 즐기라고 했다. 어차피 스마트폰의 시대는 열리게 되어 있다. 먼저 움직이는 게 흐름을 리드하는 방법이다.

애플리케이션과 증강현실

이즈음 ICT 업계의 화두는 TGIF다. TGIF는 "Thanks God It's Friday"가 아니다. TGIF의 T는 Twitter, G는 Google, I는 Iphone, F는 Facebook이다.

필자는 작년 12월에 트위터를 시작했다가, 아이폰을 손에 든 올해 1월부터 본격적으로 재개했다. 지금은 팔로워가 13,700명 정도 된다. 트위터는 요즘 일종의 '야간고객센터'이다. 고객들의 문의가 많으면, 할 수 없이 집에서도 답변을 하니 말이다. 임직원들도 개인 트위터를 만들어서 고객과 친숙한 소통의 도구로 사용하고 있다. 140자로 소통하는 트위터는, 여러 가지 면에서 사람과 사람 사이 관계를 이어주는 꽝장히 중요한 Social network service다. 친숙할 뿐 아니라 피드백이 매우 빠르다. 예전에 어떤 의견이 사장한테까지 도착하려면 팀원, 팀장, 담당사무, 부소장 등의 다단계 방식이 이어졌는데, 트위터 덕분에 그런 커뮤니케이션이 많이 간소화되고 있다.

트위터 말고도 야머(Yammer)라는 게 있다. 야머는 기업용 폐쇄형 트위터다. 거기 올라가는 내용은 회사 임직원들만 보게 되어 있다. 필자가 야머에 필요한 사항, 전달 사항, 지시할 사항을 올리면 우리 임원들이 들어와서 같이 검토하고 필요한 일을 처리한다. 물론 언제 어디서나 가능하다.

이처럼 스마트폰으로 사내 문화를 바꾸는 기업들이 적지 않다.

도시철도공사는 스마트폰을 이용해, 지하철 역사 안의 고장 신고와 수리 구조를 신속하게 바꾸었다. 직원이 아침 8시에 출근하면 스마트폰에 회사의 공지사항이 뜬다. 10시 24분, 모 지하철역 티켓 발매기가 고장나면, 스마트폰으로 그 내용이 즉시 보고된다. 10시 30분, 중앙상황실 직원들은 신고와 함께 전송된 사진을 보면서 문제 해결을 위해 토의한다. 오후 2시에는 그 지점에서 수리를 완료한 직원이 스마트폰으로 상황을 촬영하고 전송하여 수리 완료 보고를 한다. 실제로 스마트폰을 업무에 활용한 뒤, 도시철도공사의 업무 효율이 크게 향상되었다고 한다.

포스코는 '스마트 팩토리(smart factory)'를 도입했다. 제철소 시설관리, 차량 위치와 운행 속도 파악, 적재 및 빈차 여부, 물류 쪽은 물론 8천 개소에 달하는 조명설비의 통합전원 관리에도 스마트폰을 사용하고 있다. 보고와 결재에도 물론 활용 중이다.

스마트폰을 업무에 활용하는 병원도 늘고 있다. 한림대 한강성심병원은 아이폰으로 혈액과 X선 검사 결과 등 환자 상태를 조회하고 있으며, 분당 서울대병원은 환자별 전자의무기록을 볼 수 있는 모바일용 시스템 구축을 진행하고 있다. 서울아산병원과 삼성서울병원도 마찬가지다.

대학의 경우도 그러하다. 울산과학기술대학 같은 경우는 교수가 학생들과 과제물을 주고받는 데 스마트폰을 사용한다. 예일대학, MIT, 스탠퍼드 대학의 경우 강의에 스마트폰을 무료로 활용할 수 있다. 이제는 대학 강의에도 스마트폰의 동영상 기능이 매우 유용하게 쓰이고 있는 것이다. 유투브로 연결해서 필요한 건 다 볼 수 있는 세상이니까.

'증강현실'이라는 말이 있다. AR(Augmented Reality)이라고 하는데, 요즘 웬만한 애플리케이션에는 이런 기능이 다 포함되어 있다. 예를 들어 거리를 지나가다가 "이 동네에 커피숍이 어디 어디 있을까?" 궁금하면 설정을 해주고 거리 화면을 비추면 된다. 인근에 있는 커피숍이 실제 폰 화면에 뜨는데, 이것을 클릭하면 연락처가 나오고 통화 버튼을 누르면 바로 통화를 할 수 있다. 은행 지점이나 ATM기기가 어디 있는지 알아볼 수도 있다.

야구장에 가서도, 스코어는 물론이고 선수를 비추면 선수 관련 정보가 다 뜬다. 타율, 방어율 등의 각종 기록이 다 나오는 것이다. 관중들은 실제 경기를 보면서 스마트폰을 이용해 두 배의 재미를 느낄 수 있다.

애플리케이션의 경쟁력은 무궁무진하다. 더불어 앱스토어가 폭발적으로 성장하고 있다. 2010년 6월에 벌써 50억 다운로드를 돌파했다. 이 시장은 계속 커질 것이다.

우리나라 기업들에게 조금 아쉬운 것은, 소니처럼 하드웨어에 집중하고 있다는 점이다. 스마트폰은 80%가 소프트웨어다. 이 분야에서 세계적인 리더십을 발휘하려면 OS처럼 핵심적인 소프트웨어를 다루는 인재들이 많아야 한다. 그런데 삼성조차도 이 분야에서 인도인 기술자를 쓰고 있는 실정이다. 아직 인력 양성도 안 되고 있는 셈이다.

메모리 반도체 분야에서 우리나라는 세계적 market share의 49.2% 정도를 차지하고 있다. 그러나 소프트웨어는 1%도 안 된다. 그만큼 취약하다는 이야기다. 삼성도 뒤늦게 소프트웨어 분야의 인력을 1천 명 이상 모은다고 노력하고 있다. 지켜볼 일이다.

작년에 경기고등학교 2학년 유지환 학생은 소프트웨어를 개발해 2주만에 3천만 원이라는 거금을 벌었다. 서울시와 경기도의 교통정보를 매시업(mash up)으로 보완해서 개발한 것으로, 정류장에 가면 다음 버스가 몇 시에 오는지를 알려주는 프로그램이다. 이것이 어린 학생에 의해 애플리케이션화된 것이다. 요즘 유지환 학생은 카이스트와 서울대로부터 스카우트 제의를 받고 있다. 그런가 하면 최강훈 씨는 <카툰 워>라는 게임을 개발해 무려 7억 원을 벌었다.

이제 1인 창조기업이 많이 생길 것이다. 일자리를 창출한다, 청년실업을 해소한다고 요즘 말들이 많다. 스마트폰 시대에 소프트웨어-애플리케이션을 개발하는 것도 도전해볼 만한 분야다. 자신이 개발한 상품으로 이익이 생기면 그중 70%를 가져가는 구조, 이게 매력이라는 것이다.

그런데 여기에도 문제가 있다. 애플의 앱스토어는 1억 시장인데, 그중 70%는 개발자에게 가지만 나머지 30%는 애플이 가지고 간다는 점이다. 그래서 우리가 만든 게 슈퍼 앱스토어다. 전 세계 24개 사업자의 힘이 모여 30억 시장이 열린 것이다. 개발자는 이제 1억 시장이 아니라 30억 시장을 통해 상품을 개발하고 판매하려 할 것이다. 슈퍼 앱스토어를 통해 세상에서 가장 좋은 애플리케이션들이 올라올 것이고, 그 수익금의 70%는 개발자가, 30%는 애플이 아니라 우리가 갖게 될 것이다. 전 세계에서 24개사가 참여하는데, KT가 브로드 멤버(board member)로 참여하고 있다. 2011년 상반기에 서비스를 시작할 예정이다.

회사 입장에서는 애플리케이션 개발자들이 많이 모여들어야 한다. 그래서 개발자에게 필요한 여러 가지 환경, 필요하면 숙식도 할 수 있는 공간인 Econovation(Eco system+Innovation) Center를 만들었다.

스마트폰 시대에 1등으로 올라서기 위해서는 첫째 최고의 단말기, 둘째 풍부한 애플리케이션 자원, 셋째는 통신 인프라가 필요하다.

사실 우리나라의 경우 전국 어디를 가도 음성 통화를 하는 데 불편한 데가 없다. 전 세계 어디에도 이런 나라가 없다. 그러나 무선데이터 쪽은 할 일이 너무 많다. 그 이유가 무엇일까?

과거에 UN 산하의 ITU라는 곳에서, 2009년부터 2014년까지 5년 동안 모바일, 이동통신 트래픽이 기껏해야 2.8배 정도 늘 거라고 예상했다. 요즘 같으면 그게 틀린 예측이라고 누구나 말할 수 있을 것이다. 당시에는 아이패드나 iTV, 구글TV 등이 나올 줄 예상 못했다. 요즘 인기리에 회자되고 있는 클라우드 컴퓨팅(cloud computing)은 상상조차 할 수 없었다.

미국의 AT&T가 아이폰을 도입하고 조사를 해봤더니, 아이폰을 도입한 통신사업자들은 49배의 트래픽이 있었다. 아이폰 사업에서는 2.8배가 아니라 50배가 늘어난 것이다. KT도 사정이 똑같았다. 스마트폰 인구가 크게 늘다 보니, 이제 상상을 초월할 정도의 트래픽을 고객들이 쓰게 된 것이다.

2004년의 영광 재현을 위해

2010년 5월만 해도, 스마트폰 시장의 연평균 성장률을 25%로 예측했다. 그러나 우리나라에는 더 특별한 분위기가 있다. 한번 붐이 일면 무섭게 불붙는 열기 말이다. 휴대폰도 그랬다. 지금 우리나라 전체 인구수보다 휴대폰 수가 더 많다. 휴대폰을 2대 갖고 있는 이들도 흔히 볼 수 있다.

필자는 스마트폰의 연평균 성장률을 124%로 예상하고 있다. 2010년에 500만, 2011년에 1,000만, 2012년 2,500만 정도로 말이다. 한 조사를 보면, 20~30대의 79%가 장차 핸드폰을 스마트폰으로 바꾸려고 한다.

머지않은 미래에 패러다임 자체가 바뀔 것이다. 곧이어 등장하는 것이 바로 태블릿 PC 시장. 앞으로 학교에서 교과서가 없어진다. 학생들은 태블릿을 하나씩 가지고 다니면서 공부할 것이다. 그러려면 무선 연결이 가능해야 한다. Wi-Fi로 연결되어야 하는 것이다. 이제 통신사업자가 할 일은 분명해졌다. 무제한으로 마음껏 쓸 수 있는, 동영상이 막 돌아가도 충분히 소화시킬 수 있는, 그런 무선인터넷망을 준비해 놓고 있어야 한다. 왜? 트래픽이 엄청나게 늘고 있으니까.

앞에서 ITU의 크게 어긋난 트래픽 예상치에 대해 언급했는데, 태블릿 PC는 아예 계산에 넣지도 않았다. 삼성도 LG도 팬택도 잇따라 태블릿을 출시하고 있다. 그게 전부 다 무선으로 연결되는 디바이스들인데, 미국의 한 조사기관에 따르면 아이패드의 경우 아이폰의 10배 트래픽이 나온다고 한다.

무선통신사업은 지금 커다란 기회이자 비상 상황이다. 태블릿 PC에 이어 이제 Connect TV와 iTV, 구글TV가 등장할 것이다. 더불어 클라우드(cloud) 서비스가 성장할 것이다. PC에서 무거운 저장장치가 사라지고 방대한 데이터는 네트워크에 보관되어, 필요할 때마다 유선으로든 무선으로든 꺼내 쓰면 되는 것이다.

이제 거리에서, 무선으로, 각종 기기들을 통해 데이터를 꺼내 사용하는 한편 인터넷 동영상을 보는 시대다. 장차 더 심한 트래픽 대폭발이 일어날 것이다. 미리 준비하지 않으면 안 될 긴박한 상황이다.

소비자는 하나의 디바이스만 쓰는 것이 아니다. 두 가지 이상의 기기를 한꺼번에 사용하는 경우를 충분히 생각해볼 수 있다.

지금까지 통신사들은 단말기를 중심으로 번호를 하나씩 줬다. 010-0000-0000에 단말기 하나를 제공했다. 이제는 개인 계정으로 주어야 한다. 개인이 여러 단말기를 쓰는 OMPD(One Person Multi Device)의 시대이기 때문이다.

계정으로 관리한다는 것은 여러 모로 합리적인 부분이 있다. 우리 기업들이 배워야 할 부분인데, 예를 들어 누군가 자신의 기기에 유료 애플리케이션을 20만 원어치 다운로드받았다고 하자. 만약 실수로 기기가 고장나거나 분실한 경우, 그는 새 기기에 무료로 다시 다운로드받을 수 있다. 자신의 계정으로 구매를 했으니까 그런 편의가 가능한 것이다.

그런데 국내에서 이런 서비스는 아직 기대하기 어렵다. 개인 계정이 아니라 번호로 관리를 하고 있기 때문에, 다운로드를 수십만 원어치 하고 기기를 잃어버리면 그걸로 끝이다. 소프트웨어를 많이 구매해도 폰이 바뀌면 모두 잃어버리고 새로 구매해야 한다는 것. 소비자 입장에서 난센스나 다름없다.

이제 OPMD 시대로 바뀌고 있다. 통신사들은 이에 대비해야 한다. 네트워크의 혁명이 필요한 시점이다.

무선은 유선의 광케이블처럼 광대역화가 되어야 한다. 3G나 LT(long-term evolution)라는 방법이 있다. 이동통신사업자들에게는 이미 다 알려진 부분이다. 그리고 유선의 이동성도 있어야 한다. 어떤 곳에 Wi-Fi가 가능하다는 것은, 그곳까지 유선 광케이블이 들어와 있다는 의미이다. 케이블 끝에 액세스 포인트(access point)를 붙이면 이게 무선으로 전환되는 것이다. 유선이 잘되어 있어야 무선이 잘되니, 결국 유선의 이동성을 제고해야 한다.

이야말로 네트워크 혁명이며, 우리나라가 세계 최고로 가장 먼저 갈

수 있는 길이다. 우리나라 통신사업자들은 seamless, 끊김 없는 유·무
선 통신네트워크를 완벽하게 가꿔야 한다. 옥내나 hot-spot 지역은 Wi-
Fi로, 도심이나 고속도로는 WiBro로, 전국은 3G나 LT를 가져야 한다.
그 다음에 cloud computing이 이루어져야 한다. 여기까지 이루면 대한
민국이 정보통신 분야에서 세계 최고가 될 것이다.

'Again 2004'.

2004년에 우리나라가 <포춘Fortune>지에 소개되었다. 'South Korea
브로드밴드 원더랜드' 라는 제목이었다. 당시 초고속 인터넷이 우리나라
처럼 잘 깔린 데가 없었다. 주거 구조에서 우리나라는 상대적으로 유리
한 면이 있는데, 바로 50% 이상이 집단 거주라는 것이다. 주로 아파트와
연립주택, 빌라 등에 몰려 있어 광케이블을 깔면 집집마다 쉽게 연결이
되었다. 바로 어제 조사를 보니, 전 세계에서 브로드밴드 속도가 가장 빠
른 곳이 우리나라라고 한다.

유선에서 세계 최고가 됐던 게 2004년이라면, Again 2004, 모바일에
서 세계적인 원더랜드를 만들자는 것이 우리의 꿈이다. 통신업자가 해야
할 일이 바로 이것이다.

한국의 IT산업이 도약한 데는 3번의 기회가 있었다.

첫 번째, 옛날의 집 전화였다. 청색전화와 백색전화의 시절. 그러다가
디지털 전자교환기기가 성공했다. 그래서 한 번 IT가 대약진(quantum-
jump)했었다. 두 번째, 이동통신 CDMA의 성공을 들 수 있다. 아날로그
CDMA가 두 번째 quantum-jump이었다. 세 번째는 전화모뎀에서 초고
속 인터넷으로의 변화다. 100메가 속도를 기록하는 초고속 인터넷망으

로 우리는 다시 한 번 대약진을 기록했었다.

세 번째 성공할 당시만 해도 우리나라 IT 산업은 세계 1, 2위를 다퉜다. 그러나 지금은 그 순위가 16위로 밀려났다. 왜일까. 그 이후의 동기부여를 못 찾았기 때문이다. 현재에 만족하고 정체해 있는 동안, 다른 나라가 오히려 치고 나간 것이다.

우리나라 IT산업이 다시 한 번 성장할 수 있는 기회가 찾아왔다. 바로 지금, 스마트폰이 기회다. 이 기회를 다시 잡는다면, 오래지 않아 2004년의 영광을 재현할 수 있게 되리라고 믿는다.

CEO가 알아야 할 아이폰 애플리케이션

 **투데이 투두 베이직 Today Todo Basic**

예쁜 디자인과 간편함으로 무장한 to-do 애플리케이션이다. 감성을 자극하는 디자인과 직관적인 사용성이 감동적이다. 백문이 불여일견! 무료이니 일단 한 번 사용해보자.

 **캘린구 CalenGoo**

구글 캘린더와 동기화되며 모양도 구글 캘린더와 비슷하다. 이벤트에 사람들을 초대할 수 있는 기능도 유용하며, 작업 목록 기능도 제공한다. 가격은 7$.

 **인터넷 전화 스카이프 Skype**

전 세계 어디든 가입자간 무료 통화 및 메시지 전송이 가능하다. 3G나 Wi-Fi 네트워크를 통해 장소에 구애받지 않고 가입자간 무료 통화를 제공한다. 국내는 물론 해외에 있는 친구와도 비싼 요금 걱정 없이 얼마든지 수다를 떨 수 있으니 정말 편리하다. 가격은 무료.

 **울프램알파 WolframAlpha**

아는 척하기 좋아하는 사람들을 위한 최고의 도구다. 문장 형식으로 질문을 올리면 시맨틱 검색엔진이 대답을 찾아준다. 이미 거의 대부분의 질문에 대한 답을 찾을 수 있지만, 개발자는 새로운 정보로 계속해서 업데이트를 하고 있다고 한다. 간단한 지식을 구할 때 최고의 프로그램. 가격은 2$.

 **뉴스에딕트 NewsAddict**

전 세계 뉴스를 한눈에 볼 수 있게 해준다. 앱을 처음 시작하면 신문 가판대가 나온다. 뉴욕타임스를 비롯해 시카고 트리뷴, ABC 뉴스, 뉴스위크, AP뉴스, 비즈니스 위크, 이코노미스트 등 41개의 세계 유력 매체들이 있다. 보고 싶은 매체를 선택하면 해당 매체 사이트로 이동한다. 이 앱의 최고 강점은 아이폰에 최적화된 기사 화면을 제공한다는 것이다.

모바일RSS MobileRSS

자주 들르는 블로그나 RSS(최신글 자동 수신)를 지원하는 웹사이트를 등록해두면 새로 업데이트되는 콘텐츠를 간편하게 받아볼 수 있다. 웹리더 서비스인 '구글 리더'와 동기화되어 사용하기 편리하다.

시사경제용어

기획재정부와 KDI가 함께 만든 시사경제용어 사전. 총 2,500여 개의 경제용어가 담겨 있다. 경제 지식을 쌓기 위한 청소년부터 관련 상식을 넓히고 싶은 구직자와 직장인, 재테크에 관심 있는 주부에 이르기까지 최근의 시사 경향을 반영한 용어를 정리했다. 단순한 용어 설명에 그치지 않고 배경 상식과 관련 정책을 더불어 수록했으며, 관련된 이슈를 다룬 기사를 링크로 표시해 용어 예문을 효과적으로 확인할 수 있도록 했다. 검색되지 않는 용어의 경우 메일 접수를 받아 계속 업데이트하고 있다. 가격은 무료.

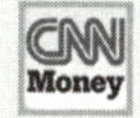

CNN머니 CNNMoney

최신 비즈니스 기사와 심층적인 시장 분석 기사를 사용자 입맛에 맞는 형식으로 제공하는 앱. 경제 뉴스와 분석 기사, 데이터 및 각종 차트를 실시간으로 전해준다. 가격은 무료.

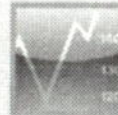

블룸버그 모바일 Bloomberg Mobile

각종 금융 관련 뉴스, 주식 시세, 회사 정보, 실적이 우수한 업체와 부진한 업체, 가격 차트, 시장 추세 분석, 맞춤형 주식 목록 등을 볼 수 있는 앱이다. 가격은 무료.

TD 아메리트레이드 TD Ameritrade

모바일 기기에서 주식 및 옵션 거래를 실행하고 스트리밍 데이터와 실시간 잔고 및 보유량 확인, 뉴스 기능 등을 이용할 수 있다. 가격은 무료.

퍼스널 어시스턴트 Personal Assistant

신용카드 거래를 확인하고 은행 계좌를 조회할 때 이 애플리케이션을 사용해보자. 항공 마일리지와 여행 일정을 살펴보고, 마감 날짜가 임박하거나 여행 일정이 변경될 때 안내를 받을 수 있다. 기본 버전은 무료, 고급 버전은 7$.

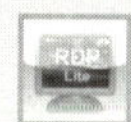

리모트 데스크톱 Remote Desktop

스마트폰으로 PC를 자유자재로 컨트롤할 수 있게 해주는 앱이다. 실행하면 우선 설정 화면이 나오는데, 원격 통제할 PC의 IP 주소를 입력하고 로그인 계정과 비밀번호를 넣어주면 된다. 여러 대의 PC를 등록해 놓고 사용할 수도 있다. 와이파이(Wi-Fi) 지역이라면 노트북에 든 동영상을 스마트폰으로 부담 없이 볼 수 있다. 원격 접속하려면 우선 접속할 PC에 원격 설정을 해줘야 한다. 설정 방법은 그리 어렵지 않다. 가격은 무료.

캠카드Cam Card

인맥 관리에 꼭 필요한 명함 인식 앱이다. 유사한 기능의 다른 앱들과 달리 명함 사진을 저장하거나 관리하는 기능은 없다. 말 그대로 명함 내용을 자동 인식해 텍스트로 넣어주는 기본 기능에 충실하다. 영어와 한자에는 약하지만 한글 인식률은 뛰어난 편이다. 가격은 11.99$

플라이트 트랙Flight Track

전 세계 항공기 운항 정보를 알려주는 앱. 연착 여부나 비행 일정 등을 실시간으로 확인하고, 필요한 친구에게 바로 정보를 보낼 수 있다. 미국 국내선에 한해서는 공항의 날씨를 체크해 연착 가능성을 따져보는 기능도 있다. 출발 및 도착 공항과 터미널을 알 수 있고 항공 노선이 지도에 표시된다. 항공기 기종도 알 수 있다. 가격은 4.99$

론리 플래닛Lonely Planet

세계에서 가장 인기 있는 여행 안내서 시리즈다. 특히 정확성 면에서 자타가 공인할 정도. 뉴욕, 런던, 파리 등 세계 주요 도시의 모든 정보가 포함되어 있다. 유료라는 점과 도시별로 앱이 나온다는 점은 조금 아쉽다. 대륙별 도시 정보를 통합한 하나의 앱으로 출시됐으면 어떨까. 현재까지는 해외여행에 가장 유용한 앱이다. 가격은 5.99$

앱박스 프로AppBox pro

다양한 툴의 모음집. 환율 계산부터 팁 계산, 세계 각국의 도량형 단위(길이, 무게, 부피, 면적, 온도 등)를 상호 환산해주는 기능이 있어 전 세계를 대상으로 움직이는 비즈니스맨에게 매우 유용하다. 이 밖에 기념일, 날짜 계산, 가격 비교, 난수 생성, 번역, 수준기기 등도 제공한다. 화면을 하얗게 만들어 어두운 곳에서 플래시 역할을 할 수 있는 '손전등'과 자 이미지로 길이를 잴 수 있게 한 '자' 등의 아이디어가 돋보인다. 가격은 0.99$

스캔서치Scansearch

검색창이 필요 없이 카메라로 정보를 검색하는 서비스이다. 다운받아 실행한 후 검색 카테고리를 선택하고 카메라로 바꿔주면 카메라에 비친 사물에 대해 증강현실과 컴퓨터 비전 기술을 이용, 지역 정보 검색, 책·음반·영화 검색, 리뷰 통합 검색 결과 등 다양한 검색 결과를 제공받을 수 있다. 내 주변을 카메라로 비추며 조심스레 이동시키면 관련된 지역 정보 및 사물에 대한 검색 결과가 나타나는 것이다. 가격은 무료.

포스퀘어Foursquare

시간에 따라 자신이 들른 장소를 기록하는 앱이다. GPS로 확인된, 자신이 방문한 장소에서 '체크인'을 하면 활동 내역에 따라 배지를 받을 수 있는 게임 기능도 포함되어 있다. GPS 기반이기 때문에 해외는 물론 한국에서도 유용하게 사용할 수 있다. 해당 건물이나 식당에 체크인한 후, 같은 장소에 왔던 사람들이 남긴 팁과 정보를 통해 추가 정보를 얻어보자.
국내외를 막론하고 이동한 곳마다 체크인을 해놓으면 자신의 지나온 동선을 모두 기록할 수 있다.

레이아 리얼리티 브라우저Layar Reality Browser

AR(증강현실) 애플리케이션으로, 스마트폰 카메라에 잡히는 영상 위에 음식점, 대중교통, 주소와 지명 등 정보를 겹쳐서 보여준다. 트위터 사용자가 카메라의 가시 영역 내에 있는 경우, 이 사용자가 게시하는 트윗도 볼 수 있다. 가격은 무료.

톰톰TomTom

이 앱을 이용하면 스마트폰이 GPS 내비게이션으로 변신, 길 안내 기능을 제공한다. 지도와 경로는 전화기 메모리에 저장되므로 지도 업데이트나 경로 변경이 신속하게 이루어지며 무선 네트워크 연결이 필요없다. 가격은 50$.

아워그로서리스OurGroceries

휴대폰에서 쇼핑 목록을 작성하고, 다른 OS를 사용하는 단말기와도 공유할 수 있는 앱이다. 가격은 무료.

와인Ph.D.Wine Ph.D.

와인 마니아를 위한 앱이다. 유명 산지의 와인 수천 종에 대한 정보를 제공한다. 전문가들이 매긴 와인 평가 점수와 와인 제조자들의 기록도 볼 수 있다. 자신만

의 와인 폴더를 만들어 직접 와인 시음을 하고 평가를 기록해 관리하는 기능도
있다. 와인 세계의 최신 트렌드도 접할 수 있고, 내가 접한 와인들을 차곡차곡
보관해보는 재미도 쏠쏠하다. 가격은 4.99$

런키퍼RunKeeper

걷기 운동이나 조깅을 하는 사람들을 위한 맞춤형 앱이다. 앱을 실행시키면
'Activity Type'을 선택하도록 돼있다. 걷기나 뛰기 등 운동 형태를 선택해주면
된다. 다시 초기 화면으로 돌아가 'Start Activity' 버튼을 누르고 슬립 모드 상
태에서 주머니에 넣은 뒤 열심히 운동하면 된다. 중간에 운동을 멈춰야 할 경우
'Pause' 버튼을 누르면 멈춘 상태가 유지된다. 운동을 마치면 총 운동 시간과
소모된 칼로리, 평균속도가 계산되어 나온다. 또한 운동 경로를 추적한 지도 그
림도 제공된다.

라스트에프엠Last.fm

음악을 사랑하는 사람들을 위한 최고의 앱이다. 좋아하는 아티스트의 이름을 입
력하면 취향에 맞는 다른 추천 아티스트들까지 표시된다. 음악도 무제한으로 들
을 수 있다. 가격은 무료.

구글 보이스Google Voice

발신 및 착신 전환용 전화번호 하나를 제공한다. 앱의 음성메일 편지함은 음성
메시지를 텍스트로 바꿔주어 그 내용을 간단히 미리 볼 수도 있다. 가격은 무료.

파워기업검색Power Company Search

비즈니스 종사자(마케팅, 영업 등) 및 취업 준비생들에게 필수인 앱이다.
국내 최대의 신용평가정보회사인 한신평정보에서 150만 개 기업과 40만 명 인
물 DB를 기반으로, 사용자들이 검색하고자 하는 기업 및 인물 정보를 스마트폰
상에서 편리하게 찾아볼 수 있다. 또한 대상 기업의 상세 정보 외에 위치(LBS)
및 증강현실(AR) 기능도 탑재되어 있으며 CEO, 임원 등 연관 인물의 프로필까
지 검색 가능하다. 2010년 코리아모바일어워드 비즈니스 부문 우수상 수상작이
며, 일부 메뉴를 제외하고는 무료이다(안드로이드 운영 체제에서도 가능).

구글스Goggles

안드로이드폰에서 유용하게 사용할 만한 대표적인 앱 가운데 하나. 사진을 찍으면 사진 이미지를 바탕으로 구글에서 웹사이트 및 정보 등을 검색해서 알려준다. 가격은 무료.

컬러노트Color Note

매우 단순하면서도 사용하기 간편하다. 안드로이드의 어썸노트라고도 할 수 있는데, 잠금 기능도 제공하고 앱 완성도가 높은 편이다. 가격은 무료.

조르테Jorte

'To do list' 관리 앱. 일정관리 앱 가운데 무료이면서도 무난하게 사용할 수 있다는 것이 장점이다.

씽킹스페이스Thinking Space

마인드 매핑 애플리케이션으로, 생각과 아이디어를 연결하는 지도를 만들 수 있다. 새로운 개념을 구상하고 정리하는 용도로 유용하다. 무료 버전에는 광고가 포함되어 있으며 고급 버전은 4$.

지태스크GTasks

작업 관리 애플리케이션. 웹 버전의 지메일 및 구글 캘린더에서도 접속할 수 있는 데스크톱용 구글 태스크(Google Tasks)와 동기화된다. 모든 안드로이드폰에 기본적으로 포함되어야 마땅할, 매우 유용한 애플리케이션이다. 가격은 무료.

스캔2PDF모바일Scan2PDF Mobile

사진을 찍으면 스캔하듯이 pdf로 만들어 이메일 전송, 저장할 수 있다. 라이트 버전은 무료이며, 유료 버전의 가격은 3.99$.

레코도이드 딕테이폰Recordoid Dictaphone

녹음한 음성을 이메일 등으로 공유하고 녹음을 한 위치 정보도 공유할 수 있게 해주는 앱이다. 중요한 대화 내용이나 녹음한 장소까지 파악할 수 있어 유용하게 활용할 수 있다. 가격은 1.99$

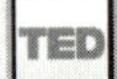

테드모바일TED mobile

TED는 미국의 비영리재단으로 Technology, Entertainment, Design에 대한 강의를 무료로 제공하고 있다. 강의는 짧게는 3분에서 길게는 20분까지 다양하다. 유명 인사들의 강의를 무료로 접할 수 있다. 가격은 무료.

연합뉴스

헤드라인, 속보, 정치, 경제, 증권 등 섹션별 뉴스를 제공하는 앱. 섹션 업데이트 또는 전체 업데이트 명령으로 뉴스를 다운받은 후 3G, Wi-Fi 연결 없이 오프라인으로 뉴스를 볼 수도 있다. 가격은 무료.

수명계산기

생활 습관, 가족 병력, 직업, 성격, 사는 곳, 나이와 키, 성별, 흡연과 음주 여부와 정도, 몸무게 등 20여 가지의 질문에 답변을 하고 나면 기대 수명과 앞으로 남아 있는 시간이 계산된다. 가격은 무료.

증권통

실시간으로 관심 종목의 시세를 확인할 수 있는 증권 관련 앱. 개인정보 유출이 될 수 있다는 지적에 최근 이메일 로그인 방식으로 변경되었다. 인터페이스도 편리하게 구성되어 있다. 사용자들이 제기하는 불만 및 개선사항이 빨리 반영되어 업데이트된다는 평.

부킹SMS Booking SMS

원하는 시간에 예약 문자를 보낼 수 있고, 바로 메일 쓰기를 할 수 있는 깔끔한 예약 문자 위젯 앱이다. 위젯을 등록하면 예약 문자를 등록하고 관리할 수 있다.

스마트 트랜스레이터 Smart translator

앱 이름처럼 똑똑한 번역기이다. 번역 가능한 언어가 여러 종류이며 계속 확장될 예정. 음성으로 말하면 한국어로 번역이 되기도 한다. 음성 번역은 현재는 영어만 지원하지만 이 역시 점차 확대될 것이라고 한다. 가격은 무료.

마이닥터

병원 및 의학 정보 검색 서비스를 무료 제공하는 앱. 병원 예약 및 상담까지 가능하다. 각종 질병 정보와 의료 용어를 설명하는 의학 백과사전 기능도 있다. 시력 및 청력 검사, 스트레스 지수 검사 등 30여 종류의 자가진단 서비스가 제공

된다. 또 의료시설 치료 견적 기능이 탑재되었다. 회원 전용의 마이메뉴를 통해
실시간 병원 예약, 상담, 이벤트 참여 서비스를 무료로 이용할 수 있다.

바디피트니스 BodyFitness

각종 운동 순서를 사진과 함께 보여주는 앱. 사용자가 직접 보면서 운동을 따라
할 수 있게 해준다. 영어로 제작된 앱이긴 하지만 운동 순서에 대한 사진을 보면
어느 정도 이해할 수 있다. 가격은 무료.

토들러락 Toddler Lock

이 앱을 사용하면 스마트폰을 아기가 한동안 열중할 수 있는 장난감으로 변신시
킬 수 있다. 다른 화면은 모두 잠기며, 아이가 건드리면 화려한 색상의 도형들이
표시된다. 차분한 배경 음악도 나온다. 가격은 무료.

슬래커 Slacker

판도라와 비슷한 애플리케이션으로 완성도 높은 사용자 취향 기반의 온라인 라
디오 서비스를 제공한다. 아이폰 4의 메모리에 캐시되므로 비행 중이나 이동전
화망을 벗어난 경우에도 음악을 들을 수 있다. 가격은 무료(일부 기능은 가입해
야 사용 가능).

컨버트미 ConvertMe

편리한 단위 변환, 통화 변환, 팁 계산기 기능을 제공하는 애플리케이션. 65개 범
주에 걸친 1,500개 이상의 단위가 포함되며 14개 언어를 지원한다. 가격은 무료.

지모트 Gmote

스마트폰을 리모컨과 마우스로 쓸 수 있는 애플리케이션이다. 안드로이드폰을
자신의 PC와 연동하여 마우스와 리모컨으로 사용할 수 있다. 특히 멀리 떨어져
서도 내 컴퓨터 안의 음악이나 영상 파일을 리모컨 작동하듯이 실행시킬 수 있
다는 점이 편리하다. 가격은 무료.

어드밴스트 태스크 킬러 Advanced Task Killer

지금 안드로이드폰에 실행되고 있는 애플리케이션의 구동을 한 번에 정지시켜
주는 앱이다. 불필요하게 RAM 메모리를 잡아먹고 있는 애플리케이션을 한 번
에 종료시켜서 최적 환경을 유지할 수 있도록 해준다. 가격은 무료.

스마트 메져Smart Measure

스마트폰의 카메라를 사용해서 사물의 높이, 스마트폰과 사물 간의 거리를 측정하는 앱이다. 가격은 무료.

Fx카메라FxCamera

사진에 다양한 효과를 줄 수 있는 카메라 애플리케이션으로 추천할 만한 상품이다. 토이카메라, 폴라로이드, 피시아이 등 다양한 모드를 지원하며, 꽤 훌륭한 사진 효과를 얻을 수 있다. 가격은 무료.

알디코 북 리더Aldiko Book Reader

전자책을 읽을 수 있는 애플리케이션이다. 전자책을 다운로드받을 수도 있고, 자신이 제작한 텍스트 파일을 실행시킬 수도 있다. 사용자들 사이에서, 아이폰과 비교해서 우위라고 판단되는 몇 안 되는 애플리케이션 중 하나다. 가격은 무료.

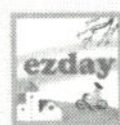
여성포털 이지데이ezday

스타일, 다이어트, TV연예, 러브, 육아, 요리, 여행, 웨딩 등 여성들이 좋아하는 다양한 분야의 노하우를 공유할 수 있는 여성포털 이지데이의 모바일 앱. 글쓰기, 댓글달기 등 웹과 동일하게 커뮤니케이션이 가능하다.

토정비결 – 2011년 정통 최신판

한 해를 새롭게 살아가는 이정표가 되어 줄 토정비결 앱. 인생의 길흉지사를 144괘로 분석하고 재해석한 현대 역학으로 재물운, 직장/사업운. 가정/건강, 이성/대인 관계, 월별 세운 등 토정비결 정보를 무료로 제공한다(페이스북, 트위터, 미투데이 연동).

오늘의 운세 – 정통 최신판

하루의 기운을 미리 알고 활용할 수 있게 도와주는 오늘의 운세 앱. 성공/재물운, 애정운, 로또운, 행운예감정보 등 오늘의 운세를 무료로 볼 수 있다(페이스북, 트위터, 미투데이 연동).

이지데이 QR Code 리더 EZQR

2차원 바코드인 QR코드를 해석할 수 있는 앱으로 EZQR을 통해 온/오프라인의 이벤트, 리뷰, 제품, 명함 등 QR코드 속 정보들을 빠르고 쉽게 확인할 수 있다.

잉가뎃Engadet

최신 IT 소식을 전하는 Engadet의 안드로이드 앱이다. IT에 관심이 많은 사람
이라면 반드시 구독해야 할 앱이다. 오프라인 뉴스 읽기 기능은 제공하지 않는
다. 가격은 무료.

스피릿 레벨 플러스Spirit Level Plus

이 애플리케이션을 사용하면 스마트폰으로 액자가 똑바로 걸렸는지 확인할 수
있다. 기울임 각도도 알려주는 것이다. 가격은 무료.

마이백업 프로MyBackup Pro

안드로이드폰의 파일들을 백업할 수 있는 애플리케이션이다. 각종 애플리케이
션, 주소록, 즐겨찾기, 설정 등의 항목을 온라인이나 SD카드에 백업할 수 있다.
안드로이드폰을 포맷시켰을 경우에도 백업해 놓은 자료들을 다시 가져와 쓸 수
있다. 가격은 4.99$.

아이툭디스–온마이폰iTookThis-OnMyPhone

이 앱 하나로 페이스북을 포함한 사진 공유 사이트에 사진과 동영상을 업로드할
수 있다. 모든 앨범은 아이툭디스온마이폰 웹사이트에 무료로 호스팅된다. 가격
은 무료.

안티–드로이드써프트Anti-DroidTheft

휴대폰을 분실했다면 이 앱으로 원격 GPS 추적 기능을 켜서 위치를 확인할 수
있다. 휴대폰의 카메라를 강제로 작동시켜 촬영된 화면을 보고 위치를 짐작할
수도 있다. 가격은 무료.

GoodReader($0.99)

GoodReader는 아이패드 어플 가운데 판매순위 1위에 오르기도 한 최고의 PDF Reader이다. 작은 화면의 아이폰 버전보다는 잡지나 고화질의 사진을 큼지막하게 볼 수 있는 아이패드에서 더 유용하게 사용할 수 있는 어플이다. 이 어플의 장점은 iTunes에서 컴퓨터에 있는 파일(PDF, Word, Excel, PNG, TXT, JPEG 등)을 볼 수 있는 것은 물론, 파일의 주소(URL)을 직접 따서 3G나 Wi-Fi를 통해 이용할 수도 있다는 것이다. 압축파일(zip)과 같은 대용량의 파일도 잘 열리며, 구글 사이트를 통해 Doc파일을 공유할 수도 있다.

Things($19.99)

애플의 맥 컴퓨터로 유명해진 'Things'는 추천할 만한 일정관리 프로그램 중의 하나이다. 아이패드 버전은 아이폰 버전보다 훨씬 더 컴퓨터와 유사하면서도 간편한 비즈니스 업무를 할 때 유용하다는 장점이 있다. '해야 할 일' 리스트를 만드는 작업과 스케줄의 입력이 매우 쉽고 간편하며, MAC을 집에서 이용하고 있다면 무선으로 동기화 할 수 있는 장점도 있다.

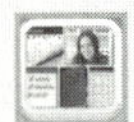

Bento($4.99)

'Bento'는 집이나 개인 비즈니스를 하는 유저들에게 강력한 데이터베이스 시스템을 제공한다. '심플함'에 주안점을 둔 인터페이스이므로 복잡하고 심도 있는 내용을 기대하기에는 부족한 면도 있다. 맥 컴퓨터 유저에게는 iLife와 iWork의 통합적인 사용이 가능하다. 프로그램에서 기본적으로 제공하는 템플릿을 사용해도 되고, 사용자가 직접 '틀'을 만들어 지출 내역이나 주소록, 스케줄 등을 입력할 수 있다.

Evernote(무료)

에버노트는 음악, 비디오, 텍스트, 그림 등 거의 모든 콘텐츠를 '웹 저장소'에 모아 놓을 수 있는 어플이다. 또한 다양한 콘텐츠를 마구잡이로 저장하다 보면 발생할 수 있는 검색의 불편함을 피하기 위해 '태그'를 임의로 설정할 수 있어 깔끔하고 편리하게 정리할 수 있게 도와준다. 에버노트는 일년에 45$의 이용료가 있지만 그만한 가치가 있는 제품이다. 물론 컴퓨터로 이미 에버노트를 접한 유저들은 무료로 아이패드용 어플을 사용할 수 있다. 외국 여행 중이라면 환율을 포함한 모든 정보들을 놓치지 않기 위해 많은 노력을 해야 한다. 이 어플은 수백 개 나라의 환율 정보를 제공해 준다.

Translator($2.99)
온라인상의 번역 도구들은 끊임없이 업그레이드되고 있다. Translator는 사용자에게 익숙한 동의어나 표현들을 간결하게 제공한다. 이 어플은 53개국의 언어를 지원하며 이 가운데 35개국의 언어는 말하기까지 지원한다. 복잡한 문서를 정확하게 번역하기에는 부족한 면이 있지만, 짧은 문장들이나 단어들을 쉽게 이해하기에는 무리가 없는 매우 유용한 어플이다.

Print Central for iPad($9.99)
출장지에서 문서를 인쇄할 일이 종종 있다. 하지만 그때그때 인쇄를 하거나 새로 수령한 문서들을 업데이트하기가 어려울 수 있다. 이 어플은 Wi-Fi 프린터로 즉시 인쇄하는 것은 물론, 소프트웨어를 사용하여 종류에 관계없이 어떤 프린터로도 인쇄를 가능하게 해준다. 또한 사무실로 돌아온 후 PC나 Mac에서 자신의 아이패드를 네트워크 디스크로 사용할 수도 있다.

Where to Eat($2.99)
중요한 고객에게 식사 대접을 해야 할 때 만족스러운 장소를 찾는 것은 쉬운 일이 아니다. Where To Eat은 음식 종류로 검색할 수 있고, 포장 배달이 가능한 곳도 선택할 수 있다. 또한 다른 사용자들과 경험을 공유함으로써 평가가 안 좋은 식당들을 피해 만족스러운 식사를 할 수 있게 도와준다.

BizXpense Tracker($5.99)
지출을 추적하고 조회해주는 이 어플은 출장이 잦은 비즈니스맨에게 유용하다. 아이패드를 위한 BizXpense Tracker는 모든 지출들을 기록하게 해준다. 카테고리를 구분해 사적인 용도로 쓴 것인지 업무용으로 지출한 것인지 따로 분류할 수 있으며, 지출 기록들은 날짜나 지출 용도를 구분해 정리할 수 있다.

The Weather Channel
다른 도시로 장기 출장을 갈 때 출장지의 날씨를 미리 체크하는 것은 매우 중요하다. 이 어플은 지도, 매시간 일기예보, 기상 레이더 등 많은 기능들이 포함되어 있다. 또 사용자의 현 위치를 정확히 알려주는 기능도 있다.

iWork(Pages, Numbers & Keynote are $9.99 each)

애플이 많은 시간 공을 들인 어플이 바로 'iWork'이다. 이용자가 아이패드를 통해 쉽고 간편하게 효율적인 업무를 볼 수 있도록 세심한 부분까지도 신경을 썼다고 한다. 새로운 문서를 작성하거나 작성된 파일을 불러올 수도 있다. 단 주의해야 할 점은, 어떤 문서 파일이든 'iWork' 전용 파일로 전환시켜야 한다는 것이다. 파일 크기에 따라 파일 전환에 시간이 소요된다.

iWork는 기본적으로 'Pages', 'Numbers', 'Keynote'로 나눌 수 있다. 'Pages'는 워드프로세서 어플로서 블루투스 키보드, 키보드 Dock과 함께 이용하면 시너지 효과를 낼 수 있다. 'Numbers'는 마이크로소프트의 엑셀에서 가능한 모든 작업을 하기는 버겁지만 각종 차트나 그래프, 스프레드시트를 보기에 아주 좋은 툴이다. 'Keynote'는 아이패드를 이용한 강력한 프레젠테이션 툴로, 간단하게 슬라이드를 만들고 이미지를 삽입, 편집하여 발표나 바이어 미팅 시 쉽게 사용할 수 있다.

앱경영 시대가 온다

지은이 | KT경제경영연구소 외
펴낸이 | 김경태
펴낸곳 | 한국경제신문 한경BP

제1판 1쇄 발행 | 2010년 12월 20일
제1판 3쇄 발행 | 2011년　1월 10일

주소 | 서울특별시 중구 중림동 441
기획출판팀 | 3604-553~6
영업마케팅팀 | 3604-595, 555　FAX | 3604-599
홈페이지 | http://www.hankyungbp.com
전자우편 | bp@hankyungbp.com
등록 | 제 2-315(1967. 5. 15)

ISBN 978-89-475-2784-2　03320
값 14,000원

파본이나 잘못된 책은 바꿔 드립니다.